老科学家学术成长资料采集工程
中国科学院院士传记丛书

霉素·牛棚·生物固氮
善炯传

熊卫民 ◎ 著

1917年	1942年	1950年	1956年	1977年	1980年	1999年
生于江苏吴江	毕业于西南联合大学	在美国加州理工学院获博士学位	成为中国科学院首批研究生导师	获上海市重大科学技术成果奖	当选为中国科学院学部委员	获何梁何利科学与技术进步奖

老科学家学术成长资料采集工程
中国科学院院士传记 丛书

金霉素·牛棚·生物固氮

沈善炯 传

熊卫民 ○ 著

中国科学技术出版社
上海交通大学出版社

图书在版编目（CIP）数据

金霉素·牛棚·生物固氮：沈善炯传／熊卫民著．—北京：中国科学技术出版社，2014.1

（老科学家学术成长资料采集工程　中国科学院院士传记丛书）

ISBN 978-7-5046-6316-0

Ⅰ.①金… Ⅱ.①熊… Ⅲ.①沈善炯－传记 Ⅳ.① K826.15

中国版本图书馆 CIP 数据核字（2013）第 288985 号

出 版 人	苏　青
责任编辑	许　慧　林方时
责任校对	韩　玲
责任印制	张建农　马宇晨
版式设计	中文天地

出　　版	中国科学技术出版社　上海交通大学出版社
发　　行	科学普及出版社发行部
地　　址	北京市海淀区中关村南大街16号
邮　　编	100081
发行电话	010-62173865
传　　真	010-62179148
网　　址	http://www.cspbooks.com.cn

开　　本	787mm×1092mm　1/16
字　　数	250千字
印　　张	17
彩　　插	2
版　　次	2014年1月第1版
印　　次	2014年1月第1次印刷
印　　刷	北京华联印刷有限公司
书　　号	ISBN 978-7-5046-6316-0 / K·140
定　　价	50.00元

（凡购买本社图书，如有缺页、倒页、脱页者，本社发行部负责调换）

老科学家学术成长资料采集工程领导小组专家委员会

主　任：杜祥琬

委　员：（以姓氏拼音为序）

巴德年　陈佳洱　胡启恒　李振声
王礼恒　王春法　张　勤

老科学家学术成长资料采集工程丛书组织机构

特邀顾问（以姓氏拼音为序）

樊洪业　方　新　齐　让　谢克昌

编委会

主　任：王春法　张　藜

成　员：（以姓氏拼音为序）

艾素珍　曹振全　董庆九　胡化凯　韩建民
景晓东　李虹鸣　廖育群　罗　晖　吕瑞花
苏　青　王康友　王扬宗　夏　强　张柏春
张大庆　张　剑　张九辰　周德进

编委会办公室

主　任：张　藜　许向阳
副主任：许　慧　张利洁　刘佩英

成　员：（以姓氏拼音为序）

崔宇红　冯　勤　何继红　何素兴　李金涛
李俊卿　李惠兴　刘　洋　罗兴波　沈林芑
万红军　王传超　言　挺　余　君　张晓华
周　勇

老科学家学术成长资料采集工程简介

老科学家学术成长资料采集工程（以下简称"采集工程"）是根据国务院领导同志的指示精神，由国家科教领导小组于2010年正式启动，中国科协牵头，联合中组部、教育部、科技部、工信部、财政部、文化部、国资委、解放军总政治部、中国科学院、中国工程院、国家自然科学基金委员会等11部委共同实施的一项抢救性工程，旨在通过实物采集、口述访谈、录音录像等方法，把反映老科学家学术成长历程的关键事件、重要节点、师承关系等各方面的资料保存下来，为深入研究科技人才成长规律，宣传优秀科技人物提供第一手资料和原始素材。按照国务院批准的《老科学家学术成长资料采集工程实施方案》，采集工程一期拟完成300位老科学家学术成长资料的采集工作。

采集工程是一项开创性工作。为确保采集工作规范科学，启动之初即成立了由中国科协主要领导任组长、12个部委分管领导任成员的领导小组，负责采集工程的宏观指导和重要政策措施制定，同时成立领导小组专家委员会负责采集原则确定、采集名单审定和学术咨询，委托中国科学技术史学会承担具体组织和业务指导工作，建立专门的馆藏基地确保采集资料的永久性收藏和提供使用，并研究制定了《采集工作流程》、《采集工作规范》等一系列基础文件，作为采集人员的工作指南。截至2012年底，已启动247位老科学家的学术成长资料采集工作，获得手稿、书信等实物原件资料21496件，数字化资料72310件，视频资料96582分钟，音频资料104289分钟，具有重要的史料价值。

采集工程的成果目前主要有三种体现形式，一是建设一套系统的"老科学家学术成长资料数据库"（本丛书简称"采集工程数据库"），提供学术研究和弘扬科学精神、宣传科学家之用；二是编辑制作科学家专题资料片系列，以视频形式播出；三是研究撰写客观反映老科学家学术成长经历的研究报告，以学术传记的形式，与中国科学院、中国工程院联合出版。随着采集工程的不断拓展和深入，将有更多形式的采集成果问世，为社会公众了解老科学家的感人事迹，探索科技人才成长规律，研究中国科技事业的发展历程提供客观翔实的史料支撑。

总序一

中国科学技术协会主席 韩启德

老科学家是共和国建设的重要参与者，也是新中国科技发展历史的亲历者和见证者，他们的学术成长历程生动反映了近现代中国科技事业与科技教育的进展，本身就是新中国科技发展历史的重要组成部分。针对近年来老科学家相继辞世、学术成长资料大量散失的突出问题，中国科协于2009年向国务院提出抢救老科学家学术成长资料的建议，受到国务院领导同志的高度重视和充分肯定，并明确责成中国科协牵头，联合相关部门共同组织实施。根据国务院批复的《老科学家学术成长资料采集工程实施方案》，中国科协联合中组部、教育部、科技部、工业和信息化部、财政部、文化部、国资委、解放军总政治部、中国科学院、中国工程院、国家自然科学基金委员会等11部委共同组成领导小组，从2010年开始组织实施老科学家学术成长资料采集工程。

老科学家学术成长资料采集是一项系统工程，通过文献与口述资料的搜集和整理、录音录像、实物采集等形式，把反映老科学家求学历程、师承关系、科研活动、学术成就等学术成长中关键节点和重要事件的口述资料、实物资料和音像资料完整系统地保存下来，对于充实新中国科技发展的历史文献，理清我国科技界学术传承脉络，探索我国科技发展规律和科技人才成长规律，弘扬我国科技工作者求真务实、无私奉献的精神，在全社会营造爱科学、学科学、用科学的良好氛围，是一件很有意义的事情。采集工程把重点放在年龄在80岁以上、学术成长经历丰富的两院院士，以及虽然不是两院院士、但在我国科技事业发展中作出突出贡献的老科技工作者，充分体现了党和国家对老科学家的关心和爱护。

自2010年启动实施以来，采集工程以对历史负责、对国家负责、对科技事业负责的精神，开展了一系列工作，获得大量反映老科学家学术成长历程的文字资料、实物资料和音视频资料，其中有一些资料具有很高的史料价值和学术价值，弥足珍贵。

以传记丛书的形式把采集工程的成果展现给社会公众，是采集工程的目标之一，也是社会各界的共同期待。在我看来，这些传记丛书大都是在充分挖掘档案和书信等各种文献资料、与口述访谈相互印证校核、严密考证的基础之上形成的，内中还有许多很有价值的照片、手稿影印件等珍贵图片，基本做到了图文并茂，语言生动，既体现了历史的鲜活，又立体化地刻画了人物，较好地实现了真实性、专业性、可读性的有机统一。通过这套传记丛书，学者能够获得更加丰富扎实的文献依据，公众能够更加系统深入地了解老一辈科学家的成就、贡献、经历和品格，青少年可以更真实地了解科学家、了解科技活动，进而充分激发对科学家职业的浓厚兴趣。

借此机会，向所有接受采集的老科学家及其亲属朋友，向参与采集工程的工作人员和单位，表示衷心感谢。真诚希望这套丛书能够得到学术界的认可和读者的喜爱，希望采集工程能够得到更广泛的关注和支持。我期待并相信，随着时间的流逝，采集工程的成果将以更加丰富多样的形式呈现给社会公众，采集工程的意义也将越来越彰显于天下。

是为序。

总序二

中国科学院院长　白春礼

由国家科教领导小组直接启动，中国科学技术协会和中国科学院等12个部门和单位共同组织实施的老科学家学术成长资料采集工程，是国务院交办的一项重要任务，也是中国科技界的一件大事。值此采集工程传记丛书出版之际，我向采集工程的顺利实施表示热烈祝贺，向参与采集工程的老科学家和工作人员表示衷心感谢！

按照国务院批准实施的《老科学家学术成长资料采集工程实施方案》，开展这一工作的主要目的就是要通过录音录像、实物采集等多种方式，把反映老科学家学术成长历史的重要资料保存下来，丰富新中国科技发展的历史资料，推动形成新中国的学术传统，激发科技工作者的创新热情和创造活力，在全社会营造爱科学、学科学、用科学的良好氛围。通过实施采集工程，系统搜集、整理反映这些老科学家学术成长历程的关键事件、重要节点、学术传承关系等的各类文献、实物和音视频资料，并结合不同时期的社会发展和国际相关学科领域的发展背景加以梳理和研究，不仅有利于深入了解新中国科学发展的进程特别是老科学家所在学科的发展脉络，而且有利于发现老科学家成长成才中的关键人物、关键事件、关键因素，探索和把握高层次人才培养规律和创新人才成长规律，更有利于理清我国科技界学术传承脉络，深入了解我国科学传统的形成过程，在全社会范围内宣传弘扬老科学家的科学思想、卓越贡献和高尚品质，推动社会主义科学文化和创新文化建设。从这个意义上说，采集工程不仅是一项文化工程，更是一项严肃认真的学术建设工作。

中国科学院是科技事业的国家队，也是凝聚和团结广大院士的大家庭。早在1955年，中国科学院选举产生了第一批学部委员，1993年国务院决定中国科学院学部委员改称中国科学院院士。半个多世纪以来，从学部委员到院士，经历了一个艰难的制度化进程，在我国科学事业发展史上书写了浓墨重彩的一笔。在目前已接受采集的老科学家中，有很大一部分即是上个世纪80、90年代当选的中国科学院学部委员、院士，其中既有学科领域的奠基人和开拓者，也有作出过重大科学成就的著名科学家，更有毕生在专门学科领域默默耕耘的一流学者。作为声誉卓著的学术带头人，他们以发展科技、服务国家、造福人民为己任，求真务实、开拓创新，为我国经济建设、社会发展、科技进步和国家安全作出了重要贡献；作为杰出的科学教育家，他们着力培养、大力提携青年人才，在弘扬科学精神、倡树科学理念方面书写了可歌可泣的光辉篇章。他们的学术成就和成长经历既是新中国科技发展的一个缩影，也是国家和社会的宝贵财富。通过采集工程为老科学家树碑立传，不仅对老科学家们的成就和贡献是一份肯定和安慰，也使我们多年的夙愿得偿！

鲁迅说过，"跨过那站着的前人"。过去的辉煌历史是老一辈科学家铸就的，新的历史篇章需要我们来谱写。衷心希望广大科技工作者能够通过"采集工程"的这套老科学家传记丛书和院士丛书等类似著作，深入具体地了解和学习老一辈科学家学术成长历程中的感人事迹和优秀品质；继承和弘扬老一辈科学家求真务实、勇于创新的科学精神，不畏艰险、勇攀高峰的探索精神，团结协作、淡泊名利的团队精神，报效祖国、服务社会的奉献精神，在推动科技发展和创新型国家建设的广阔道路上取得更辉煌的成绩。

总序三

中国工程院院长 周 济

由中国科协联合相关部门共同组织实施的老科学家学术成长资料采集工程，是一项经国务院批准开展的弘扬老一辈科技专家崇高精神、加强科学道德建设的重要工作，也是我国科技界的共同责任。中国工程院作为采集工程领导小组的成员单位，能够直接参与此项工作，深感责任重大、意义非凡。

在新的历史时期，科学技术作为第一生产力，已经日益成为经济社会发展的主要驱动力。科技工作者作为先进生产力的开拓者和先进文化的传播者，在推动科学技术进步和科技事业发展方面发挥着关键的决定的作用。

新中国成立以来，特别是改革开放 30 多年来，我们国家的工程科技取得了伟大的历史性成就，为祖国的现代化事业作出了巨大的历史性贡献。两弹一星、三峡工程、高速铁路、载人航天、杂交水稻、载人深潜、超级计算机……一项项重大工程为社会主义事业的蓬勃发展和祖国富强书写了浓墨重彩的篇章。

这些伟大的重大工程成就，凝聚和倾注了以钱学森、朱光亚、周光召、侯祥麟、袁隆平等为代表的一代又一代科技专家们的心血和智慧。他们克服重重困难，攻克无数技术难关，潜心开展科技研究，致力推动创新发展，为实现我国工程科技水平大幅提升和国家综合实力显著增强作出了杰出贡献。他们热爱祖国，忠于人民，自觉把个人事业融入到国家建设大局之中，为实现国家富强而不断奋斗；他们求真务实，勇于创新，用科技为中华民族的伟大复兴铸就了辉煌；他们治学严谨，鞠躬尽瘁，具有崇高的科学精神和科学道德，是我们后代学习的楷模。科学家们的一生是一本珍贵的教科书，他们坚定的理想信念和淡泊名利的崇高品格是中华民族自强不息精神的宝贵财富，永远值得后人铭记和敬仰。

通过实施采集工程，把反映老科学家学术成长经历的重要文字资料、实物资料和音像资料保存下来，把他们卓越的技术成就和可贵的精神品质记录下来，并编辑出版他们的学术传记，对于进一步宣传他们为我国科技发展和民族进步作出的不朽功勋，引导青年科技工作者学习继承他们的可贵精神和优秀品质，不断攀登世界科技高峰，推动在全社会弘扬科学精神，营造爱科学、讲科学、学科学、用科学的良好氛围，无疑有着十分重要的意义。

中国工程院是我国工程科技界的最高荣誉性、咨询性学术机构，集中了一大批成就卓著、德高望重的老科技专家。以各种形式把他们的学术成长经历留存下来，为后人提供启迪，为社会提供借鉴，为共和国的科技发展留下一份珍贵资料。这是我们的愿望和责任，也是科技界和全社会的共同期待。

周济

沈善炯

访谈沈善炯院士
（从右至左：隋淑光、沈善炯、熊卫民）（熊飞天 2010 年 8 月 5 日摄）

目 录

老科学家学术成长资料采集工程简介

总序一 ·· 韩启德

总序二 ·· 白春礼

总序三 ·· 周 济

导 言 ·· 1

| 第一章 | 倔强少年 ·· 11

　　贫苦童年 ·· 12
　　吴江中学 ·· 17

| 第二章 | 走向科学 ·· 24

　　流离徽鄂 ·· 24
　　借读广西 ·· 27
　　转学联大 ·· 33
　　毕业留所 ·· 44

第三章 | 留学美国 ············ 50

　　机会难得 ············ 50
　　加州理工 ············ 53
　　新科博士 ············ 58

第四章 | 归国历险 ············ 69

　　被扣东京 ············ 70
　　坚拒台北 ············ 77
　　获释归国 ············ 80

第五章 | 金霉素研究 ············ 86

　　任教浙大 ············ 86
　　调职改行 ············ 91
　　访问苏联 ············ 104

第六章 | 负责上海微生物研究所 ············ 108

　　筹建微生物生理研究室 ············ 108
　　在研究组的基础上直接筹建研究所 ············ 111
　　合并到植物生理研究所 ············ 118

第七章 | 微生物生物化学研究 ············ 120

　　己糖分解新途径 ············ 121
　　葡萄糖异构酶 ············ 123
　　细菌转化因子 ············ 124
　　广州会议和十年规划 ············ 128

第八章 | 风雨长夜 ············ 131

　　"四清"运动 ············ 131
　　十年动乱 ············ 134

  重被启用 ··· 138
  "五七"干校 ··· 147
  考察英、法 ·· 150
  平反昭雪 ··· 166

第九章 生物固氮研究 ···171

  "文化大革命"后全国第一篇遗传学论文 ·············· 171
  国际交流 ··· 174
  自生固氮 ··· 186
  共生固氮 ··· 190
  晚霞夕照 ··· 193

结　语　机遇虽难得　壮志终未酬 ·························· 197

附录一　沈善炯年表 ·· 201

附录二　沈善炯主要论著目录 ································ 221

附录三　《沈善炯自述》序 ···································· 228

附录四　周元聪访谈录 ··· 230

附录五　俞冠翘访谈录 ··· 238

参考文献 ·· 245

后　记 ·· 249

图片目录

图 1-1　　今日澄墟 ··· 11
图 1-2　　沈善炯的父亲沈国范与母亲沈贞 ································· 12
图 1-3　　1995 年沈善炯回故乡澄墟村与童年时的朋友合影 ········· 13
图 1-4　　沈善炯的出生地 ··· 14
图 1-5　　昔日之泰来桥小学，今日之城管办 ······························ 16
图 1-6　　少年沈善炯 ·· 17
图 1-7　　今日吴江中学 ··· 18
图 1-8　　三高祠和鲈乡亭 ··· 18
图 1-9　　位于吴江中学内的吴江县文庙 ··································· 18
图 1-10　　鲈乡思旧图 ·· 21
图 2-1　　沈善炯与同学朱维巧、刘导民 ··································· 31
图 2-2　　1989 年，沈善炯应邀访问广西 ··································· 32
图 2-3　　西南联合大学的三角形校徽 ······································ 34
图 2-4　　西南联合大学校牌 ·· 35
图 2-5　　西南联合大学教室 ·· 35
图 2-6　　一直悬于沈家客厅中的沈善炯手书西南联大校歌 ········ 35
图 2-7　　张景钺教授 ·· 38
图 2-8　　民主草坪和闻一多教授塑像 ······································ 42
图 2-9　　梅贻琦校长铜像 ··· 43
图 2-10　　戴芳澜教授 ··· 44
图 2-11　　昆明北郊大普吉清华农业研究所植物病理组待过的老屋 ··· 45
图 2-12　　周家炽研究员 ·· 46
图 2-13　　清华大学农业研究所植物病理组合影（1944 年）········ 47
图 2-14　　1992 年沈善炯与挚友申泮文合影 ······························ 48
图 2-15　　1944 年沈善炯与夫人卢盛华在昆明 ·························· 49
图 3-1　　1946 年沈善炯回到故乡，与阔别八年的父母和两位妹妹重聚 ···· 51

图 3-2	比德尔和德尔布吕克	55
图 3-3	1981年沈善炯与同学、诺贝尔奖得主特明合影	56
图 3-4	1981年沈善炯与加州理工学院的老师、诺贝尔奖得主刘易斯合影	57
图 3-5	沈善炯的博士论文封面	63
图 3-6	泽迈斯特教授	64
图 3-7	1984年沈善炯与戴维斯摄于哈佛大学医学院	67
图 4-1	1950年9月30日《人民日报》中的相关报道	77
图 4-2	1950年11月上旬在国民党驻日"代表团"院内	79
图 4-3	1951年沈善炯请卢盛华抄录的实验札记	82
图 4-4	沈善炯被释返国,在轮船上与众多归国留学生相遇	83
图 5-1	2005年沈善炯与当年浙江大学医学院的部分学生在杭州聚会	90
图 5-2	1952年由郭沫若签发给沈善炯的聘任通知书	91
图 5-3	1957年沈善炯与学生和工作人员在一起	102
图 5-4	应邀出席在莫斯科举行的国际抗生素会议	104
图 5-5	1961年8月,参加第五届国际生化会议	107
图 6-1	上海微生物所与有机化学所共用的科研大楼	118
图 7-1	1982年日本三松工业公司派人来致谢关于葡萄糖异构酶的发现	124
图 8-1	20世纪90年代中期,沈善炯与原社教工作队部分上海生化所的成员重访庙行公社	134
图 8-2	经连续批斗之后的沈善炯	135
图 8-3	1985年顾德安和陈俊标在美国怀俄明州	137
图 8-4	"文化大革命"后期,沈善炯通过抄写论文的方式学习现代遗传学知识	141
图 8-5	1981年沈善炯与殷宏章和麻省理工学院教授林家翘合影	143
图 8-6	沈善炯一家	146
图 8-7	1975年沈善炯在位于奉贤的上海市"五七"干校	148
图 8-8	1976年访问法国巴斯德研究所与该所副所长沃尔曼合影	161
图 8-9	沈善炯与罗宗洛、殷宏章	170
图 9-1	1979年分子遗传研究室全体工作人员	173
图 9-2	1978年6月参加国际生物固氮会议的中国代表团成员	176

图 9-3	1981 年沈善炯与布里尔在威斯康星大学	177
图 9-4	1978 年在美国东部冷泉港时沈善炯与诺贝尔奖得主麦克琳托克合影	177
图 9-5	1978 年 10 月与老师诺曼·霍罗威茨	178
图 9-6	1978 年 10 月与老师德尔布吕克	178
图 9-7	1980 年 8 月沈善炯作为高斯尼访问研究员在加州理工学院工作时摄影	180
图 9-8	1981 年 3 月,沈善炯参加南加州中国工程师和科学家协会第 19 届年会颁奖典礼	181
图 9-9	沈善炯的获奖说明书	182
图 9-10	1986 年,沈善炯被美国波士顿生物医学研究所授予杰出访问科学家称号	182
图 9-11	1983 年沈善炯在第十五届国际遗传学会议期间与鲍文奎合影	183
图 9-12	1988 年第十六届国际遗传学会议期间,沈善炯遇到同学、英国剑桥大学教授弗尔庆	184
图 9-13	在第十六届国际遗传学会议上沈善炯与学生熊跃合影	184
图 9-14	1980 年沈善炯在威斯康星大学与布里尔和朱家璧合影	185
图 9-15	2007 年沈善炯与俞冠翘、朱家璧在厦门	189
图 9-16	1988 年,沈善炯等获得国家自然科学二等奖	190
图 9-17	2004 年沈善炯与薛中天	191
图 9-18	分子遗传室所在的科研大楼	193
图 9-19	1996 年 5 月授予沈善炯加州理工学院杰出校友奖时,校长夫妇欢迎沈善炯一家	194
图 9-20	1998 年 4 月,沈善炯与夫人卢盛华在新加坡与授陈嘉庚生命科学奖的新加坡总统王鼎昌合影	194
图 9-21	沈善炯在实验室检查实验结果	195
图 9-22	沈善炯与研究生在一起	196
附录图 1	俞冠翘研究员	238

导 言

科学能使许多原本"无用"的东西变成宝贵的资源,并通过技术把那些东西加工成对生活富有裨益的产品。它和解除枷锁、释放创造力的人权一样,是文明发展的根本动力。

15世纪以前,西方的科学尚处于古典形态,普遍还没有与技术和生产结盟。在这样的情况下,缺乏科学,但拥有众多官营作坊的中国在运用自然知识于人的实际需要方面甚至表现得比西方文明还要出色。于是,长期以来,技术的传播主要由东方流向西方。

15世纪以后,情况发生了变化。西方逐步摆脱了压倒性的神权,重新发现了人的价值,一些商贸发达的城邦出现了自由资本主义的萌芽,追求现世享受、关心技术革新的商人阶级开始升入国家的权力机构。在新的社会氛围的熏陶下,西方出现了达·芬奇(1452—1519)、哥伦布(1473—1543)、哥白尼(1473—1543)、马丁·路德(1483—1546)、加尔文(1509—1564)、培根(1561—1626)、伽利略(1564—1642)、开普勒(1571—1630)、哈维(1578—1657)、洛克(1632—1704)、牛顿(1642—1727)、瓦特(1736—1819)、达尔文(1809—1882)等伟大人物,开始了文艺复兴、宗教改革、新航路的开辟、科学革命、工业革命等伟大事件……一句话,西方发展出了近代的人权和科学,进入了近代文明阶段,变化得越来越快。

而此时的中国依然停留在中古阶段。虽然在技术上仍有缓慢的发展，但国家的政治体制却变得越来越专制。由于强烈地箝制言论，人们的创造力变得越来越低下。不但不能创造出新的政治制度、新的文明形态，甚至连已被西方传教士送到眼前的新的科学知识也不能真正吸收。于是中国被西方超越，并且被抛得越来越远。

近代文明是一种扩张的文明。自1495年哥伦布发现美洲以来，西方人一直在往外扩张。他们一方面鸠占鹊巢，杀灭当地民族，占据原始文明的居所，在那些地方殖民；另一方面自立为王，打压中古文明人，逼迫古代文明地区开辟市场，与他们通商。

18世纪末、19世纪初，在占领了美洲、非洲、大洋洲、中东、印度等地之后，西方文明扩张到了中国。他们先是两次派使节带着西方先进的工业品，要求与中国通商。但傲慢的中国皇帝一方面把那些物品照单全收，另一方面竟然狂妄地宣称："天朝物产丰盈，无所不有，原不藉外夷货物以通有无。"中国不但不肯和西方做生意，还公然藐视他们。

和平交涉的手段失败后，西方开始向中国走私毒品，以这种罪恶的方式打开中国市场。眼见鸦片令国民羸弱、白银外流，中国政府决定禁烟，并派兵没收了西方毒品贩子的鸦片，予以销毁。西方对于中国夜郎自大、闭关自守的态度早已不满，早就想遵循以往的做法，通过武力打开中国市场。现在机会找上门来了，他们当然不会放过。于是，他们派了炮舰过来干涉。就这样，尚处于中古时代的中国文明和以英国为代表的近代文明之间发生了第一次实质性的碰撞。

在这场被中国人称为鸦片战争、被英国人称为通商战争的碰撞中，虽然广大中国官兵英勇壮烈、不屈不挠、视死如归，但他们的大刀、长矛、弓箭、原始火炮打不到敌人，他们只有被屠杀的份。在现代文明的坚船利炮面前，古老的中华文明根本就不堪一击。

于是割地、赔款，中国受尽屈辱。但几千年以来庞大而专制的农业文明有着巨大的惯性，除了极少数有识之士以外，中国民众和中国政府并没有被炮声所真正震醒，他们依然麻木不仁、妄自尊大，依然不肯学习西方，依然在老路上原地踏步，中国的政治、经济、文化几乎没有出现任何变革。

10多年后，西方人发现，已经获得的五口通商等条件依然远远不能满足他们的需要。于是他们要求中国开放更多的通商口岸，并要求允许外国公使进驻北京以便交流。但中国政府、甚至中国的地方政府根本就不肯跟他们打交道。在和平交涉无门、处处碰壁之后，为了修改条约，以英、法两国为代表的西方文明再次找借口向中国发动了战争。经过10多年的飞速发展，西方变得更强大了，而在太平天国的冲击下，古老的中华文明则更加羸弱，于是中国又一次一败涂地。英法联军不但把战火烧到了天津、北京等中国的心脏地区，还赶跑中国皇帝，并烧毁了他所珍爱的圆明园。

中国又一次签订城下之盟，又一次割地、赔款，又一次蒙受巨大耻辱。这一次的耻辱终于令部分务实的中国新权贵警醒。他们开始发动"自强运动"[①]，鼓吹"中学为体、西学为用"，在不动专制主义政治传统的前提下，有限度地引进一些西方的先进技术，尤其是兵器制造技术。他们甚至还向西方派出了少量的留学幼童，虽然仅仅过了几年、没等他们完成学业就把他们全部召了回来。就这样，在与西方文明发生实质性碰撞20年之后，中国文明终于开始了其近代化进程。

但相对近邻日本而言，中国的近代化推进得太不彻底、太缓慢、太没有效率。日本也是直到1853年遭到西方攻击之后才开始认识近代文明，但它并没有像中国一样拒绝接受现实，而是马上认识到了自己和西方的巨大差距，从此之后，它开始认真学习西方。它并不鼓吹什么"和学为体"，而是直接推行全面西化政策：不仅学习西方的技术、西方的科学，还学习西方的政治体制；甚至还学习西方的掠夺行径。日本的政策很快取得成效，在短短的三四十年内就初步实现了近代化。随即，它把掠夺的目标对准了中国。1894年，中日开战，洋务派辛苦经营了二三十年的北洋舰队全军覆没，中国又一次惨败，又一次割地、赔款、丧失尊严。

[①] 传统的提法是"洋务运动"。但用"和洋人打交道的运动"来概括晚清那场军事和经济改革，显然不及用"自强运动"一词来得贴切。

小小的、一直被视为中国的学生的日本在短短的几十年内就超过了比它庞大得多的中国,这个事实太令人震惊了。为了避免亡国灭种的命运,甲午战争之后,维新派登上历史舞台。他们痛定思痛,决心向敌国日本学习,进行大刀阔斧的政治体制改革,希望一通而百通,从此之后,中国能像日本一样全面地、高效率地学习西方。但短视的清朝贵族太拘泥于眼前的既得利益,为了保住那一点点东西,他们发动政变,轻而易举地葬送了维新运动。没过多久,顺着部分底层民众盲目排外的潮流,他们向干涉过他们的政变行动的诸多强国同时宣战。那些强国组成八国联军,又一次不费吹灰之力地打到北京,又一次让中国的最高领导人及其家族变成丧家之犬。

签订丧权辱国的辛丑条约之后,威信几近消失的清朝政府终于决定推行"新政",从上至下发动政治体制改革,比较彻底地推行维新派先前拟订的那些改革举措。虽然由于公信力散失,他们很快就在革命党和袁世凯的外内夹攻下丢掉了政权,但新的制度在名义上还是基本被以后的政府沿袭了下来——尽管对宪政的执行程度一代不如一代。也就是说,进入20世纪之后,学习西方的科学、学习西方的文明终于开始成为中国的一项国策。

20世纪初,数以万计的青年学生开始到国外留学,开始全面地学习西方的工程、技术、科学,等等。虽然这些人由于在出国前没有接触过现代科学,根底较差,故而通常并没有从国外获得较高的学位,但他们回国之后,仍把西方文明,尤其是科学的种子传递给了他们的学生一代,使得他们的学生在青少年阶段就能接触到现代科学。

而他们的学生再到国外留学时,就有能力学习和研究前沿的科学,并取得较高的学位。主要从20世纪20年代起,中国留学生中出现了一批在前沿科学领域崭露头角的学者,比如翁文灏[①]、竺可桢[②]、吴宪[③]、庄

[①] 翁文灏(1889-1971),地质学家,1912年从比利时鲁文大学获得博士学位。
[②] 竺可桢(1890-1974),气象学家,1918年从美国哈佛大学获得博士学位。
[③] 吴宪(1893-1957),生化学家,1919年从美国哈佛大学获得博士学位。

长恭[①]、李汝祺[②]、杨石先[③]、杨武之[④]、林可胜[⑤]、吴有训[⑥]、叶企孙[⑦]、罗宗洛[⑧]、曾昭抡[⑨]、黄子卿[⑩]、高崇熙[⑪]、周培源[⑫]、赵忠尧[⑬]、傅鹰[⑭]、王淦昌[⑮]、吴大猷[⑯]，他们在国外取得了优秀的成果，并获得博士学位。

二三十年代从海外获得博士学位的这代专家也先后回国任教。在这些明师的悉心教导以及他们所营造出来的学术氛围的熏陶下，新一代学生在出国之前就已经接触到了学术的前沿。获得留学机会之后，他们利用国外优秀的研究条件，取得了更高的学术成就：一直滞留海外的，有不少获得了世界最高科学奖项，走入了世界最优秀的科学家行列。学成回到祖国的，一方面在政治运动不断、物质条件很差的困难环境中致力研究，另一方面，为中国培养了大量的科学人才；他们和他们的学生一道，不但解决了大量国计民生的问题，还使中国本土建立起了完整的学科体系，并且开始出现优秀的科学成果，从而使科学在中国真正实现了本土化。

---

① 庄长恭（1894-1962），有机化学家，1924年从美国芝加哥大学获得博士学位。
② 李汝祺（1895-1991），遗传学家，1926年从美国哥伦比亚大学获得博士学位。
③ 杨石先（1896-1985），化学家，1931年从美国耶鲁大学获得博士学位。
④ 杨武之（1896-1973），数学家，1928年从美国芝加哥大学获得博士学位。
⑤ 林可胜（1897-1969），生理学家，1920年从英国爱丁堡大学获博士学位。
⑥ 吴有训（1897-1977），物理学家，1925年从美国芝加哥大学获得博士学位。
⑦ 叶企孙（1898-1977），物理学家，1923年从美国哈佛大学获得博士学位。
⑧ 罗宗洛（1898-1978），植物生理学家，1930年从日本北海道帝国大学获得博士学位。
⑨ 曾昭抡（1899-1967），化学家，1926年从美国麻省理工学院获得博士学位。
⑩ 黄子卿（1900-1982），物理化学家，1925年从美国康奈尔大学获得硕士学位，1935年从美国麻省理工学院获得博士学位。
⑪ 高崇熙（1901-1952），无机化学家，1926年从美国威斯康星大学获得博士学位。
⑫ 周培源（1902-1993），物理学家，1928年从美国加州理工学院获得博士学位。
⑬ 赵忠尧（1902-1998），物理学家，1930年从美国加州理工学院获得博士学位。
⑭ 傅鹰（1902-1979），化学家，1928年从美国密歇根大学获得博士学位。
⑮ 王淦昌（1906-1998），物理学家，1933年从德国柏林大学获得博士学位。
⑯ 吴大猷（1907-2000），物理学家，1933年从美国密歇根大学获得博士学位。

杨振宁[1]、李政道[2]、丁肇中[3]、李远哲[4]、陈省身[5]、吴健雄[6]、林家翘[7]、李卓浩[8]等是前一类人的代表，而华罗庚、钱学森、冯德培、王应睐、谈家桢、黄昆、吴文俊、刘东生、叶笃正、朱光亚、邹承鲁以及本书的主人公——以金霉素生物合成、微生物生化、固氮基因研究等在国内做出的成就而闻名于世的沈善炯是后一类人中的佼佼者。

沈善炯于1917年生于江苏吴江，本为一家境贫寒的农家子弟，因勤奋好学，受诸多师长的青睐和资助，得以在战乱流离中完成大学学业，并获得宝贵的留学机会，到美国加州理工学院生物系深造，在世界一流的实验室习得最先进的科学知识、实验技能和科学的方法和精神。1950年年底，他历经险阻、克服巨大障碍回到日思夜想的新中国，很快得到重用，先在浙江大学任教，后到中国科学院植物生理研究所做研究。应国家之需求，他从零起步组建研究队伍，投身于具有重大实用价值的抗生素研究。上海、北京多家科研、生产机构经通力协作，迅速取得成就，而沈善炯所负责的金霉素生物合成研究，更是名列前茅，达到了国际水平。金霉素的科研和生产问题解决之后，他热衷于微生物的基础理论研究。1960年，中国科学院决定在上海建立一个以基础研究为主的微生物研究所，沈善炯被任命为负责人。他夙兴夜寐，带领学生、同事忘我地工作，很快又在生物化学遗传方面取得了一些重要成果。可惜的是，良宵易逝、好景不长，先是研究所因国家经济困难而

---

[1] 杨振宁（1922-），物理学家。1957年因与李政道共同提出弱相互作用中宇称不守恒原理而与后者分享诺贝尔物理学奖。

[2] 李政道（1926-），物理学家。1957年的诺贝尔物理学奖得主（与杨振宁分享）。

[3] 丁肇中（1936-），物理学家。因发现新的基本粒子——J粒子而荣获1976年度的诺贝尔物理学奖（与美国加州斯坦福大学教授里希特分享）。

[4] 李远哲（1936- ），化学家。1986年获得诺贝尔化学奖。

[5] 陈省身（1911-2004），数学家。在微分几何领域有卓越贡献，于1984年获得国际数学界最高奖项之一"沃尔夫奖"。

[6] 吴健雄（1912-1997），物理学家。她在原子核实验物理方面有多项重大贡献，在国际物理学界享有"核子物理女皇"、"中国的居里夫人"等美誉，于1958年当选为美国国家科学院院士，并曾担任美国物理学会会长。

[7] 林家翘（1916-），应用数学家。他解决了众多数学难题，于1962年当选为美国国家科学院院士。

[8] 李卓浩（1913-1987），生化学家。他发现和研究了几种重要的多肽激素，开创了垂体前叶激素的研究领域，于1973年当选为美国国家科学院院士。

被归并入他所，然后，在"四清"运动和"文化大革命"中，他为暗箭所伤，被迫脱离科研一线。期间，他遭遇了精神和肉体两方面的残酷折磨——长达十昼夜的刑讯逼供、失去大便能力，只能用手一块一块向外抠、不打麻药直接在脖子上开刀，等等，悲惨之状，让人不忍复述。可他却宁愿选择自杀，也不肯承认强加在自己头上的罪名，更不肯乱咬、出卖他人……长达十年的漫漫长夜终于过去，随着"四人帮"下台，"以阶级斗争为纲"转变成"以经济建设为中心"，中华巨轮有了新的航向。科学开始进入"春天"，而他的冤屈也得到平反。由于新一代科学家尚难堪重任，他虽然年届六旬，仍不得不发挥着余热，奋战在科研第一线。他又一次赴美国进修，又一次开辟新的研究领域，又一次取得新的成就，在几年的时间内即使自己的实验室成了国际上以研究生物固氮而知名的实验室。

尽管从 20 世纪 50 年代即开始享有国际声誉，1980 年当选为中国科学院学部委员，先后获得中国科学院自然科学一等奖、美国南加州华人工程师和科学家协会杰出成就奖、国家自然科学二等奖、加州理工学院杰出校友奖、陈嘉庚生命科学奖、何梁何利科学与技术进步奖等重要奖励，并培养了包括两名中国科学院院士在内的众多优秀学生，可到晚年时，沈善炯却自认为根本就不够资格称为"科学家"——跟他那些获得诺贝尔奖的老师、同学比，他取得的成就确实要逊色一些。他为什么能够成长为杰出的人才？为何后来又壮志未酬，没能尽展自己的才华，取得与留在海外的老师、同学类似的突出成就？这是两个值得探讨的问题。

对此，沈善炯提交过自己的思考。2001 年，他出版了《我的科学生涯》一书；2002 年，发表长文《机遇》。2009 年，笔者又协助他整理了《沈善炯自述》一书。在这些回忆录中，他直抒胸臆，将自己的"奋斗经历、爱恨情仇，宣泄在文字中"[①]，不仅感激给过自己滴水之恩的好人，批判给国家、民族和自己带来厄运的"坏人"，还深入解剖了自己。这些呕心沥血讲真话的作品，给人以深刻的印象，甚至带来精神上的震撼。但它们主要立足于政治运动对工作和生活的干扰，对科研和教育工作记载得非常

---

① 程光胜，创新者的多味人生——评沈善炯自述．《书屋》，2010 年第 5 期，第 70 页。

简略；在少量谈及科研的文字中，说的主要是学生的功劳，对他自己的贡献，反映得很是不足。由于建立在当事人的记忆和情感的基础之上，这些作品难免还有一些不确切之处。

笔者于2003年与沈善炯先生结识，过从甚多，感于他为人之正直与经历之丰富，早就有心为他撰写传记，将他的经验和教训更为深入地展示给公众。为此，除多次访谈他本人外，还访谈了他周围的一些人。2010年夏天，"老科学家学术成长资料采集工程"启动，以系统收集老科学家的学术成长资料，真实展示新中国科技发展的历程。受项目委托，笔者正式开展了对沈先生的资料采集和传记研究工作。出于对笔者的信任，沈先生比较配合。经过努力，我们收集到了包括沈先生的国家自然科学奖章、学部委员证书、职称评定证书在内的不少珍贵实物，包括其回忆录、论文、杂文、手稿、书信、科研和文书档案在内的不少有价值的文献，并对他和他的同学（如中国科学院力学研究所前所长郑哲敏院士）、学生（如中国科学院植物生理研究所研究员朱家璧）、朋友（如中国科学院生物学部前副主任薛攀皋高级工程师）等进行了补充访谈——有的只有录音，有的还含录像。而本书就是我们这些采集成果的集中体现。应当说，工作进展得相当顺利。略有遗憾的是，虽得到了植物生理研究所领导的热情帮助，笔者仍未能如愿查阅到沈先生的人事档案；由于沈先生本人年岁已高，记忆力大不如前，他也很难再提供新的回忆和史料了。这是笔者在介绍沈先生早年的经历时，不得不较多地使用自己在整理《沈善炯自述》时用过的那些资料的原因。

除档案文献和当事人口述之外，本书还建立在实地考察的基础之上。考察过的现场除他的家庭和工作场所外，还包括他的出生地和就读过的一些学校。较之沈先生自己的回忆录，本书增加了近一倍的篇幅。在大量科研和文书档案的支持下，本书突出了他从1952年调到中国科学院之后共约50年的科研工作，内容应当说是更为广泛和充实了，对科研之外的许多问题，尤其是时间点，往往也交代得更为准确。

本书立足于回答沈善炯如何成才、为何壮志未酬这两个问题，以时间为主线，分九章展开介绍他的人生。前面三章分别介绍他的中小学、大学和博士研究生阶段。第四章介绍他受麦卡锡主义迫害，在归国途中遭驻日美军非法扣留的经历。第五、六、七章介绍他20世纪50～60年代先后在浙江大学、中国科学院植物生理研究所、中国科学院上海微生物研究所工作的过程，以及60年代他带领学生研究微生物生化的情形及取得的成就。第八章谈他在"四清"运动、"文化大革命"运动中的经历。第九章介绍改革开放以后，他以60余岁高龄重新出国充电，在国内开创生物固氮遗传这个新兴领域，并取得举世瞩目的成绩的历程。然后是简短的结语和几个附录——对他的学生和朋友的访谈、他的主要科研论文目录、学术成长资料采集工程的主要成果。

在书稿付梓之际，谨在此感谢我的受访人，除传主沈善炯院士本人外，还包括中国科学院上海植物生理所洪孟民院士、朱家璧研究员、俞冠翘研究员、罗利副研究员，力学研究所郑哲敏院士，微生物研究所程光胜研究员，上海生物化学与细胞生物学研究所施履吉院士、周元聪研究员和中国科学院生物学部薛攀皋高级工程师。朱家璧研究员不但接受我的访问，还提供了大量的相关资料。

在查资料的过程中，中国科学院办公厅文书档案处潘若男老师、黄丽荣老师、吴双老师，中国科学院档案馆李丽云老师，中国科学院上海分院档案室倪瑞莲老师，上海植物生理与生态研究所党委李小骊书记以及上海市档案馆的一些老师都曾给我提供过方便。

上海教育出版社隋淑光博士和我一起访谈、研究沈善炯先生。他整理了我们所收集资料的目录和众多的访谈稿，并将部分文献制成了资料卡片，为书稿的撰写提供了重要帮助。

书稿最终是在英国完成的。剑桥大学科学史与科学哲学系霍普伍德（Nick Hopwood）博士理解、支持我的工作，李约瑟研究所古克礼（Christopher Cullen）教授、莫菲特（John Moffett）先生、贝内特（Susan Bennett）女士给我提供了清静幽雅、宽敞明亮的办公场所。在此一并致以诚挚的谢意。

第一章
倔强少年

位于太湖东侧的江苏吴江气候宜人，地势低平，湖泊星罗棋布，沟渠纵横交错，京杭大运河从中穿过，交通十分便利，自古以来就是鱼米丝绸之乡、富庶繁华之地。1917年4月13日，本书的主人公沈善炯就出生于吴江县屯村乡澄墟村（现归屯村镇邱舍村管辖）。

图1-1 今日澄墟（熊卫民2010年8月7日摄）

澄墟村处于吴江东侧，隔白蚬江（实为湖泊）与属于昆山的周庄古镇相望，离江苏另一个著名的古镇同里也只有八公里，距上海稍远，但也不到100公里。当时村里只有几十户人家，村民大多姓闵，沈家是从外地迁来的。根据家谱，他们原来祖居浙江吴兴县竹墩村，明朝末年才迁到白蚬江边来。

"耕读传家"是沈家的祖训，这使得家族出了不少有名的读书人。北京

金霉素·牛棚·生物固氮　沈善炯传

图 1-2　沈善炯的父亲沈国范与母亲沈贞（1952 年）

大学教授沈尹默（1883—1971）[1]、教育家沈体兰（1899—1976）都是他们一族的。沈体兰更曾做过白蚬江沈家的族长。他于 1922 年毕业于东吴大学，1928 年赴英国牛津大学深造，曾任东吴大学文学院院长、代理校长，华东军政委员会教育部副部长、上海市政协副主席等职，是中国民主同盟的负责人之一。据沈善炯回忆，在他小的时候，族规很严，澄墟沈家有什么重要事情，都要过白蚬江到周庄镇去请示沈体兰。

善炯的父亲沈国范（1896—1975），号时则，是澄墟村第一个进洋学堂的。他从周庄镇的沈氏义庄小学毕业后，考入吴江乡村师范讲习班（江苏省吴江乡村师范的前身），毕业后回到家乡，一边种田，一边教书。善炯的母亲也姓沈（1897—1976），祖籍吴江，与丈夫同姓不同宗。她没上过学，也没学名，结婚后，丈夫给她取名沈贞。

贫 苦 童 年

虽然吴江历来有重视教育的传统，尤其近代以来，出过很多的人才[2]，但澄墟村相对比较偏僻，在那里只沈家有人识字和会写点文章。所以，但凡村里的事情，如婚丧喜事、村民争吵打架等都要来沈家商量解

---

[1]　沈尹默（1883-1971），浙江湖州人，学者、诗人、书法家。早年游学日本，归国后先后执教于北京大学、北京女子师范大学，与陈独秀等同办《新青年》，为新文化运动的干将。

[2]　其中仅同里一镇，自南宋淳祐四年（1247 年）至清末，就先后出状元 1 人，进士 42 人，文武举人 93 人。近现代以来，吴江更是涌现出了一大批在江苏省乃至全国都很有影响的杰出人物，如柳亚子（1887-1958）、蓝公武（1887-1957）、费巩（1905-1945）、费孝通（1910-2005）。

决。村里孩子的名字也是由沈善炯的祖辈或父辈代取的。村上的孩子以出生的先后次序相称呼，因此都叫阿大、阿二、阿三、阿四……也有根据出生时"生肖"而叫的，如阿虎、阿狗、阿兔，但也有叫阿猫的。一般在阿大、阿狗等乳名前常冠以他们各自父亲的名字，例如厚庭阿二、恒高阿三等以区别其他很多的阿二和阿三。偶尔也有用其相貌而称的，如一个患有眼疾的阿五，人们都叫他烂眼阿五。但沈家的孩子出生时都取名为官，无非希望将来"学而优则仕"，做个官。善炯是家里的长子，乳名叫"泉官"。在他之后，母亲又先后生了三男二女。

在善炯小的时候，澄墟沈家的人都住在同一个院子里。6岁时，家里请了一位老师到家里来教沈善炯等读书。他叫陆家驹，不是一般的私塾老师，是从苏州工业学校毕业的，懂得一些数理知识，但他教书时仍以国文为主。和善炯一起念书的有六七个孩子。陆老师吃、住都在沈家，其他几个孩子只需再交一点学费给他。善炯当时很不用功，心思完全不在书上，只巴望快点下课，出去驱赶他家宅里的那只大黄狗，出征村前村后的狗群。陆老师很不喜欢这些孩子，把他们称为"造粪机"，而善炯居其首，被称为"第一号造粪机"。

图1-3　1995年沈善炯回故乡澄墟村与童年时的朋友合影

1924年9月3日，江苏督军齐燮元，联合福建孙传芳、安徽张文生，向浙江督军卢永祥发动进攻。两军在宜兴、沪宁线、嘉定、浏河、青浦等地展开激战。军队所到之处，村镇沦为废墟。10月13日，卢永祥兵败下野，东渡日本，江浙战争结束。这场历时40天的战争给江浙两地人民造成了巨大的灾难。青浦等地同乡会在致中华民国国务院的电文中说："江浙发生战祸，两省受创弥深，就苏论列，尤以嘉定、青浦、松江、太仓四邑为最重，或全镇被毁，或抢劫一空，或转徙流离，莫名惨状。……总之工商辍业，农夫逃亡，六十年来，元气销亡尽矣。"[1]

吴江虽然不算主战区，也受到严重骚扰。一些破产的农民铤而走险，开始从事聚众抢劫、绑架人质之类勾当。他们驾着小船，蒙着面，突然从白蚬江等地的芦苇荡中冲出来，闯入私宅，抢了就走；抢得不够多就绑架人质，尤其是小男孩。1925年，仅庙港乡，在不到半年的时间内，就发生抢劫案75起[2]。澄墟村有一户姓陆的农民，三兄弟一道出去抢劫。沈善炯家河对面一个叫陆秀昌的，长得很魁梧，也干那种事。有一天，沈国范和他一道坐船，对他说："秀昌，那个事情不能干了。"他说："兔子不吃窝边草"，并不肯放弃。后来，大概1934年、1935年时，这几个人都被政府抓住枪毙了。但那里的匪患并未完全解决，"打不完田里的稗草，捉不完太湖里的强盗"的民谚，一直流传到20世纪50年代初。

在兵匪交加、民生凋敝的情况下，沈家不再延请陆先生来教书。不久，善炯的父亲也丢掉了教书的工作。他们只能仅靠种田维生，生活变得越来越困难。家里连个箱子都没有，各人不多的衣服只能搁在凳子上。在这种情况下，他们仍未能免于成为抢劫对象。1925年初夏的一个晚上，一伙盗匪突然冲进了紧靠白蚬江的善炯家。没什么值钱的东西可抢，盗匪们就抢米！为了防止下一拨盗匪前来绑票，第二天清晨，善炯的奶奶携他匆匆步行到离村不远的一个港口，搭便船到同里镇，投靠他的伯父。

图1-4 沈善炯的出生地：老屋在抗日战争期间被烧毁，后来他的堂弟沈复民在原址盖起了一幢两层小楼（中）（熊卫民2010年8月7日摄）

同里是个千年古镇，

---

[1] 中国第二历史档案馆：《中华民国史档案资料汇编》第三辑，军事（三）。江苏古籍出版社，1991年7月，第142页。

[2] 《吴江县志》之"治安司法"卷。http://www.dfzb.suzhou.gov.cn/zsbl/494627.htm。

离澄墟只有8公里，摇船大约3小时即到。它四面环水，由15条沟渠纵横分割为7个小岛，以49座桥连接；里面园宅、寺观众多，住户家家临水，户户通舟，风景十分秀丽，现被列为省级文物保护镇，国家五A级景区，著名景点"退思园"还被联合国教科文组织列入世界文化遗产。

这个镇旧称"铜里"（铜钱之里），镇上富豪很多，读书人也多。善炯的伯父在这里开了家小米行。他没有孩子，视善炯如同己出。后来，谷贱伤农，米卖不出去，小米行垮掉了，他又回到乡下去。

善炯到同里之后一两年，为避匪祸，他父母也带着别的孩子迁居同里镇。人太多，他伯父家住不下去，而在镇上租房要花钱，他们就迁到祖母修行念佛的一个小庙前的三间小屋里去住。他父亲以前边种田边教书还有点收入，到镇上后，找不到新的工作，又没法再去种田，仅靠祖传下来的那30余亩田的田租过活。其中20多亩沈家只有田契，没有田面，是不能收回的。而由于农村凋敝，收成太差，那些具有永佃权的农民很少交租，所以沈家的经济境况变得非常之差。

为了维持家用，善炯的母亲每天去芡实行领些芡实，以帮人家剪去外壳来换点钱。有时，她还买些锡箔做成"元宝"当冥件卖给来庙里烧香的香客。为获得烧饭的燃料，她在所住小庙隔壁的荒地上放个粪缸，每天将家里便桶中的粪便倒入粪缸，待农民从农村摇船来卖稻草时，再将粪便换成稻草。她还在那块荒地栽种出又绿又肥的青菜来。小庙前面有盏路灯，旁边农田中的虫子有很多飞到路灯下，她在下面放一盆水，用掉到水中的蚱蜢等来喂家里的鸭子。

尽管善炯的母亲非常勤俭、能干，家里的生活依然难以维系。善炯的二弟、六弟、四弟先后因贫病而夭折。二弟死得最早——因为母亲奶水缺乏，他被交给一个农妇喂养，结果没多久就死了。然后是六弟，他被蚊子咬后得脑炎而死——家里太穷，连蚊香也买不起。再后来，聪明伶俐的四弟也因生病发烧、无钱医治而死去。每到"年关"，也即旧历腊月三十晚，沈家中间的那间小屋里坐满了来讨债的人。当时的习俗是，年底清理当年的债务，若拖过去了，则通常可以到第二年年底再还。每当这个时候，善炯的母亲就对他们讲："我们确实欠你们的钱，绝不会赖账，但现在实在还不起,请再宽限一些时间。"可那些人可能也穷,总是想方设法逼他们在半夜 12 时前还债。善炯带着弟、妹缩在屋角,吓得瑟瑟发抖。直到年届九十之后,他还能清晰地记得当时的屈辱和惊恐。

身处如此困境,善炯的母亲依然特别坚强。她常告诫善炯说:"做个好人要有志向,遇到苦难不着急,船到桥头自会直"。这句话被善炯铭记在心,给了他力量,使他能够驾驭生命之舟,克服风浪险滩,向自己的志向航道驶去。

虽然人多地少,家里穷成这样,1949 年之后,善炯的父亲仍被划为地主。"文化大革命"时,还被当作"逃亡地主"来斗。他每天拿着一把扫帚在院子里各家门口扫除垃圾和落叶,并终日长吁短叹,数说祖上传给他 30 多亩田,都租给农民,年荒欠收时,他并没有强迫农民还租。他青年时代在吴江乡村师范念书,毕业后在乡间教书,40 多年没有做过害人的事。可为什么要把他当逃亡地主来斗争呢?当然,这些都是后话了。

搬到同里镇后,善炯进入该镇泰来桥初级小学,插班为二年级学生。在这个殷实之家富集的地方,家境贫寒的他很快就感受到了世态之炎凉。有一天上学,一个叫徐一冲的同学骂善炯"乡下人",还把他推倒在地。这是善炯第一次在这个镇上受人欺凌。这让他感到屈辱,但也激发了他的犟劲。他不再为黄狗而分心,学习认真起来。他的学习成绩变得很不错,仅次于一个叫张志亮的同学,而后者也是一个"乡下人"。

图 1-5 昔日之泰来桥小学,今日之城管办(熊卫民 2010 年 8 月 7 日摄)

三年后,善炯初小毕业,升学到同里高等小学。这所学校只有五六两个年级,学生根据读书成绩的优劣而分组。五年级分成"爱"、"勇"、"敬"、"仁"四组,六年级分为"诚"、"智"两组。读书不好的学生要从"爱"组直接升到六年级的"智"

组或"诚"组是不可能的，有的光从"爱"组到"敬"组或"仁"组就要花上两三年的时间。善炯最初被分配到"勇"组。当时"勇"组的一位教自然课的老师叫金彬台，晚清秀才出身。他常常把当时上海《申报》登载的杂文当作教材来讲。有一次，他出了一道关于自然课的考题：试举鸭掌之功用。善炯在答案上写了两条，一是走路，二是浮水，可是仅仅得到了66分，批语是少写了"可煮鸭掌汤"。

善炯在"勇"组的读书成绩很不错，一年后升到六年级的"智"组。在开学的第一天，老师沈南琴要学生轮流起立说出家长的姓名和职业。坐在他前面的同学钱任站起来，很神气地报出他父亲的名字——钱叔度，一位镇上有名的绅士。轮到善炯了，因为他父亲没有职业，仅帮助镇上做些社会治安工作，他就立起来战战兢兢地说："我父亲在镇上义务保卫团工作。"结果全班学生哄堂大笑。这种羞辱超出了善炯

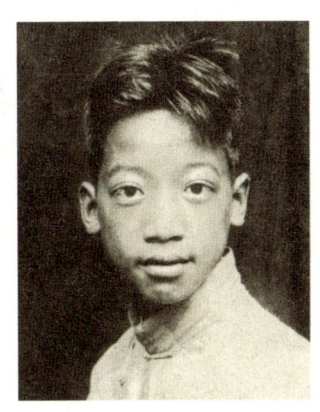

图1-6　少年沈善炯

的心理承受范围。他觉得同学都瞧不起自己，而老师们对自己也另眼看待，视若下等人，感觉十分痛苦。为了免遭羞辱，他开始逃学，不但经常瞒着父母不去上课，甚至不去参加一些课程的学期考试，因为他认为那几个老师不会给他好分数。所以，一年之后，"智"组的同学只有他一个人没有毕业。平时对他要求严厉的父亲似乎知道他的处境，并不责备他，只要求他以同等学力投考吴江中学。1931年夏天，在一个风雨交加的日子，他父亲带他去县城投考吴江县立中学，结果总算被录取了。

吴江中学

吴江县立中学的前身为创办于1908年的江震高等小学堂。辛亥革命后，吴江光复，江震高等小学堂校长费揽澄（1879—1925）与邑中父老

商量，经县政府批准，在小学堂原地创办吴江第一所中学——吴江县立中学。该校以"兴教救国"为宗旨，以"自强、自学、自治"为方针，不再以传统的四书五经为授课重点，主要讲授现代科学知识，很快就办出了名声。十年之内，学生从最初的20余人，增加到130余人，其中，有1/3来自邻县及邻省。之后十年，学校大致维持如此规模。1931年，学校创办三年制的简易师范科，招收了一个班级共25名学生，规模略有扩大。

图 1-7　今日吴江中学（熊卫民2010年8月7日摄）

图 1-8　三高祠和鲈乡亭（1934年）

图 1-9　位于吴江中学内的吴江县文庙（它初建于北宋，后几次被毁，现存的大成殿建于清康熙年间。熊卫民2010年8月7日摄）

这所学校位于县城西门，鲈乡亭和三高祠之畔，距烟波浩渺的太湖不到10公里。所谓"三高"，指的吴江历史上的三位高士先贤：春秋时的范蠡、晋朝的张翰和唐朝的陆龟蒙。他们或功成身退，或弃官归隐，或终身不仕，均才干突出，成就很高，却不追求权势。他们的故事被广为传诵，对学校的风气产生了积极的影响。三高祠粉壁上的对联"旧址难寻相距八百二十年之久，高风可仰总在三万六千顷之间"；校刊中的名句"鲈脍莼羹堪以学三高之节，兰亭舞雩何能效名士之风"，铭刻到了众多老师、同学的心中。

1931年秋天，善炯入中学不久，九一八事变爆发，日本对中国发动突然袭击。中国民众极其愤怒。9月28日，吴江中学校长杨雪门（1905—1952）率领全校师生，在县城参加抗日救国民众大会，并和吴江乡师的师生一道，冒雨游行。师生振臂高呼抗日救国口号，号召商界和民众抵制日货，并散发油印传单，出版《突击》《灯塔》《革命行动》《旭光》等刊物。从10月14日起，吴江县立中学还每天由学生自治会派4名同学到轮埠，会同全县抗日救国会人员，一起检查来往船只有无装载日货。

民族蒙欺辱引发的爱国主义热情和全校师生的团结友爱，极大地振奋了善炯的精神。他如饥似渴地汲取知识，积极参加学校举办的各种活动。1932年又发生了一二八事变，日寇在上海登陆，十九路军奋起抗击。当时苏嘉公路[①]刚刚竣工，善炯第一次看到汽车。1932年5月28日，他和同学数人徒步20余公里，沿公路从吴江北门走到苏州，到王废基公园参加淞沪抗日阵亡将士追悼大会。在那里，他们听了抗战英雄翁照垣（1892—1972）旅长[②]的报告，深受鼓舞、热血沸腾。当时，苏州城内大街小巷都刷有十九路军的抗日标语："冲锋是我们的生机，退缩是我们的末路"，"不灭倭寇誓不回乡"，等等。在天平山山脚下的一个小庙里，善炯等还见到了庙里和尚和一位十九路军排长的合影，上面写着："河山思故国，僧侣是同乡。"字里行间可见军民同仇敌忾之气，以及对国民政府与日寇签订《淞沪停战协定》的不满。1933年年底，第十九路军蔡廷锴、蒋光鼐等

---

① 从苏州至嘉兴的公路，途经吴江县城。
② 翁照垣（1892-1972），广东惠来人，抗日名将。他少年从军，1926年赴日本士官学校深造，1929年秋转法国慕漠尼航空学校学习，1931年回国，任第十九路军第七十八师第一五六旅旅长，驻防上海。1932年一二八事变爆发，日本派陆战队登陆上海。他率所部一五六旅3000多名官兵打响了反击的第一枪。他们坚守阵地，并组织敢死队和大刀队，给日军以重创。1933年到1934年的"福建事变"期间，他担任中华共和国人民革命军第六军军长。1949年后，他迁居香港，于1972年逝世。

在福建建立"中华共和国人民革命政府"[①]，他和另外几个同学决定去参军投奔他们。有个同学向家里要钱，被其父亲探悉此事，于是通知学校，阻止了他们。训导主任把善炯等叫过去狠狠地训斥了一顿。

吴江中学崇尚气节和风雅，擅长人文教育，重视教学生怎么做人。老师不计较学生出身的贫富，对学生一视同仁，且循循善诱，而同学之间也是平等互爱。曾经饱受贫穷之辱的善炯非常喜欢这种氛围，感觉如鱼得水。

在所有的老师之中，对他影响最大的是校长杨雪门和国文老师王恕安。

杨雪门，字金林，吴江人。他是费揽澄的高足，深受其教育救国思想的影响，中学毕业后考入于上海法政大学法律专业，毕业会考时，成绩优异，列于榜首，校方欲委派他到青岛法院担任法官，可他却毅然走上教育救国的道路，回到母校，当一名语文教师，并因才干突出而于1930年4月担任学校校长。他从初中起即擅长演讲，每到星期一早上升旗和"校长训话"时，他都结合时局，慷慨激昂地宣讲他所推崇的孙中山的学说。其精彩演讲，常常赢得全校师生的热烈掌声。他严于律己、办事公道、爱国爱教、朝气蓬勃，不但通过言传身教影响了包括善炯在内的许多学生，还团结了一批有名望的教师前来任教。王恕安是其中很突出的一位。

王恕安原名王怒安[②]，少年时受南社柳亚子先生的教诲，擅长诗文，思想进步。上课时，他常讲授《古文观止》中的一些名文，如苏东坡的《赤壁赋》、袁枚的《祭妹文》和由洪承畴起草的《多尔衮致史可法书》等。此外，他还选五四时代的散文，编了一本名为《时文精粹》的讲义给同学们阅读。

1934年夏天，在简易师范班的毕业典礼上，王恕安引吭高歌。善炯年老之后，还记得以下几句："师生共饮一堂中，夜更深时气更雄，酒到千巡山可撼，歌听几曲感难穷……别后应思杨校长，首先高唱满江红。"

[①] 1933年11月20日，李济深、蔡廷锴、蒋光鼐等在福建成立"中华共和国人民革命政府"，章伯钧、翁照垣等为"中国全国人民临时代表大会"主席团成员。1934年1月，"人民革命政府"瓦解，"福建事变"失败。

[②] 此名出自《孟子·梁惠王下》中"文王一怒而安天下之民"。

王恕安的教育是启发性的,强调恭恕廉俭,要求同学们忠于国家,对善炯产生了很深的影响。"文化大革命"时有人批判善炯,说他家里没有毛主席的像,只有一张岳母在岳飞背上刺字的像,由此证明他思想封建。而岳飞精忠报国精神对善炯的影响,就是在吴江中学培养出来的。

1954年9月,王恕安曾到上海善炯家做客,两人深情地回忆吴江中学,再次提起在抗日战争中被日寇毁掉的三高祠,以及粉壁上那副对联。善炯说,上联写其"永恒",下联指其"宏大"。王恕安同意他的意见,还画了一幅《鲈乡思旧图》赠给善炯。画上有诗,词曰:"今日情深思旧迹,鲈乡亭舍尽消亡。粉墙碧瓦凌空立,密叶交柯照水凉。宏大永恒成感召,艰辛奋斗各飞扬,画图一幅留将在,记取华东有沈王。"善炯将它裱糊了起来,一直都挂在家中的墙壁上。

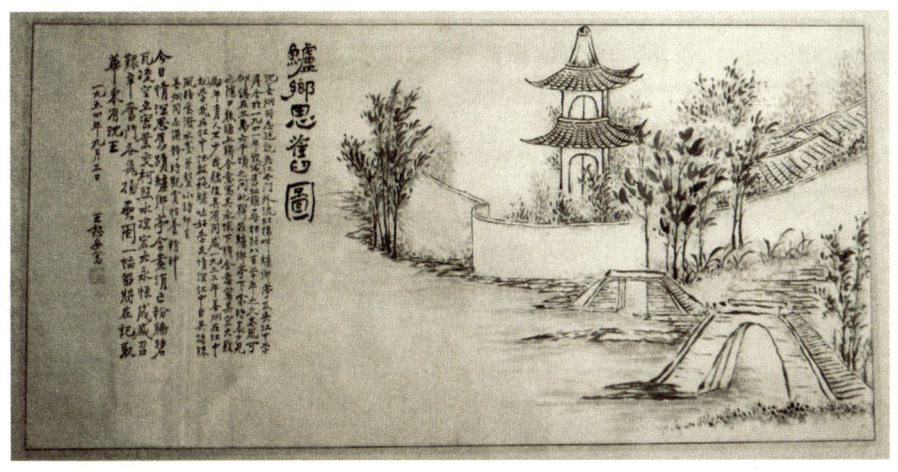

图1-10 鲈乡思旧图(熊卫民2010年8月6日摄于沈善炯家)

在美术老师丁志英的影响下,善炯还对书法和绘画产生浓厚的兴趣。书法方面,他先练颜体,后练柳体,再练苏体。苏体较扁,他尤其喜欢。在深秋枫叶红如二月花的时节,尤其是星期日,丁老师还常常领着善炯等,带着水彩画具走到太湖之滨找个村落去写生。善炯画得不错。有一天,国立杭州艺术专科学校的校长林风眠(1900—1991)、教师潘天寿(1898—1971)到吴江中学来,看到了善炯的画,认为他是可造之材,建议他上艺专去学画。考虑到家庭经济窘迫,善炯没有去。后来,因工作繁忙,他很少再有机会去写生,但他的毛笔和钢笔书法,在初中时已打下了良好的基础。

善炯和堂兄沈启民同班,两人感情很深。学校附近有个体育场,那是他们上体育课的地方。下课后,他们经常从体育场管理员阿和那里买零食吃,善炯有时欠他的钱,他就在一本账簿上写"校内'老知家'(老资格)欠老爷饼钱铜板五枚"。他不知道善炯的姓名,凭直觉称他为"老资格"。学校门房还有一个叫裕堂的江阴人,经常在晚上自修课时间给大家送信。他在窗外喊:"××少爷有信"。但轮到善炯和沈启民有信时,他却直呼两人的姓名,因为他们的穿着和行为不像"少爷"。但此时善炯已经长大,已从杨雪门、王恕安等老师的言传身教中学会了爱国的道理,以前那种因为被人看不起而自卑,进而自暴自弃的情绪没有了,他变得自信、自尊、自强、上进,也就不再在乎偶尔遇到的一点轻视。

沈启民只比善炯大一点点,但懂事得多。他经常对善炯讲:我们沈家现在不行了,很苦,而同乡的那些农民更苦,他们都希望我们沈家好,能够帮助他们。沈启民本来身体很好的,后来不知怎么得了肺结核,于1935年左右离开了人世。临死之前,他对善炯说:"我不行了。你记住,你一定要为我们沈家争气,一定不要辜负乡民对我们沈家的希望,现在责任全落在你身上了。"直到晚年,善炯仍记得这些话。

在吴江中学的良师益友和良好风气的熏陶下,善炯变得很上进,成绩越来越好,人也越来越自信。1934年夏天,他以第三名的成绩从吴江中学毕业。临毕业的时候,王恕安老师留了一个作文题——"今后之人生道路"。善炯奋笔直书,得了第一名。

虽然家里经济困难,但沈国范和沈贞是不会让长子辍学的。他们挤出一些钱,让善炯去多个学校参加升学考试。他先后考取了吴江新建的一所高中和美国人办的一所教会中学,但都不太想去读。他想读江苏省立的学校。可惜的是,投考苏州中学没能考取。他转而考江苏省立苏州农业学校,这一次被录取了。于是,他打点行囊去苏州,成了一名农校学生。

这所学校的前身是1907年兴办的苏州府官立农业学堂。辛亥革命后,该校更名为江苏省立第二农业学校,后来校名几经更替,定名为江苏省立苏州农业学校。

到那里之后，善炯立即发现，学校领导有严重的官僚主义作风，学校的风气完全不能跟吴江中学相比。刚入学不久，善炯的祖母来学校看他，在校门口遇到校长唐志才。他从他的车子下来，对她大声呵斥，吓得她转身就跑。还有一次，善炯父亲来看他，又遭到了班上一些同学的嘲笑，说他不懂学校的规矩。

巨大的反差让善炯厌恶这个学校，他觉得自己在浪费时间。在苏州农校的三年，虽然他读书成绩名冠全班，但他却很不愉快。每次放假回家，他都找表兄田泓昭，请他帮助补习普通高中的数理知识，因为善炯志在升学，希望毕业后能考上大学继续学农。

第二章
走向科学

1937年7月7日，卢沟桥事变爆发，日寇向中国华北发动进攻，国民政府令第二十九军奋勇抵抗，国家开始进入全面抗战阶段。由于战争失利，国家的政治、经济、文化机构和不愿沦为亡国奴且有一定经济实力的国民被迫向西、向南迁移，善炯就是在这种颠沛流离的情况下完成大学学业，并走向科研之路的。

流 离 徽 鄂

1937年8月，善炯去南京到金陵大学参加入学考试。金陵大学以农科出名，但他投考的不是本科而是专修科，因专修科的学费低廉，且两年即可毕业——他家只能勉强支付两年的学费。刚刚考完，八一三事变爆发，日寇再次在上海登陆，南京也开始遭日本飞机轰炸，回家的火车票变得很难买到。他在街头幸遇同乡刘素娟，她留他在自己工作的汉口路小学暂住了下来。几天后，他总算回到家里。

善炯家门前的白蚬江是村镇通往都市的水上干道，大家每天都站在家门口看那驶来载满难民的船只,并向他们打听:"上海情况怎样?我们能抗战到几时?"大敌当前,人民同仇敌忾的场景随处可见。不久,善炯收到录取通知书。在国难深重、战火纷飞的日子里,是留在家乡与亲人共患难,还是孤身去风险莫测的首都上大学?这是一个很难取舍的问题。善炯的祖母极力要求孙子留在她身边,但几经考虑,善炯还是决定去南京入学。他父亲在临行前对他说:"千万要注意敌机的轰炸,要避免无谓的牺牲,必要时可以从军抗日。"

10月中旬的一个早晨,善炯终于离家。他母亲把通过卖地和挪借而东拼西凑来的90多元钱放在他的内衣里,给他做好两床被套,要他到学校后买棉絮装上。因此他只带了一个手提的藤箱就上路了。祖母、父母和善炯的两个妹妹都到家门前的那座小桥边为他送行。他含着眼泪和亲人告别。

南京连日遭日机轰炸,金陵大学主体已迁往武汉,农业专修科则迁到安徽和县的乌江镇——金陵大学于1930年起即在此建立了农业推广实验区。可善炯当时并不清楚这些情况,仍往南京赶。他从小镇搭轮船到苏州,当时阊门一带的街头都是从上海撤回的前线伤兵,从苏州去南京的火车因要遭敌机的轰炸,已经无法搭乘,所以他一到苏州就改乘长途汽车至无锡。在无锡的一家小客栈中住宿一宵后,继续乘车抵达南京,这时获知农业专修科已迁和县。此时南京刚遭敌机轰炸,善炯就匆匆赶往下关,再搭轮渡至北岸浦镇,找到一家小客店住宿。翌日晨在大雨中他折回下关,然后搭轮船至安徽和县。一上岸就是和县的乌江镇,这样善炯就找到迁在一家祠堂内的金陵大学农业专修科注册上学了。乌江镇上,外界消息全无。善炯一直担心在战火中家人的安全,尤其特别想念他的祖母。他几次走到乌江镇边的霸王庙前,凭高远眺,俯瞰长江,默默地祝愿故乡无恙、家中无恙。

11月末,学校忽然通知,农业专修科要西迁至武昌,要大家整理行李离开乌江。有一位姓张的同学家住青浦朱家角,距离沈家不太远。他劝善炯和他一起留在乌江,然后设法绕过战区回家。善炯曾为之心动,但想起父亲临别时对他的嘱咐,没有同意。直到抗战结束后,他才知道日寇侵占和县时曾进行大扫荡、大屠杀。如他留在该地势难幸免，而那位同学后来也就再无消息。

善炯和同学们登上了两艘雇来的大帆船，直驶安庆。到安庆后，他们在轮船码头排队等候那艘还停在江中的客轮大上海号。上船之时已是深夜。他们排在许多旅客的后面，而善炯又是排在同学们的最后。所以等他上船时，甲板上所有的空位已经客满，但他总算找到了一个放在甲板旁的救生艇，便钻到里头睡觉了。轮船抵达汉口后，他们被安置在一个教堂里。此时他们才知道，大场失守，淞沪沦陷，南京已岌岌可危。金陵大学原先迁到武汉华中大学的部分已准备西迁至四川成都华西大学，而他们去向未定。此时全国各地的青年学生纷纷投身于救亡运动，有的奔赴抗日前线，有的去陕北，有的回到家乡推动救亡工作，也有继续在学校念书的。拿北京大学、清华大学、南开大学来说，最初各有一千余名学生；1937年11月撤到湖南组建长沙临时大学时，学生总数减为两千多；1938年春天撤到昆明，组建西南联合大学后，学生数降为了区区六百有余[①]。善炯该何去何从呢？

彷徨之中，善炯想起同乡钱其相在武汉大学法律系念书，就写信给他告诉他自己在武昌的地址。不久其相就赶过来看善炯。他告诉善炯武大在准备西迁，要善炯搬到他在武大的宿舍去住，不要等金大内迁的消息了。在这个时候遇见幼年时的同学，善炯非常高兴，他管不得那么多了，立刻把想去武大居住的意见告诉了老师。老师表示同意。于是，他当时就随同其相渡江去位于武昌珞珈山边的武大，晚上即共住在列字斋75号宿舍内。

其相还告诉善炯，中央政治学校拟收容流亡在长沙、武汉及安庆的各大学的学生，在武汉大学附近建立特别训练班第二大队。他打算报名参加。为逃难所苦的善炯想起了父亲临别时"必要时可以从军抗日"的交待，决定也报考这个学校，参加抗战。

1938年1月下旬，善炯和其相都考入了中央政治学校特别训练班。中

[①] 西南联大《除夕副刊》主编：《联大八年》。北京：新星出版社，2009年，第2页。

央政治学校的校长为蒋介石，特别训练班的主任为康泽。除一般性的军事训练外，他们这些学员还接受政治训练，其中包括听一些军政大员演讲。在学校的一次大会上，善炯还和同学们一起见到了蒋介石。但令他印象更为深刻的是陈立夫和周恩来关于抗战的报告。时任国民政府教育部部长、国民党组织部部长的陈立夫善于辞令，将抗战的希望寄托在西方国家特别是美国的军事干预上。而中共代表、时任国民政府军事委员会政治部副部长的周恩来则寄望于本国军民，强调持久抗战，坚信抗战必胜。周恩来是由长沙临时大学的几位同学陪同来的，他的报告使同学们对国家前途增强了信心。当时，武汉到处贴着"民族至上、国家至上、抗战第一、胜利第一"之类的大幅标语。抗日气氛的高涨使善炯暂时忘却离家之苦。

初到武汉，在汉口彷徨时，善炯还在街头看见了他的另一个同乡马应朋。他很同情善炯，把自己在广西的工作地址告诉他，要善炯在必要时去找他。有了一个去处，善炯当时心中踏实多了。后来，善炯又在汉口街头看见了一张贴在墙上的报纸，登载有教育部关于战区学生登记去后方学校借读的通告。于是他就找到那个登记处。鉴于马应朋在广西，善炯就登记去广西大学农学院借读，但他对此并未抱什么希望。

身体瘦弱的善炯不太适应训练班的生活，而受训后的去向——据说他们将被用作收复区的行政人员，而不是上战争前线——他也不太喜欢。考虑到这些因素，他决定开小差，离开训练班去广西找马应朋。其相也对这里的生活不满。于是，受训不到一个月，他俩就偷偷地逃跑了。就这样，善炯以这种不太光彩的方式，结束了他短暂的军旅生涯。

借 读 广 西

善炯计划经衡阳去广西投奔马应朋。1938 年 3 月初的一个早晨，他和其相在武昌火车站依依惜别。火车到衡阳后，他下车住宿一宵，然后改乘汽车去黄沙河镇。那是广西和湖南交界处，隔河就看到广西境内竖起的一块醒目的横牌，上面写有"建设广西、复兴中国"八个大字。在流亡途中看到它，善炯的精神不禁为之一振。他在黄沙河旁的一家店铺住宿一晚，翌日晨继续搭车。渡河时汽车开上水上的木排，由木排顺水漂流撑到对岸广西，然后直驶桂林。到达桂林汽车站后，所有旅客都被要求登记在桂林的住处。善炯不知住何处是好，就向站上的执勤警察打听。警察告诉善炯，桂林只有一条大街，但有不少旅馆，建议他就填桂林旅社好了。他知道善炯是流亡学生，还诚恳地告诫说，在旅馆里住宿不要超过一个星期，否则就有被抽壮丁的危险。善炯就按他的忠告，在登记单上填了桂林旅社，随后也就住进这家旅馆。

　　马应朋在汉口时告诉善炯，到桂林后可去找他江苏教育学院的同学、现在广西省教育厅工作的孙某。所以在到达桂林的第二天，善炯就去教育厅找他。一见面他就热忱地陪善炯去车站，买了去贺县的汽车票。贺县地处广西梧州境内，靠近广东。善炯乘车经平乐至广西产钨矿的重镇八步镇。在此住宿一宵后，他第二天早晨再搭车至贺县。上午十时左右，汽车到达终点。善炯急走到贺县初中，向门房提出要见马应朋。哪知门房却回答：学校没有这个人！善炯一听就慌了：身边只剩两元桂币，合国币一元，该如何是好？他赖着向门房求救，说："我家在战区，千里迢迢来找我的一个同乡马应朋，缘何他不在此地！"一个教员模样的人刚好擦身而过，他回头对善炯说："有，马应朋是在这里，我去通知他。"很快，马应朋就出来了。善炯非常高兴，似绝处逢生。

　　在贺县中学，善炯和马应朋住在一个小楼上的宿舍里，平时帮助学校做些缮写工作，大多时候为老师们的讲义刻钢版。每天吃饭时，校工将伙食送到宿舍里，马应朋总是将碗里仅有的一个荷包蛋用筷子夹成两半，将一半给善炯。每隔两周，他还带善炯去贺江边的一片茶店吃"甜包"。就这样，善炯在贺县中学待了约三个月。他很珍惜患难中的友谊，同时深感前途茫茫。

　　有一天，善炯独自上街，看到一张报纸登载有教育部分配战区学生入后方大学借读的名单。他马上去找分配在广西大学的名单，一眼就发现了自己的名字。善炯非常高兴，立即奔回学校告诉马应朋："我被分配在柳州广西大学农学院借读了!"听到这个好消息,马应朋如同亲受,笑逐颜开地向他祝贺。

7月底,马应朋决定离开贺县中学去他的母校——位于桂林七星岩的江苏教育学院工作。善炯随他同行,到桂林后两人分手,临别依依。他嘱咐善炯,如果在经济上有什么困难要告诉他,他会加以接济。之后他们再也没见过面。直到抗战胜利后,善炯才知马应朋已病逝于广西。恩情未报,他深感遗憾。

广西大学农学院位于柳州沙塘。善炯从柳州乘车抵达沙塘,没走几步就到了广西省农事试验场的办公大楼。他拿了金陵大学农学院的学生证到办公室去询问关于广西大学农学院借读的事情。接待他的刚好是场长马保之。他是著名社会活动家马君武[①]之子,金陵大学农学院毕业生。听善炯说明情况后,他马上非常热忱地打电话给农学院院长王益涛,告诉他善炯是战区学生,由教育部分配来借读的,希望能到学生宿舍去住。哪知王益涛一口拒绝,说暑假期间不能分配宿舍,要等到9月开学时才能入住。马保之二话没说,再打电话给农业试验场的苗圃,介绍善炯去苗圃住宿。于是善炯就去找苗圃的负责人顾文斐。很巧,顾文斐也是金陵大学农业专修科毕业的,他要善炯和他同住在一间宿舍里。

善炯在苗圃住了一个月。每天早晨起来,他就和苗圃的工人一起去干农活,后来他还帮浙江大学农学院毕业的一位叫李维庆的技佐做水稻杂交试验。他们根据水稻雄蕊对温度的敏感性,将花蕊先置于约50摄氏度的热水瓶内处理约半个小时,使雄蕊失活,然后喷上计划进行杂交的植株的花粉,再用黑纸包好。令善炯最感兴趣的是试验栽培的陆稻,枝叶宽大,生长旺盛,长出深紫色稻谷,但据说稻谷产量不高。善炯还借到了一本开明书店出版的书——屠格涅夫著的《初恋》的英译本。为温习英文,每天早晨在出工前,他总捧着它在田埂上高声朗读,背诵其中觉得有用的词句。在这里,善炯还结识了好友郭锐。郭是浙江孝丰人,浙江治虫人员养

[①] 马君武(1881-1940),广西桂林人,先后赴日、德等国留学,1916年获得柏林大学工学博士学位。教育家、翻译家、学者、社会活动家,在不同时候曾任司法总长、教育总长、广西省长等职,1928年创办广西大学,并三任校长。

成班毕业，他一直关心善炯的生活和学业。可是后来善炯离开沙塘后就中断联系。至晚年时善炯常想念他，几次打听他的消息都没有结果。

当时的广西大学校长为白鹏飞，广西人，原北平大学校长，农学院院长为王益涛，原北平大学农学院院长。王益涛曾留学日本，在东京帝国大学学习农业经济。广西大学农学院的教授大部分来自北平大学农学院，并曾留学日本，如著名的生物统计学教授汪厥明、昆虫学教授易希陶、作物栽培学教授程侃声等。细胞遗传学教授于景让是抗战开始时刚从日本回国的。只有植物学教授兼广西植物研究所所长张肇骞是留学英国的，而他是浙江温州人，与王益涛是同乡。善炯认为，他初到时王益涛之所以拒绝他迁入校内住宿，主要因为介绍人马保之是"留美派"的缘故。他由此体会到了"派别关系"的泛滥与弊端。

广西大学农学院设在沙塘这个偏僻的小镇上，有农艺、病虫害、畜牧和森林四个系。学院一边上课一边建筑校舍，在善炯看来，倒是一个宁静而朴实的求学之地。

在农学院，善炯识得了恩师张肇骞教授[①]。张肇骞于1900年生于福建永嘉县，1920年考入金陵大学农学院。受五四运动影响，他带领学生闹学潮，被校方开除。翌年，他复考取东南大学，到生物系就读，受教于胡先骕、钱崇澍、邹秉文等教授。1926年毕业后在中央大学任教。1932年赴英国皇家邱园（Royal Botanic Gardens, Kew）学习。1935年归国，先后在广西大学、浙江大学、北平大学、清华大学等校任教。从1938年起，他任广西大学农学院教授兼植物研究所主任。他的普通植物学课令善炯对植物学发生了兴趣。课余时间，善炯常到植物研究所去向老师请教一些植物学方面的问题。张教授知道善炯流亡在外，生活困苦，有时叫他到家中做客，以改善生活。张教授的夫人桂秉镛是江西人，常常给善炯讲一些故事，向他介绍秉志、胡先骕等中国生物学界前辈的治学和为人。从师母那里，善炯还知道老师张肇骞是浙江永嘉县永强镇出名的孝子。善炯一直崇敬他，听从他的教诲。

---

① 张肇骞（1900—1972），植物学家，中国科学院学部委员（1955）。

于景让教授（1907—1977）也给善炯留下了深刻的印象。他是江苏昆山人，1907年生于一耕读家族，1928年赴日本留学，在东京高等师范学校毕业后，入日本京都帝国大学农学院生物遗传系，随木原均博士学习细胞遗传

图2-1 沈善炯与同学朱维巧（右）、刘导民（后）（1938年摄于广西柳州）

学。1937年抗战爆发后，虽得学位在即，导师一再挽留，他仍毅然归国。回家之后，沪宁沦陷，他不肯留在沦陷区，只身西迁。次年，任教于广西大学。他精通日、德、英等多国语言，在植物学和遗传学上造诣很深，兼及文学、史学，博闻强识，教学时材料丰富，深受学生钦服。当时柳州也受到日机的轰炸，在逃警报时，他常和助教张培英（后来成为他的夫人）将一些外文的短篇科学论著翻译成中文，译得既迅速又流畅。他为人正直，性情耿介，嫉恶如仇，对于看不上眼的人和事，不肯缄默。譬如，对农学院院长王益涛在周末用车去桂林看京戏，他就曾公开表示过不满，这使得他成为当时留日派教授中不受欢迎的人。但他和学生的关系极好，不仅记得每一个教过的学生，还真切地关心他们。善炯仰慕其能力，欣赏其个性，而他也一直关心善炯的学业。

正当善炯在广西大学农学院过着满意的学校生活时，张肇骞教授忽然告诉他，广西大学将改为国立，由马君武任校长，农学院院长亦将由马保之担任。因此农学院的大部分教授都将撤换，由农事试验场的高级技术人员如陆大京、柳支英等任教。虽然马保之一再挽留张肇骞教授，但他仍决定去贵州湄潭浙江大学生物系任教。鉴于善炯对植物学有兴趣，他介绍善炯去昆明西南联大上学，希望他能赶上联大这一年度的转学考试。他为善炯写了一封给西南联大生物系张景钺教授的介绍信，同时也写信给云南大

学生物系主任严楚江[①]。张肇骞教授告诉善炯，张景钺是他在东南大学求学时的老师，严楚江是他的同学。他说西南联大是当今中国最好的大学之一，那里没有什么宗派主义，如能考上，对善炯的前途将有很大好处。但如没有考上，可去云大上学。他对善炯的苦心由此可见一斑。

1939年7月中旬，善炯根据张肇骞教授的建议离开沙塘。到柳州后的第二天清晨，他就去找张肇骞教授——他去贵州，正在柳州候车。当时张教授住在一个旅馆里，还没起床。他从蚊帐中伸出手来，给善炯早已预备好的200元国币，叮嘱善炯到昆明后就给他来信。

从柳州到昆明须经贵阳。那一段路，善炯与于景让教授同行，因为于教授决定改去成都四川农业试验场工作，也须经贵阳转车。他们坐的车，座位是木板做成。善炯坐在车子的后座，汽车一路颠簸，把他的臀部都磨破了，血渗到裤子的外面，痛苦不堪。但善炯忍着，到了贵阳才

图2-2 1989年，沈善炯应邀访问广西

[①] 严楚江（1900-1978），植物形态学家，江苏崇明（今属上海市）人。1926年从东南大学园艺系毕业留校，1929年以第一名成绩考取江苏省公费赴美国芝加哥大学生物系留学，1932年获博士学位。同年回国，先后任南京中央大学、北平师范大学、河南大学生物系教授。1937年七七事变后，到云南大学任教，兼生物系主任。

告诉于教授。他们在贵阳等车，停了两三天。于教授不但为善炯买了由贵阳经云南曲靖去昆明的汽车票，还请善炯吃了几顿美餐。他要善炯考好西南联大的转学考试，说这对他将来太重要了。于教授的车早走一天，两人依依惜别。

广西是收留善炯这个流亡学生的地方，也是他进入大学之门走向科学的起点。当善炯离开广西去云南途中，他思念不止，犹似第二次离开故乡。

转 学 联 大

到昆明后，善炯找到了他小学时的同学钱任。当时钱任在云南大学化学系念书，也在准备转学西南联大。从钱任那里知道转学西南联大并不容易，他就改变主张，先去云南大学找生物系主任严楚江。在云南大学会泽楼的底层，善炯见到了严楚江教授，把张肇骞教授的信交给他。严先生对善炯表示欢迎，还向他介绍云大生物系的教授，如崔之兰[①]、徐仁，还有同济大学生物系在此兼职的石声汉等，要他在这里安心上学。严先生还将善炯托付给自己的助手潘清华[②]。当天善炯住在潘家，翌日潘先生为他办好住宿手续，住在云大的学生宿舍里。

但善炯的心思并不在云大而在隔壁的西南联大。他知道转学考试的日期已近，必须去联大找张景钺教授。一天上午，善炯摸到西门外西南联大"新校舍南区"，在一排简陋的平屋里找到张景钺教授。善炯向他自我介绍，并给他张肇骞教授的介绍信。看完介绍信后，张先生写上几行

[①] 崔之兰（1902-1971），动物形态学家，1934 年从德国柏林大学获得博士学位后归国，任北京大学生物系讲师。1938 年后，她先后在云南大学、清华大学、北京大学担任生物系教授。她是张景钺教授的夫人。

[②] 潘清华（1916-2002），动物学家，1938 年协助严楚江等筹建云南大学生物系，1958 年受命组建中国科学院昆虫研究所紫胶虫工作站，后该站发展成为中国科学院昆明动物研究所，他任该机构负责人直至 1984 年退休。

英文批示，要善炯拿着介绍信和广西大学农学院一年级的学业成绩单去找系主任李继侗①。介绍信上写着"He is earnest……"，善炯偷看后暗自心喜，猜想张教授第一次见面就对自己产生了好感。找到李继侗先生后，李先生要他留下在广西大学借读的成绩单，并告诉他转学考试的日期和地点。

那次参加转学考试的有10多人，善炯被录取了。考取联大以后，善炯不敢告诉严楚江先生，怕他不高兴，但最后还是硬着头皮去找了他。哪知严先生热忱地祝贺他能去西南联大上学，随张景钺教授学习。严先生的学者风格深刻地教育了善炯。他感到惭愧，因为，他做了一件不诚实的事。他投考联大，事前没有告诉严先生，而且这样做也违反了张肇骞先生的原意，虽然事后张先生原谅了他，但他难以原谅自己。

西南联大是由我国北方三所大学——国立北京大学、国立清华大学和私立南开大学联合而成的。三校于1938年4月下旬迁移到云南昆明，5月4日即租借省立昆华农业学校、省立昆华师范学校、昆华中学、昆华工校、江西会馆、迤西会馆等机构的屋舍开学，到次年4月，才因陋就简，在昆明西北的124亩荒地上盖起90余栋平房作为自有的校舍。其中，教室、办公室、实验室56栋，为土墙铁皮顶结构；学生宿舍36栋，为土墙茅草顶结构；食堂2栋，为砖木结构；图书馆1栋，属唯一的瓦顶建筑。

每年5至10月，昆明多雨。茅草很容易溃烂，致使宿舍屋顶漏雨，有时学生们不得不打着伞入睡。教室的铁片顶虽然稳固，可雨滴如果较大，打在铁皮上形成的叮叮当当之声会盖过教授的

图2-3 西南联合大学的三角形校徽（每个角代表一所大学，三点合一处为联大；暗含三角形的稳定性）

---

① 李继侗（1897-1961），植物学、生态学家，1925年在美国耶鲁大学获博士学位。中国科学院学部委员（1955）。

图2-4　西南联合大学校牌（2012年8月9日熊卫民摄于云南师范大学）

图2-5　西南联合大学教室（2012年8月9日熊卫民摄于云南师范大学）

讲课声。图书馆的建筑略好一些，但藏书很少，仅仅数万册，连个正式的书架也没有，书报刊物就躺在一些大小不一的粗糙木格上。可就在如此简陋的环境中，却有一种悲壮蓬勃的气魄在，这在西南联大的校歌中有所反映：

万里长征，辞却了五朝宫阙。暂驻足衡山湘水，又成离别。绝徼移栽桢干质，九州遍洒黎元血。尽笳吹、弦诵在山城，情弥切。

千秋耻，终当雪，中兴业，须人杰。便一成三户，壮怀难折。多难殷忧新国运，动心忍性希前哲。待驱除仇寇复神京，还燕碣。

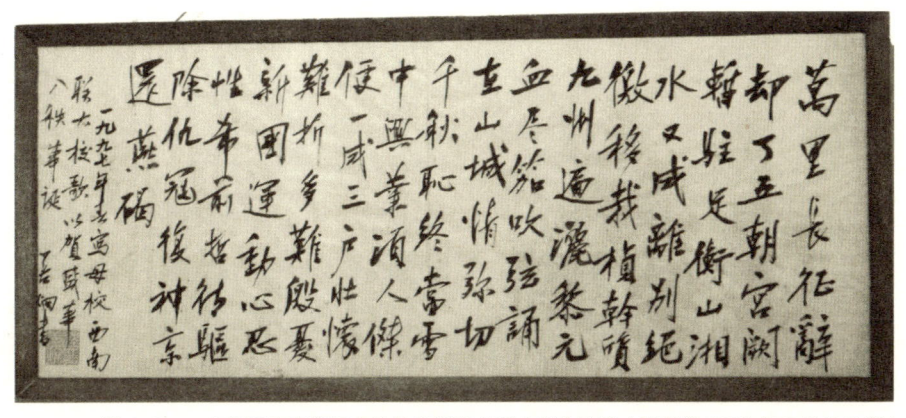

图2-6　一直悬于沈家客厅中的沈善炯手书西南联大校歌（熊卫民2010年8月5日摄）

第二章　走向科学　35

这首至今流传的联大校歌，指出了联大精神。"兼容并蓄"的北大、"严谨求实"之清华和"活泼创新"的南开辗转南迁，形成了一股与国家同生共死，为洗雪国耻、振兴中华而发奋读书、努力教书的"刚毅坚卓"之气。

联大由教授会民主推举系主任、院长、校务委员会成员，实行民主办校，以培养有扎实根基、渊博知识的学生为教育方针，要求读人文学科的学生多知道一些自然科学的知识，而理工科的学生也必须对人文学科有所了解。理学院的学生在一年级时必须上数理化专业共同的必修课。而且这些所谓普通课都是由著名教授，一般由系主任上的。按学校的规定，转校生的第一学年为试读生，一年后成绩及格才可成为正式生。善炯在广西大学农学院学过的一些功课，如高等数学、普通化学，都不被承认学分，甚至国文和英语都要重修。因此在转学联大的第一年，即大学第二学年，他的功课繁重，感到吃力。这一年他成绩平平。他补修的普通化学是由化学系主任杨石先教授[①]教的，第一学期他只得60多分。最使善炯感到突然的是他一向引以为豪的作文居然只得66分。朱自清先生知道他有些不服气，特意找他解释。朱先生说：作文是语言的艺术加工，不是辞藻的堆砌。而辞藻也决不能杜撰。作文要有内容，有文法。这件事对善炯教育很深，从此他作文时注意用词与文法。令他略感欣慰的是，他的中国通史课得了96分。当时雷海宗教授的历史课更火，选修的人太多，但他没能选上，就选了吴晗教授的。结果他发现吴晗的课也讲得很有意思。直到晚年善炯还记得吴晗对"撼山易，撼岳家军难"的分析。吴先生说，那是因为岳飞治军很严，岳家军与老百姓关系很好，得到人民的大力支持。他的那些话让人联想到位于延安的共产党政权。

体育课也是必修课，而且从大学一年级到四年级都必须上体育课。这门课程的总负责人是马约翰教授，那时他已经50多岁了，依然神采奕奕，穿着一件皮夹克往来于同学们中间。他强调两种健康，physical health（身

[①] 杨石先（1897–1985），化学家，中国科学院学部委员（1955）。1918年毕业于清华学堂，1922年获美国康奈尔大学硕士学位，1923年任南开大学教授，后兼任理学院院长。1929年再度去美国在耶鲁大学研究院任研究员，1931年获该校博士学位，同年回国，继续执教于南开大学。

体健康）和 mental health（心理健康）。马教授不但教学生体育活动的方法，还教他们如何做人。善炯记得，最后一次体育课是马约翰教授上的。他告诉他们，他曾带一个中国代表团去参加国际比赛，虽然最后没拿到奖牌，但中国运动员的参与精神还是很好的。还有一个词是他经常说的，就是 sportsmanship（公平竞争精神）。通过体育课堂中的竞赛，学生们在不知不觉中接受了这种精神。马约翰是一个了不起的人，后来清华大学为他树了一座铜像以纪念他。男同学的体育课具体由黄中孚和侯洛询负责。上课都讲英语。善炯选过黄和侯两位老师的课，上课时先跑两圈，老师在旁边喊着"Left, Right！Left, Right！"。有时插几句逗人的玩笑话，使大家感到轻松愉快。善炯在三四年级时都选侯老师的课。每学年开始大家都排队报名。有一次当各自报姓名时，排在最后的一位是个矮个子，化学系的王宝贵，当轮到他报名时，他忽然高声叫出："王———宝———贵"，顿时大家哈哈大笑，因为发音好像是"王八（乌）龟"。每学期都有体育考试，但如在一学期中没有缺过课，即使不考试也给 60 分及格。同学很少有不及格的，主要因为大家都需要它。

除上外文课老师讲外语外，有些必修课的老师，如数学老师也讲英语。还有些老师生在南方，如教善炯植物学的吴蕴珍老师是江苏青浦人，上课时就以英语代替他的江南口音。遗传课由陈桢（1894—1957）教授[①]主讲，他授课时主要用自编的讲义。在他的引导下，善炯对遗传学产生了浓郁的兴趣，就自己借了一本由 Sensome & Philip 所编的 *Recent advances in plant cytogenetics*（《植物细胞遗传学进展》）来看。植物生理课主要由殷宏章教授[②]教，娄成后先生[③]也参与，他们常常讲到一些化学上的原理，给学生以启发。殷宏章教授少年成名，在南开大学念本科时即作出过一流

[①] 陈桢（1894-1957），动物遗传学家，1921 年在美国哥伦比亚大学动物系获得硕士学位，后随著名遗传学家摩尔根作研究。1922 年回国担任东南大学生物系教授，1926-1937 年担任清华大学生物系教授兼系主任。1948 年当选为中央研究院院士，1955 年被选聘为中国科学院学部委员。

[②] 殷宏章（1908-1992）植物生理学家，中央研究院院士（1948）。1929 年毕业于南开大学，1938 年获美国加州理工学院博士学位。中国科学院学部委员（1955）。

[③] 娄成后（1911-2009），植物生理学家，中国科学院院士（1980）。1932 年毕业于清华大学生物学系，1939 年获美国明尼苏达大学哲学博士学位。

的成果，1948年当选为中央研究院最年轻的院士。善炯曾撰文回忆过他在西南联大授课的情形：

> 老师是一位衣着不修边幅，读书不拘一格，工作不求闻达的纯粹科学家。抗日战争时期他在昆明西南联大教书，而家住离昆明有五六里的大普吉村。他总是骑着那辆破旧的自行车赶来学校上课，上课毕再去附近街上买一袋面粉放在自行车后回家。他给我们上植物生理课，生动而有趣味。每次他准备好的一些新鲜讲题他都写在一张纸片上，夹在他的讲义夹里。记得有时他讲得起劲时，不慎将那些纸片散落一地，于是他一面讲，一面找纸片，引得学生们暗中发笑。老师的博学多才，引起当时理学院其他系的同学和助教都来听课。①

善炯的恩师张景钺教他们植物形态学。这是一门描述性的学科，通常不容易引起大家的兴趣，但在张景钺先生的讲解下则不然。他知识渊博，解释生长点中叶原基（Leaf primodium）和花原基（floral primodium）的形成时，从细胞分裂的动力学讲起。介绍植物演化与系统学时，他又从古生物、植物性世代的演化讲起。他还鼓励学生去想象，去找兴趣——既严谨又鼓励每个人去表达自己，发现真实的自我，这其实是联大的学风。

张教授富有启发性的课程吸引了同学们。在他的教导下，善炯对植物发育和世代交替尤其感兴趣。如苔藓类植物和蕨类植物的配

图2-7 张景钺教授（1895—1975）

---

① 沈善炯：记我师殷宏章先生二三事.《植物生理学通讯》，2002年第5期，第521-522页。

子代体（gametophyte）与孢子代体（sporophyte），在基因组上前者为单倍体，后者为双倍体，但形态完全不同。善炯由此想到了遗传学的问题。他对苔藓的繁殖也产生了兴趣，因为老师讲到一些苔藓类植物的个体是分枝状的（diachotomous），当生长到一定时间时在分叉处会形成一个死亡带，这样将个体分成两个。这其实就是现在所谓的程序性死亡（programmed death）。

联大生物系主任李继侗平时总有"一副强装的笑容"[①]，大家开始都有些怕他。他要求学生很严，每学期注册时，他逐个注意选修的课程，甚至选修课的老师。有时同学选修的是那些容易得学分的课程，或者是容易给学生判及格的老师所主持的课，李先生总是讽刺地说："不能选这种'豆腐'课！"善炯觉得李先生对他们的严格要求是正确的，因而常常回忆起他。那时昆明几乎每天都要跑警报。一般都在上午十点钟左右，警报就响了——联大因此把上课时间调整为上午七点至十点、下午三点至六点。老师、同学们习以为常，从容地从新校舍后门走向北面的山陵地区。有一天，善炯看到离新校舍不远的山路上，有人用粉笔写道："教授的图书馆从此向前走！"后来才知道，这是同学告诉大家陈寅恪先生在那里，可以去听他在课堂上没有讲到的课。善炯没选过陈寅恪先生的课，但很认同他的那句名言——"自由之思想、独立之精神"。在躲警报期间，同学们也常常藉此温习功课或讨论问题。当敌机飞走后，警报解除，他们又从容地返回学校，如果时间尚早大家又都回到教室继续上课。虽然事后统计，联大只是在空袭中损失过一些屋舍和财产，并没有重大的人员伤亡，但这样的结果在当时并不为人所确信。在每天都可能是人生最后一天的情况下，善炯和同学们深切体会到了时间和生命之可贵。而老师、同学经常在一起同生共死，则进一步融洽了大家的感情。

晚上自修的时间是学习紧张的时候。学生所修的功课，老师都指定一本必读的参考书。在每堂课将上完时，老师在黑板写上"assignment"，要同学参考那些资料和完成课外作业。由于老师指定的参考书在图书馆里所

[①] 西南联大《除夕副刊》主编，《联大八年》。北京：新星出版社，2009 年，第 224 页。

存有限而且不能借出，所以晚饭后大家都在图书馆门前排队，希望能借到一本参考书，找个靠近电灯的好位置坐下来阅读。尽管有竞争，但大家并不争先恐后地去挤、去抢。善炯有几次看到哲学系的沈有鼎教授和大家一样也在排队。当图书馆的门一开，大家鱼贯而入，秩序井然。

因为图书馆座位有限，而宿舍光线太暗，同学们常常到学校附近凤翥街的小茶馆去看书。一开始茶馆老板很客气地接待这些穷学生。很快，他们就发现，这些顾客泡上一壶茶，就能待一晚上。他们便悄悄地将屋子里的灯泡换成了小号的，这样一来，同学们便无法在微弱的灯光下长时间看书了。他们还将学生们喝过的茶叶取出来反复使用。但同学们并不计较这些，还是每天都来，一待就是一晚上。久而久之，同学们与茶馆老板熟悉了，结下了友谊，于是小号灯泡又换成了大号，茶叶也不废物利用而给好茶了。就这样，凤翥街上林立的茶馆成了联大同学念书、讨论功课或议论时局的场所。

凤翥街靠近昆明城的西门，街上来来往往的是赶着小毛驴的小商贩，穿着一件皮制的背心，嘴里吸着一支竹制的水烟筒，当毛驴走得慢时，他们用一根皮鞭轻轻地打在毛驴的屁股上，嚷着："你家嘛，咋个整！不听话啦！"有时毛驴拉屎，石子铺成的街上于是响起"噗、噗"的声音。这也是善炯难以忘怀的。

大部分联大学生都有经济上的困难。拿善炯来说，除了前面提过的那早已花光的 90 元钱，他再也没从家里得到过任何支持。他之所以能在广西大学和联大维持四年，主要靠教育部给流亡学生提供的"贷金"。每月贷金数量不多，仅够供应非常简陋、没有什么菜的午餐和晚餐。有些同学利用课余时间去昆明的中学兼课，或者去搞点家教，以谋得一点收入。善炯专心上学，没任何兼差，早晨就常常只能饿着肚子。

到晚年时，善炯读了陈立夫的回忆录《成败之鉴》[①]，才知道抗日战争期间，给流亡学生提供的贷金是这位新任的教育部部长以个人名义向国库借出来的。虽然规定学生在战争结束之后三年要归还这些贷金，可实际

[①] 陈立夫：《成败之鉴——陈立夫回忆录》。台湾：正中书局，1994 年。

上陈立夫并没有作这个指望，而因为通货膨胀等原因，学生们后来实际也未能真正归还。陈立夫认为，这个制度对于抗日时期人才的培养有重要作用。他说："全赖国家贷金或公费以完成学业的人，共有 128000 多人，这些都是国家不可或缺的人才。如果没有贷金公费制，不知会有多少人失学，这才是国家的一大损失。"[1] 善炯认为，陈立夫的这段话是对的。若没有贷金，像他这样的人是根本上不了大学的，这确实是国民政府和陈立夫本人所做的一件好事。善炯觉得，他们这代科学工作者之所以能在 20 世纪 50 年代克服困难归国，努力运用自己的所学回报人民和国家，跟这不无关系。他很希望，现在的政府也能给那些上不起学的穷学生以充分的帮助。

每年春节期间，新校舍 32 号宿舍门上都会贴上一张红纸。有一年，横幅上写有五个大字："万般皆下品"。这不是宣扬"唯有读书高"，却有讽刺和警惕之意，提醒同学不要忘记救国。学校有个学生团体叫群社，定期出墙报贴在新校舍大门内的墙上，就热点问题对政府提出批评，鼓励同学为抗战胜利和建设明天的中国而奋斗。墙报上的文章和漫画，颇能引起同学们的兴趣，前往欣赏的教授也不乏其人。据说《云南日报》有时派人来摘录一些内容以转载。有一天，善炯在新校舍大门口亲眼见到一个妇女从一辆深蓝色的汽车中走下来，拉住一个云南小孩大骂，说他将汽车划出了一条纹。那孩子苦苦认错求饶，引来不少同学观看。第二天群社就在墙报上登载了这件事，并直呼其名，批评汽车的主人和那个骂孩子的女士——原来那是联大三位校长之一的蒋梦麟和他的夫人。蒋梦麟住在重庆，这次是回昆明访问的。与群社墙报对立的是国民党三青团贴出的墙报，同样文采飞扬，为国民党辩护。当时为了雷鸣远神父[2]的问题，两个墙报曾进行过剧烈的"舌战"。善炯当时结识了同乡，联大历史系的任孝揆（又名任以沛），他是群社的创始人之一。他介绍善炯阅读罗曼·罗兰等人的文学著作，要他知道爱憎分明。

---

[1] 转引自陈默语：《陈立夫与助学金》。2011 年 5 月 13 日。
[2] 雷鸣远（1877–1940），天主教遣使会神父，本籍比利时，1927 年加入中国国籍。抗日战争初期，他组织救济团队，救济了中国各地平民。1940 年，他所服务的政府军鹿钟麟部与八路军发生冲突，他被八路军俘虏。后经交涉，他得以释放，但不久即去世。

那时教育部规定各级学校每周一都要举行纪念周。所谓纪念周，其实是在纪念孙中山先生的名义下，宣扬政府的政治主张。联大根本就不管这一套，自行组织每月一次的学生集会，叫国民月会，月会在图书馆前的草地上举行——后来被称为"民主草坪"，并在那里树起了闻一多教授的塑像，同学可自由参加。同学们曾邀请一些名人，如陈立夫、杜聿明、宋希濂、林语堂等来国民月会作报告和回答一些问题。给善炯留下深刻印象的是1942年1月6日的"倒孔运动"。鉴于国民党政府的腐败，联大同学发起"打倒孔祥熙"的运动。据善炯回忆，在举行国民月会、请抗日将领宋希濂作完报告之后，联大的同学们开始列队进城游行。这个运动引起昆明各界的响应，不少学校的学生于中途参加。梅贻琦校长得悉后匆匆赶来，焦急地在通往联大的路口守候。他用幽默但又严肃的口气向回到学校的同学们说："我看到你们个个平安回来，松了一口气。你们以后写标语千万不要忘记标点，不然要惹大祸的啊！"校长这话是指同学们在游行时贴的一幅标语："拥护龙主席打倒孔祥熙"中间没有标点，便成了拥护龙主席去打倒孔祥熙了。善炯那时临近毕业，只参加了月会，没去游行。听说梅校长的这句话后，他肚子都笑疼了。其实这是同学们的策略，并非偶然。梅校长的出现使返校的同学们感到温暖。三千学生都怀有一颗心，联大是学生们的家，校长是学生们的家长。学生们生活在自由、民主、团结友爱的大家庭中。

图2-8 民主草坪和闻一多教授塑像（2012年8月9日熊卫民摄于云南师范大学）

西南联大设有三个校长：北大的蒋梦麟、清华的梅贻琦和南开的张伯苓，实际负责的是梅贻琦。梅校长主持联大校务公平民主，并无偏袒之心。教师之间，同学之间也没有因为来自不同的学校而有隔阂。据说有一次教授们在西仓坡梅校长家开会,有一位教授忽然提起学校在分配担任系主任的职位上不够公平,就遭到大家的冷淡。由此可见任何不利于三个学校团结互助的言论在当时都是没有市场的。西南联大集北大的兼容并蓄,清华的严谨,南开的豪迈之风于一炉。联大校歌中"千秋耻,终当雪,中兴业,须人杰。便一成三户,壮怀难折"说出三校之所以成为联大者,旨在洗雪国耻,振兴中华,因此壮怀不折。联大同学受到优良风气的熏陶,均自觉地勤奋学习,讲秩序,讲礼貌,培养远大理想以天下为己任。

图2-9 梅贻琦校长铜像(2012年8月9日熊卫民摄于云南师范大学)

联大经济系校友、1943年的毕业生王民嘉(1922—1999)说:如果抗日战争是中国历史上的一座伟大丰碑,记载了中华民族抗击强敌终于获得胜利的历程,那么建立于抗战伊始而结束于抗战胜利的西南联大,则是抗战烽火中怒放的一朵奇葩。善炯很赞同这个说法。在经常躲警报、物质条件极差的情况下,凭借自由、独立的精神,作为"民主堡垒"的联大,为国家培养了多少杰出的人才!善炯的挚友邹承鲁曾经写过一篇文章,建议北大、清华和南开大学各抽一部分力量在昆明原址共同重建西南联大。善炯读到后给他打电话,说那根本就不可能做到。邹承鲁回答道:"我知道,但我故意要这样提。"善炯明白他的意思,他想通过这种特殊的方式引起大家对已被遗忘的西南联大办学方针的注意。正如他所说,联大之所以能够在短短的8年时间内,"为我国培养了大量的优秀人才,包括一些世界级的大师","除集中了一批优秀教授外,学术民主、学术自由风气浓厚是极其重要的原因。当年的西南联大是教授治校,思想自由,对各种学派的教授兼容并包,贯彻的是百家争鸣的办学方针。"[①] 善炯觉得,当前我们在和平环境下

---

① 邹承鲁:建议重建西南联大.《科学时报》,2006年2月16日.

长期培养不出世界级的大师,原因值得深究,有必要从西南联大的历史中吸取经验。

自从 20 世纪 90 年代以来,中国刮起了一股高校合并风。有一次沈善炯去华东医院看病,有几位老干部问他:"现在许多学校都变了,比如上海第一医学院本来很好的,为什么要并到复旦大学去呢?美国有个有名的麻省理工学院,它为什么不并到哈佛大学去?"在沈善炯看来,根据自上而下的命令进行组织形式的合并未必会成功,像北大、清华、南开三校一样,应时代的需要,进行自发地自下而上、精神实质的联合才真正可取。

毕 业 留 所

在物资匮乏、物价飞涨的战争环境下,西南联大的老师大多没有条件做科学研究,连实验课也上得很少。据善炯回忆,当时只有化学类课程,主要是高崇熙教授开的定量分析课做过一些实验。生物方面,他们只是看看标本(包括缩微胶片),到野外去认识植物。连老师都做不了什么研究,学生更不用说了,大部分同学的所谓毕业论文都只是某个领域的文献综述。善炯当时面黄肌瘦,一口上海土话,形象并不出众,但他学习勤奋,思维活跃,善于提问。也许是后者使他得到了张景钺教授的青睐。张教授觉得他是可造之材,很关心他,见他对微生物学有兴趣,就把他送到清

图 2-10 戴芳澜教授(1893—1973)(程光胜研究员提供)

华大学农业研究所戴芳澜教授[①]那儿，请戴教授指导他做一些实验研究。

清华大学农业研究所位于昆明西部的大普吉村，距离昆明市区约七八公里，有独立的研究经费，并不属于西南联合大学，内设植物病理、昆虫学和植物生理三个研究组，戴芳澜教授是植物病

图2-11 昆明北郊大普吉清华农业研究所植物病理组待过的老屋

理组的组长，另两个组的负责人分别为刘崇乐教授、汤佩松教授。在戴教授的指导下，善炯以昆明地区的水生真菌为题完成了毕业论文。1942年夏天，善炯在联大毕业，李继侗先生告诉他，他已被分配到清华大学农业研究所植物病理组做研究助教，随戴芳澜先生工作。当时得到这份工作是不容易的，善炯很是高兴。

进入清华农业研究所之后，在戴先生的指导下，善炯开始研究古瓶菌（chytrids）的形态和生活史。古瓶菌是真菌中原始的一类，那时中国还没有人研究它。戴先生对植物病理组的管理非常严格、认真。他要求组内科研人员首先把本职科研工作搞好，每天按时上班，在研究室里必须贯注精神于工作，不能在上班的时间进修外文，甚至有关工作的参考书也不许在实验室看，更不能做个人的私事[②]。每天早晨，他总是摇着他那挂表的链子来到实验室，一跨进门就半开玩笑地说："发现了新东西没有？"如果被他发现在看书，他就一板脸转身走了。

有一次，善炯在实验室偷看张肇骞老师寄来的《植物细胞遗传学新进

---

① 戴芳澜（1893-1973），真菌学和植物病理学家，中央研究院院士（1948），中国科学院学部委员（1955）。中华人民共和国成立后历任北京农业大学教授、中国科学院植物所研究员、应用真菌所所长、微生物所所长。

② 阎万英：抗日战争时期的清华大学农研所。《中国科技史料》，1987年第4期，第15-21页。

第二章 走向科学

展》一书（Sensome & Philip: *Recent Advances in Plant Cytogenetics*），被戴先生发现了。戴先生问他："你看这本书觉得怎样？"他回答说："我不觉得怎样。"戴先生又问："你看完了没有？"他回答："还没有看完。"戴先生听到他的回答后就走了，回家后向夫人发脾气："那老沈在实验室看书，还没看完就妄加评论，说那书并没有什么，这样浮躁的年轻人岂能搞科学研究。早知道如此，我是不要他来工作的。"善炯后来知道了此事，有些不愉快。但后来他逐渐理解了，认识到这是戴先生要他端正治学态度，切忌浮躁之气。

善炯对古瓶菌产生了越来越浓厚的兴趣。经仔细研究，他发现，前人对古瓶菌的描述有不少错误。他将研究结果写成论文，于1944年4月在《美国植物学杂志》（*American Journal of Botany*）上发表了出来。这是他的第一篇科学论文。这项工作是在戴芳澜教授的指导下完成的，英文稿也基本上是戴先生写的，但他高风亮节，并没有在这篇论文上署名。善炯的英文译名（San-Chiun Shen）也是戴先生起的，以后一直沿用。

戴先生有时候带实验室的工作人员到附近山上去采集真菌标本。他严肃认真而又幽默，曾对善炯说："我的第一个学生周家炽是个怪物，现在看来你也是一个怪物，要怪物成群了！"善炯心想："难道老师也是怪物吗？"但不敢问他。周家炽确实是个不同寻常的人。他于1911年生于江苏苏州一商人兼地主家庭。1929年考入东吴大学学习文学，一年后转入金陵大学农学院农艺系学农业，不久又转入植物病理系，随戴芳澜先生学习植物病理。1932年毕业，留校任助教。1934年，清华大学成立

图2-12 周家炽研究员（1911—1998）
（摄于1952年，程光胜研究员提供）

农业科学研究所，戴先生被聘为该所植物病理研究室主任，周家炽被调去任助教。抗战兴起时，他正在青岛调查果树病害，旋应清华大学之召去长沙。1937年12月，他从长沙临时大学去陕北找共产党的部队，先后在安吴堡和延安受训。因胃病复发，无法在延安动手术，1938年时，他又不得不从延安到昆明，重新供职于清华大学农研所[①]。善炯到农研所后，与周家炽成了同事，得到了后者的不少帮助。他很欣赏这位师兄兼同乡，与其结成了终身的友谊。

有一次，善炯和戴先生一起去昆明滇池畔的西山，上山时看到路边长着一簇伞菌，亭亭玉立。善炯想采几棵回去，但戴先生笑着不许。等到他们下山时再找它就不见了，化成了一片黑水。戴先生笑着说，它们走了，已完成了繁殖的任务，它伞下的孢子从此散播在大地上。善炯后来认为，

图2-13　清华大学农业研究所植物病理组合影（1944年）（后排左起：俞大绂、沈善炯、戴芳澜、方中达、裘维蕃；前排左起：尹莘耘、尹夫人、戴师母、裘夫人）

---

① 见周家炽自传，未刊稿。作于1956年，程光胜研究员提供。

这是有计划的凋亡（apoptosis），菌丝体多酚氧化酶（polyphenol oxidase）可能起重要作用，值得探索。由于善炯对微生物遗传发生兴趣，而戴先生早年曾在纽约植物园随道奇（B.O.Dodge）研究过链孢菌（Neurospora）的遗传，后来，他同意善炯于上班时间在实验之余看道奇和林地克利（C.C.Lindegren）的文章。

设在大普吉村的除清华大学农业研究所、金属研究所和无线电研究所外，还有中央研究院化学研究所的图书馆和北平研究院的药物研究所等机构。这个地方风景秀丽，每逢假期，联大同学常来这里游览。

图 2-14　1992 年沈善炯与挚友申泮文合影

善炯的好友柏铨、梁敬璋也常来看望他。大约 1942 年年底，他认识了来大普吉游玩的联大同学卢盛华。她与善炯同一个年级，念的是经济系，当时在一个造币厂做会计。她美丽善良、温柔体贴，善炯很快就被她所吸引，一进城就去找她，若没找到则很失望。作为清华的助教，善炯当时的工资很少，而盛华的收入则相对较多，所以，他们在星期天约会时，吃饭大多是由盛华付钱。有一次他们下馆子，因为很便宜，小饭馆已没有空桌，他们难以坐到一起。这时有一个云南人主动换座位给他们，并风趣地说："你家（你们）下江人没这么客气吧。"

1944 年 3 月，善炯赴大理喜州镇的华中大学工作，盛华和他同往。她被聘任为喜州的一所高中——五台中学的教师，教英文和数学。喜州风景美丽，他俩爬过附近的点苍山，并常漫步洱海之滨。那时他们有幸得识挚友申泮文[①]。1944 年 6 月 23 日，善炯和盛华在喜州结婚。擅长烹饪的

---

① 申泮文（1916-），无机化学家和化学教育家，中国科学院院士（1980 年）。1940 年毕业于西南联合大学化学系，时任华中大学化学系讲师。

泮文盛情地为他们的婚宴烧了很多菜，在附近工作的一些联大同学也来参加他们的婚礼。

善炯的主要工作是教植物学。因对遗传学有兴趣，他很想与于景让先生联系，写信向恩师张景钺问

图 2-15　1944 年沈善炯与夫人卢盛华在昆明

及此事。1945 年年初，张先生将善炯推荐介绍给新任中央研究院植物研究所所长的罗宗洛教授[①]，说善炯对遗传学有志趣，想从于景让先生学习。与此同时，善炯也给罗先生写信，询问于景让先生是否在植物所工作。不久，善炯得到罗先生的亲笔回信，说于先生即将来植物研究所，欢迎他参加他们的工作。罗先生对青年人热情关怀之情，跃然纸上，令善炯深受感动。于是他决定辞去华中大学生物系的职务，去中央研究院工作[②]。

1945 年夏季，善炯到达重庆，再搭船至北碚，在位于金刚碑的一个小山坡上找到了新成立的植物研究所。盛华没有同往，她返回昆明，等善炯工作安排好后再来重庆。植物研究所刚成立不久，没有什么研究设备，实验工作难以开展，但罗先生和他的学生金成忠、黄宗甄、倪晋山等仍坚持每周举行学术论文讨论会，大家都在用功读书，很少闲聊，保持一个好的学术气氛。善炯当时的职称为助理研究员，与管财务工作的张仲实同处一室，也是每天看文献。重庆天气很热，到晚上时，他还常和一位叫刘玉壶的研究植物分类的同事从后山坡去附近的南温泉乘凉，半夜才回来。善炯觉得不太适应，常写信给自己在昆明的老师和朋友，希望回去。

---

① 罗宗洛（1898-1978），植物生理学家，中国科学院学部委员（1955）。1930 年从日本北海道帝国大学获得博士学位，中华人民共和国成立后历任中国科学院实验生物所研究员、植物生理所所长。

② 沈善炯：纪念罗宗洛老师．《植物生理学通讯》，1998 年第 4 期，第 314-315 页。

第三章
留学美国

1945年8月15日，日本宣布无条件投降。善炯终于可以给家乡（当时称沦陷区）寄信，10月2日，他在重庆北碚接到父亲的回信，知道家里的老房子在"大扫荡"时被日寇烧光；伯父于1942年在周庄被日寇砍死——还有一部分头留在脖子上，惨不忍睹；祖母因悲伤过度，在1943年8月4日病逝。得此噩耗，他的心碎了，国难家仇一起涌了上来。略感慰藉的是，自己山河破碎的国家跻身战胜国"四强"，漫漫长夜看似要成为过去。让他始料未及的是，不久之后，这个国家又陷入内战的深渊，而他，则得到了远离战乱、去世界一流学府学习的机会。

机 会 难 得

1946年5月4日，西南联大宣布结束，北大、清华、南开各自回归原址。善炯接到生物系吴素萱教授的来信，称张景钺教授来信要他返回北京大学。他听从恩师的安排，在征得罗宗洛先生的同意后，离开中央研究院植物研究所，到北平任北京大学生物学系研究助教。

1947年春，善炯收到罗宗洛先生的信。罗先生在1945—1946年成功接收台湾大学后，又受国民政府任命去东北长春，接收日本占领时建立的大陆科学院。他经过北平，住在中央研究院的招待所里。善炯按地址找到罗先生，陪他去清华大学访问了戴芳澜先生和汤佩松先生。罗先生关心战后我国科学事业的重建，对自己负责的工作非常郑重。他多次对善炯说，他要认真去接收这个研究单位，使它完整地回归我国。他拒绝与一切"显要"往来。在和善炯走到长安街"军事委员会委员长北京行辕"的大门口时，他将南京政府介绍他去见行辕主任李宗仁的信投给一个门卫，一走了之①。善炯很佩服这种清高之气。

图3-1 1946年沈善炯回到故乡，与阔别八年的父母和两位妹妹重聚[从右至左：前排，父沈国范、母沈贞、女儿沈韦（抱着）；后排，沈善炯、卢盛华、沈三珠、沈同维]

北京大学复员之前，在中美学者交流计划的资助下，张景钺教授已到美国加州大学伯克利分校任客座教授，进行为期一年的学术访问。他亲自拜访当时在斯坦福大学执教、即将去加州理工学院接替摩尔根担任生物系主任的比德尔②（George Wells Beadle，1903—1989）教授，推荐善炯为研

---

① 沈善炯：纪念罗宗洛老师。《植物生理学通讯》，1998年第4期，第314-315页。
② 比德尔（1903-1989），生化遗传学家。因为提出"一个基因一个酶"学说获得1958年诺贝尔生理学或医学奖。

究生随他学习遗传学。经张教授一手操办，1947年夏天，善炯收到了加州理工学院给他的奖学金和入学通知。

迫于解放军的节节胜利，当时北平的国民党政府正在忙着南迁，出国留学这类事情已趋无人负责状态。一天下午，善炯和盛华在北大红楼外的路上散步，巧遇她的老师、经济学家杨西孟教授。听说善炯赴美留学遇到困难，杨教授极力劝他去找校长胡适。他说胡适没有任何架子，特别乐于助人。第二天，善炯就径自去找胡适。校长办公室在一个大院子内靠东的一间很简陋的屋子里。善炯在西南联大念书时，胡先生任驻美大使，不在学校，所以没有见过他。第一次见面，善炯就发觉胡适果然平易近人，普通得不像一位大学校长，令他的拘谨之感顿时消失。胡适看了加州理工学院给善炯奖学金的通知书后，便答应由北大为他申请办理出国手续。

不到两个星期，善炯所住腊库胡同宿舍的门房老马就送来了教育部部长朱家骅的批示，同意善炯办理出国护照。于是他再次造访胡适。那是在胡适的家里，晚上八时左右。胡适对他说，现在向政府申请外汇已不可能，但北大决定派两位年轻人赴美留学，一位是他，另一位是物理系的助教，由他私人给他俩每人90元美金作为赴美的旅费。接着他就将已签名的Chase银行的支票给善炯，并叮嘱他将来取得奖学金时，再用支票送Chase银行还给他。他在该银行的存款一直用来接济青年学生经济上的需要。正当他在和善炯谈话时，桌上的电话铃忽然响了，善炯想回避，但胡适叫他不要走。善炯听胡适对着话筒说："您不要来了，我现在有事，稍后我会去看您的。"然后把电话挂断了。他笑着对善炯说："这是李宗仁来的电话，我没有空……"善炯有些惊讶，李宗仁是北平的最高官员，他只是一个小助教，胡先生却不因为李宗仁是大官而中止和他的谈话。他想，如果自己与胡先生易位的话，难免会说："沈善炯，我有要事，我们择时再谈吧。"胡适先生真是一个普通的人，待人不分贵贱。此事使善炯终生难忘。

是年八月，善炯离开北平回南方准备出国。临行前，胡适先生于百忙之中约他谈话。越过不少等待和胡先生谈话的人，善炯走进了校长室。胡先生郑重而又诚恳地对他说：通过几次交谈，我发现你有几个值得注意的事项。譬如，有一次谈到比德尔时，你说比德尔即将获得诺贝尔奖。我认为在没有事实根据前这种说法不妥。再如，你在表达自己的意见时，常说某某人也是这样的想法。这也是不妥当的——自己要说或做的事为什么要搬别人出来？寥寥数语，意义深长。善炯一直怀念胡先生，经常记起他的身教与言教：凡事要独立思考，重视实践；要做个普通人，蔑视那些趋炎附势的人物。

张景钺教授也约善炯去他家吃饭话别。他的话不多，但那句很平和的"我等待你，望你学成回来"却如千钧之重，时常萦绕在善炯的耳边。

加　州　理　工

回南方后，善炯先去南京，到外交部办护照。然后去上海，到美国领事馆办签证，到轮船公司买船票。凑巧的是，他在此遇到了于景让教授。于教授于1945年随罗宗洛先生赴台北接收台湾大学，时任该校图书馆馆长和植物系主任，每逢暑假经上海回江苏昆山老家。师生重逢，分外高兴。考虑善炯的旅费有点少，尽管自家并不宽裕，于教授仍将出售一套关于农学研究的外文杂志所得的70多美元送给善炯。自那之后，善炯再也没有见过这位古道热肠的老师。

1947年12月，善炯在上海登上了美国总统轮船公司的戈登将军号客轮，经过约20天的旅行，于当年年底抵达旧金山。然后他乘长途汽车前往洛杉矶。埃默森（S.Emerson）开车来汽车站接他，送他到帕萨蒂纳（Pasadena）市。去生物系报到时，系主任比德尔高兴地问善炯："中国植物学界发生的一件有意义的事是什么？"善炯一时回答不出，他笑着说："胡（先骕）博士发现了水杉，一个活化石。"善炯感到很难受——为什么会对发生在自己国内的重要科学发现毫不知情呢？

加州理工学院（California Institute of Technology，CalTech）的前身为

初建于1891年的斯罗普大学（Throop University，1893年更名为斯罗普工艺学院）。它由当地商人和政治家斯罗普（Amos G. Throop，1811—1894）私人捐资修建，规模很小，名为大学，实际为一个设在仓库之中的职业技术学校，在前面15年主要服务于当地社区。1907年，天文学家海耳（George E. Hale，1868—1938）成为该校校董和威尔逊山天文台的首任台长。他成功地从居住该地的大富商那里得到土地和资金资助，进行了基础建设，并说服物理化学家、前麻省理工学院校长诺伊斯（Arthur A. Noyes，1866—1936）和实验物理学家密立根（Robert A. Millikan，1868—1953）加盟进来。1921年，焕然一新的学校更名为加州理工学院，由密立根担任学校的"执行委员会主席"（相当于校长）。在南加州繁荣经济的支持，尤其是居住于帕萨蒂纳的"铁路大王"、"木材大王"等的捐助下，学校有充裕的资金，装备了十分先进的实验设施，得以进一步从世界各地招募人才。密立根赋予科学家很大的权力，不仅给他们盖楼，并提供资金让他们自己去招兵买马。量子化学家鲍林（Linus Carl Pauling，1901—1994）、遗传学家摩尔根（Thomas H. Morgan，1866—1945）、火箭专家冯·卡门（Theodore von Kármán，1881—1963）、古腾堡（Beno Gutenberg，1889—1960）等科学泰斗的正式加盟（分别于1927、1928、1930、1930年），他们对好学生的吸引、培养和对新的杰出科学家的招聘，使加州理工学院的量子化学、遗传学、火箭科学、地震学等学科随天文学、物理化学、物理学之后也相继发展了起来，成了世界性的学术中心。

这所于1920年代声名鹊起的学校奉行"学科不求过多，范围不求过宽，严格保证学生入学和学习质量，宁缺毋滥，精益求精"的办学方针，特别强调创新。它把办学思想建立在"科学的整体性"的观念之上，因为不同学科的整合、碰撞，是产生新的学术思想的摇篮。这一点，在善炯注册的生物系表现得尤为突出。新任系主任比德尔教授就将遗传学与化学相结合成了生物化学遗传学，即分子遗传学的前身。而德尔布吕克（Max Ludwig Henning Delbrück，1906—1981）[1]教授则将物理学知识用到生物

---

[1] 德尔布吕克（1906-1981），德裔美籍生物物理学家。因为发现病毒的遗传复制机制和基因结构获得1969年诺贝尔生理学或医学奖。

学之中，成了最著名的生物物理学家之一。

善炯特别钦佩比德尔的治学与为人。他是一个伟大的科学家，虚怀若谷，追求的是真理，一点都不在乎自己的"权威"或"脸面"。有一次，他面对全校师生做关于"一个基因一个酶"的学术报告，讲完后，全场一度鸦雀无声。然后，有位科学家站起来激动地说：有人认为，生物学已经停滞不前，但今天比德尔教授的报告却说明，一个新的学说已经开始！对于如此高度的评价，比德尔不是安之若素，而是马上就纠正说，这个学说的首创者不是自己，而是几十年前伦敦的一个叫盖劳特（Archibald Garrod，1857—1936）的医生。当时有个病人的尿是黑的，盖劳特在研究后发现，那是因为缺少了一种酶，而这是一种遗传性缺陷导致的。比德尔认为，应把"一个基因一个酶"学说的首创者归于盖劳特才对。他的这番澄清性的话语使他赢得了更多的尊敬[1]。比德尔的"一个基因一个酶"学说曾受到德尔布吕克的质疑。后者认为，这个学说的主要根据是那些链孢菌营养缺陷突变型，这是受选择条件的限制。那些不符合"一个基因一个酶"学说的突变型被选择掉了。比德尔接受他的批评，同时邀请他来加州理工学院生物系工作。善炯惊奇地看到，在比德尔实验室的学者有三种不同的倾向：一类是倾向其基因-酶的学说而来工作的，一类是对这个学说有异议，为找出错误和缺点而来工作的，还有一类是以链孢霉突变型研究代谢产物如氨基酸、维生素、核苷酸的生物合成的。上述三类工作的相互作用使比德尔在后期将

图 3-2　比德尔（右）和德尔布吕克（左）（1978 年 10 月）

---

[1] 江世亮：铮铮肺腑言　浓浓报国情——访我们尊敬的沈善炯教授.《世界科学》，1996 年第 3 期，第 2-4 页。

其学说改变为"一个基因一个多肽"。比德尔有感而发,有一次感慨地说:"建立一个好的学说是不容易的,因为学说必然很讲逻辑,但是自然常不是这样,也即事实并非如此。"说完后他自己忘记了,但霍罗威茨教授把它记下来,并将其转告给善炯。善炯觉得这句话讲得好极了。要知道,没有一个学说是绝对正确的,发现理论、学说的不足之处,这是科学的进步。

图3-3 1981年沈善炯与同学、诺贝尔奖得主特明(H.Temin)合影

德尔布吕克的实验室更为热闹。生于德国的德尔布吕克本来接受的是理论物理学的训练,1930年,他受玻尔(Niels Bohr,1885—1962)一次演讲的影响转而对生物学有了兴趣。1937年,他移居美国,到加州理工学院来研究遗传学。他活跃的思维吸引了许多来自世界各地的科学家和学生。意大利的卢里亚(S.E.Luria,1912—1991),美国的赫尔希(A.D.Hershey,1908—1997),以及法国的莫诺(J. Monod)和雅各布(F.Jacob)[①],德国的本泽(Seymour Benzer,1921—2007),弗利士(E.Freeze),斯顿特(Gunther S. Stent,1924—2008)等云集于他的实验室。在科学问题面前没有权威,学生、访问学者和教授整天都对工作进行激烈的辩论甚至争吵。这种争吵或者竞争是在合作的基础上进行的,因为目的在阐明真理。后来,比德尔和德尔布吕克先后获得诺贝尔奖。

在比德尔的生物化学遗传学盛极一时的情况下,由摩尔根的大弟

---

① 卢里亚(1912-1991),意大利裔美国生物学家;赫尔希(1908-1997),美国生物学家。因为发现病毒的遗传复制机制和基因结构,他俩与德尔布吕克共同获得1969年诺贝尔生理学或医学奖。雅各布(1920-),法国遗传学家;莫诺(1910-1976),法国生物化学家。因为提出"信使核糖核酸"和"操纵子"学说,他们俩与雷沃夫(A. M. Lwoff)共同获得1965年诺贝尔生理学或医学奖。

子斯塔蒂文特（A.H.Sturtevant，1891—1970）主持的经典遗传学同样朝气蓬勃。尽管有人认为果蝇不是研究发育的好材料，因此不会获得成就，他们仍坚持已有的传统，继续利用果蝇研究遗传与发育。斯塔蒂文特的学生、也是善炯的老师之一的刘易斯（E.B.Lewis，1918—2004）[①]从1946年起就开始这方面的工作，他坚持了几十年，终于在果蝇染色体上发现了紧密连锁成一簇的双胸bithorax基因。这些基因在包括人在内的动物体内普遍存在，起决定体节发育的作用。因为这个杰出成就，他获得了1995年的诺贝尔生理学或医学奖。这让善炯体会到了加州理工学院的另一个传统：坚持好的传统，面向新的挑战。做科学研究，重要的不是追逐科学热点，而是有自己独立的学术思想，在它并不时髦，甚至属于冷门的时候，也能坚持下去。只有尊重和继承科学传统，同时注意融合不同学科领域的研究成果，才能让自己总是处于学科发展的前沿。

善炯的老师诺曼·霍罗威茨（Norman H. Horowitz，1915—2005）是位少年英才。他于1936年在匹兹堡大学获得学士学位，1939年在加州理工学院获得博士学位。然后去斯坦福大学比德尔教授的实验室从事博士后研究。1944年，他巧妙地应用温度依赖性的条件突变型（conditional mutants）的分析来支持"一个基因一个酶"的学说，回答德尔布吕克的质疑。1946年，31岁的他随比德尔回到加州理工学院，任生物系教授。他后来还在火星生命研究领域取得了突出成果，并因为这些杰出贡献而当选

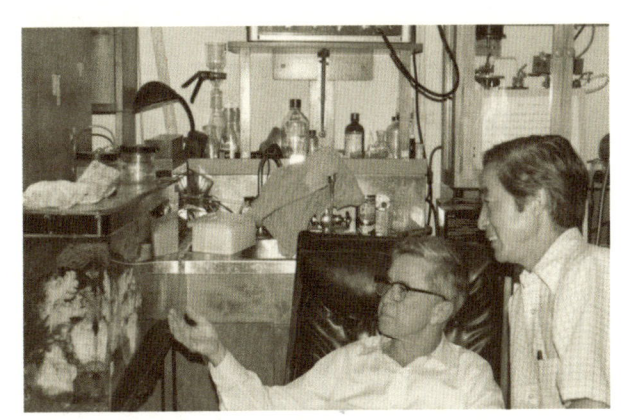

图3-4 1981年沈善炯与加州理工学院的老师、诺贝尔奖得主刘易斯合影

---

① 刘易斯，美国遗传学家，因对早期胚胎发育机制的研究获得1995年诺贝尔生理学或医学奖。

为美国科学院院士、美国艺术与科学院院士。

20世纪40年代后期正值加州理工学院生物系全盛时期，比德尔和德尔布吕克学派的工作吸引了国内外许多优秀青年学者来此学习，分子遗传学正在这里诞生。能在那国难深重的日子，辗转流亡到最负声望的科学圣殿之一学习，善炯深感荣幸。他觉得自己终于找到了科学之门。如果说西南联大是培养他成为科学工作者的摇篮，而加州理工学院则把他送到一个较高的台阶上，使他得以了解科学研究的前沿（frontier）。这是他的机遇，时代的机遇。

新科博士

加州理工学院以"小而精"为办学理念，是全美最难申请的学校之一，1950年前后，全校仅有大约500个本科生、500个研究生[①]。尽管学生多为"全世界最好的天才学生"，每年每个年级仍有约20%的学生被淘汰（或是辍学，或是转走），相互之间有强烈的竞争。留得下来的多为"工作狂"，不分白天、黑夜，要么读书、听课、做题、做实验，要么讨论，大家都在刻苦钻研，都铆着劲要做出新东西来技压群雄。在此求学和任教过的钱学森对此感触很深：

> 我是在上个世纪30年代去美国的，开始在麻省理工学院学习。麻省理工学院在当时也算是鼎鼎大名了，但我觉得没什么，一年就把硕士学位拿下了，成绩还拔尖。其实这一年并没学到什么创新的东西，很一般化。后来我转到加州理工学院，一下子就感觉到它和麻省理工学院很不一样，创新的学风弥漫在整个校园，可以说，整个学校的一个精神就是创新。在这里，你必须想别人没有想到的东西，说别人没

---

① 据笔者对郑哲敏研究员的访谈（2010-11-2）。1948-1955年，他先后在加州理工学院求学和任教。

有说过的话。拔尖的人才很多，我得和他们竞赛，才能跑在前沿。这里的创新还不能是一般的，迈小步可不行，你很快就会被别人超过。你所想的、做的，要比别人高出一大截才行。那里的学术气氛非常浓厚，学术讨论会十分活跃，互相启发，互相促进。我们现在倒好，一些技术和学术讨论会还互相保密，互相封锁，这不是发展科学的学风。你真的有本事，就不怕别人赶上来。我记得在一次学术讨论会上，我的老师冯·卡门讲了一个非常好的学术思想，美国人叫"good idea"，这在科学工作中是很重要的。有没有创新，首先就取决于你有没有一个"good idea"。所以马上就有人说："卡门教授，你把这么好的思想都讲出来了，就不怕别人超过你？"卡门说："我不怕，等他赶上我这个想法，我又跑到前面老远去了。"[1]

一进入校园，善炯就感受到了同学之间激烈竞争气氛。按照规定，要取得博士候选人资格，必须通过五门指定学科的考试，再加上善炯感到自己的数理基础差，还要补读几门必要的化学课程，因此向来不甘心落于人后的他，一直处于过度的紧张和劳累之中。有一天，他照例在实验室待到很晚，霍罗威茨教授意味深长地对他说："你要注意身体，中国需要你。"[2]

对这个勤奋得几乎忘掉自我的黄皮肤学生，别的老师也比较关心。比德尔太太见善炯营养不良，就对他说："你的奖学金太少，我介绍你去俱乐部冲咖啡吧，可以贴补一点生活费，多吃几块猪排。"善炯接受她的好意，去了雅典娜俱乐部（Athenaeum）。一到那里，他就发现美国学术讨论的气氛真是太浓郁了。每天10点，一到上午茶时间，许多不同院系的教授就集中了过来。他们讨论得非常热烈，经常在半小时的咖啡时间结束后，还继续争论，有的一直持续到吃午饭的时间。天天都如此。而思想的火花，乃至真理就这么辩了出来。

善炯只端了一个月的盘子就不肯干了，因为他发现那儿有种族歧视。

---

[1] 钱学森的最后一次系统谈话：忧虑大学缺乏创新精神.《人民日报》，2009年11月5日。
[2] 上海植物生理所：微生物生化和分子遗传学家沈善炯.《科协论坛》，1998年第12期，第22页。

端盘子的还有菲律宾人,菲律宾当时是美国的殖民地,那些人在美国是受歧视的,而他们又歧视善炯这个从中国去的学生。善炯平常是很节省的,在西南联大时那么困难也能过下去,所以并不觉得加州理工学院给的奖学金不够用,加之功课很紧,就离开了那儿回去专心学习——上课、读书、做题、做实验。

有一次他要合成一个化学药品,做实验时不小心,那个东西被炸了出来,溅到他的眼睛里。实验室的同事赶紧过来帮忙。伤得并不算太重,但霍罗威茨担心护理不周会留下长期隐患,特地到加利福尼亚之外的科罗拉多州请了一位很有名的眼科医生过来。还好,医生说,好好休息一段就没事了。霍罗威茨就请善炯去他家住了一些天。

1948年春天,在准备学科考试的时候,善炯忽然累得咯血了!他很惊惶。刚好好友周家炽从英国剑桥大学来美准备回国,特地赶来加州看他。周家炽于1943年到云南大学生物系任副教授,1946年1月经崔之兰和李约瑟推荐赴英国剑桥大学植物病毒研究室进修,1948年3月由英国赴美国[①]。比德尔教授知道他是一位有经验的植物病毒学家,就聘任他作为访问学者,与维尔德曼(S.Wildman)教授合作研究病毒的蛋白质。善炯把吐血的事偷偷地告诉了周家炽。周家炽安慰他,要他去看病并注意适当的休息。他就去洛杉矶找一个中国医生看病。经过X线片摄影检查,医生发现善炯两肺都有结核病灶,但都比较轻微,在纤维化,只要休息充分,可能不治而愈。医生要他每天保证睡足十小时。

那时肺结核还是一种可怕的传染病,患者常常要被隔离。为避免把疾病传染给他人、影响学业及将来的工作,同时为了更好地遵守医嘱,善炯决定从学校宿舍搬出来住。帕萨蒂纳市的街头有不少"房子出租"的广告,但房东一看他是中国人,就说对不起,他不出租。这是明显的种族歧视,令善炯感觉很不舒服。他把此事报告给了学校,学校马上查办此事。一查,那些房东们就怕了。所以后来善炯顺利地租到了房,就在距离实验室不远的密西根街175号。不仅如此,房东史密斯太太还特别优待善炯,

---

① 青宁生:我国第一个植物病毒学研究室的创建人——周家炽。《微生物学报》,2010年第12期。

安排他住到楼上——她害怕招待不周会摊上种族歧视的官司。要知道，美国的宪法是管用的，而种族歧视是违背美国宪法的。这件事情加深了善炯对美国的认识：美国确实有包括种族歧视在内的不少毛病，不过它的好处是，比较讲理，能对被指出来的毛病设法加以改正。

善炯每天中午赶回宿舍去午睡两小时，两点半后再赶回实验室开始紧张地工作。他很喜欢那间临窗的小卧室，把妻子盛华寄来的从他的故乡采来的紫云英花贴在墙上。看着它们，善炯似乎回到了中国，回到了亲人身边，享受着他们的温情和关怀。

一个月后，善炯发觉自己胖了，碰到他的人都说："Shen, you look very good！"（沈，你的气色很好！）他很高兴，相信病已好转。他每天晚上依旧工作到深夜才回去。实验室的人包括导师霍罗威茨还有一直关心他的麦琪·弗琳（Marge Fling）都不知道他患了肺结核病。同室的博士后研究员费耐（B.O.Phinney）和同学赫斯根斯（F.Haskins）虽然觉得他工作不像过去那样卖力了，但也不当面问他。

那个时候，冯元桢[1]、唐有祺[2]、肖健[3]、吴耀祖[4]、庄逢甘[5]、

---

[1] 冯元桢（1919-）美籍华裔生物力学家。1941年从中央大学航空工程系大学毕业，1943年在该系获得硕士学位，不久赴美加州理工学院留学，1948年获得博士学位。先后任加州理工学院、加州大学圣地亚哥分校教授，并当选为台湾省"中央研究院"院士（1966）、美国国家工程院院士（1979）、美国国家医学科学院院士（1991）、美国国家科学院院士（1992）、中国科学院外籍院士（1994）。

[2] 唐有祺（1920-），化学家，中国科学院院士（1980）。1942年毕业于同济大学化学系，1946年赴加州理工学院留学，1950年获博士学位后留校做博士后，1951年7-8月转道欧洲历经艰辛归国，后历任清华大学、北京大学教授等职。

[3] 肖健（1920-1984），物理学家，中国科学院院士（1980）。1944年毕业于西南联合大学，1947年赴美国留学，1949年在加州理工学院获得科学硕士学位，同年归国，历任中国科学院物理研究所、原子能研究所、高能物理研究所研究员等职。

[4] 吴耀祖（1924-），美籍华裔流体力学家，加州理工学院教授。1946年毕业于上海交通大学航空系，1947年赴美国留学，1948年获爱荷华州立大学硕士学位，1952年获加州理工学院博士学位，1961年起任教于加州理工学院。他是美国国家工程院院士（1982年）、台湾"中央研究院"院士（1984年）、中国科学院外籍院士（2002年）。

[5] 庄逢甘（1925-2010），空气动力学家，中国科学院院士（1980）。1946年毕业于交通大学航空工程系，1947年赴美国加州理工学院攻读航空工程，先后获硕士、博士学位，1950年回国，历任中国科学院数学研究所副研究员，哈尔滨军事工程学院教授，航天工业部总工程师和第一、三研究院副院长，北京空气动力研究所所长，国防科工委基地副司令员等职。

罗霈霖①、李正武②、鲍文奎③、郑哲敏④、罗时钧⑤等人也加州理工学院攻读学位，而前辈学人钱学森在该校任教，黄子卿⑥、赵忠尧⑦、余瑞璜⑧等则在该校进行学术访问。他们不时会在一起聚会。由于自己患

---

① 罗沛霖（1913-2011），电子学家，中国科学院院士（1980）、中国工程院院士（1994）。1935年毕业于交通大学电机工程系，1948年9月接受中国共产党指示赴美国加州理工学院留学，1950年夏天提前进行博士论文答辩（1952年被授予电工、物理、数学专业特别荣誉衔哲学博士学位），1950年9月归国，先后在二机部、三机部、四机部、电子工业部担任重要领导职位。

② 李正武（1916-），原名李整武，核物理学家，中国科学院院士（1980）。1938年毕业于清华大学，1946年留学美国加州理工学院，师从诺贝尔奖获得者W．A．福勒、M．德尔布吕克等人，1951年获博士学位，1955年10月与钱学森同船回国，先后在江苏医学院、复旦大学、交通大学、中国原子能科学研究院、核工业西南物理研究院等单位工作。

③ 鲍文奎（1916-1995），遗传育种学家，中国科学院院士（1980）。1939年从中央大学农学院毕业，1947年夏赴美国加州理工学院生物系留学，1950年6月获得博士学位，1950年9月归国。先到四川农业科学研究所任食粮组副主任，1956年后任中国农业科学院作物所研究员。

④ 郑哲敏（1924-），力学家，中国科学院院士（1980年）。1947年毕业于清华大学机械工程系，1948年赴美国加州理工学院留学，1952年获得博士学位，1955年2月绕道欧洲归国，先在中国科学院数学研究所力学研究室工作，1956年转入中国科学院力学研究所，先后担任副研究员、研究员、副所长、所长等职。因研究成绩卓著，他还被选为美国工程院外籍院士（1993年）、中国工程院首届院士（1994年）。

⑤ 罗时钧（1923-），空气动力学家。1945年毕业于中央大学航空工程系，1947年9月考入美国明尼苏达大学航空工程系，1948年8月获硕士学位，同年9月入加州理工学院航空系攻读博士学位，师从钱学森。1950年夏天提前完成博士论文归国，历经艰辛于1950年11月底方才到达。1952年到哈尔滨军事工程学院航空系工作，1970年随该系并入西北工业大学，1978-1983年任西北工业大学副校长。

⑥ 黄子卿（1900-1982），物理化学家和化学教育家，中国科学院院士（1955）。1921年从清华留美预备班结业，1924年在美国威斯康星大学化学系毕业，随即转入康奈尔大学，于1925年获理学硕士学位，同年9月入麻省理工学院化学系，攻读博士学位。后因公费到期，1927年12月结业回国。先任北京协和医学院生物化学系做助教，1929年9月应聘任清华大学化学系教授。1934年他再度赴麻省理工学院留学，于次年获得博士学位。1948年，他第三次赴美，应聘加州理工学院客座教授，作结晶学研究，1949年7月回国，继续在清华大学任教。1952年因院系调整，他被调到北京大学化学系任教授。

⑦ 赵忠尧（1902-1998），核物理学家，中国科学院院士（1955）。1930年从美国加州理工学院获得博士学位，1946年应邀赴太平洋比基尼岛参观美国原子弹爆炸实验，随后到麻省理工学院、华盛顿卡耐基学院研究原子核物理，1949年到加州理工学院继续这方面的研究，当时他手里有一笔受中央研究院所托去购买原子研究设备的资金。

⑧ 余瑞璜（1906-1997），物理学家，中国科学院院士（1955）。1929年毕业于东南大学，次年到清华大学任助教，1935年赴英国留学，1937年获得曼彻斯特大学理学博士学位，1939年归国，先后任清华大学金属研究所副教授、教授。1948年赴美国加州理工学院任交换教授，1949年毅然中断访问计划归国，参加了中华人民共和国开国大典。1952年，他根据国家需要，离开清华大学到长春筹建东北人民大学（后改名吉林大学）物理系。1957年，他被错划为右派分子。

了肺结核，再加上住在校外、学习和工作非常紧张等原因，善炯较少参加他们的活动。

1950年的初夏，美国南加州的天气特别炎热。空气中的尘埃经过强烈的日光照射，刺激着行人的眼睛，使人感到很不舒服。可善炯当时顾不上这些了，他的博士论文工作正处在最后阶段，他除了因病去过洛杉矶几次外，什么地方都没有去，一切的时间和精力都用于读书和工作上。他发现，链孢菌酪氨酸酶的形成受温度和含硫化合物的抑制。这是一个不错的实验结果，他的博士论文"Genetics and Biochemistry of the Cysteine–Tyrosine Relationship in Neurospora crassa"（《关于粗糙链孢霉菌中酪氨酸、半胱氨酸关系的遗传学和生物化学》）就建立在这个结果之上。他的好朋友丕根（K.Paigen）主修生物化学，是巴尔索克（H.Borsook）的高足，常常和他讨论他论文工作中涉及的酪氨酸酶的动力学问题。而弗琳则总是热诚地帮他修改英文。不久，善炯的论文完成，霍罗威茨教授比较满意，替他选择6月25日作为论文答辩的日子。

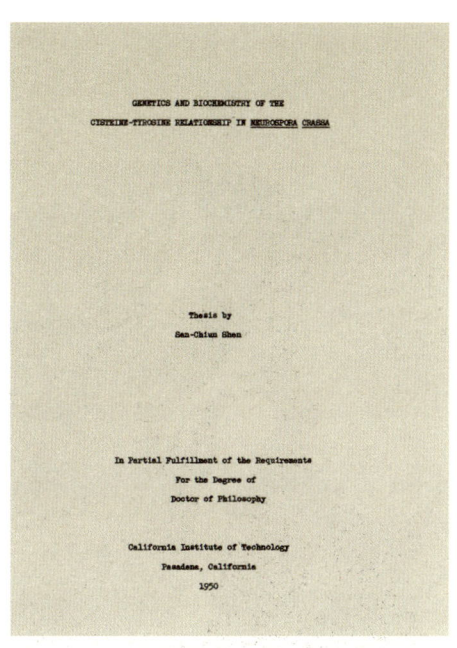

图 3-5　沈善炯的博士论文封面

善炯在加州理工学院主修遗传学，副修有机化学。他的副修导师、著名的有机化学家泽迈斯特（L.Zechmeister）教授对善炯论文前言中的一句话"Thanks to his encouragement and inspiration to me, during the time pursuing knowledge away from my own country."（感谢他在我远离祖国追求知识期间对我的鼓励和启发）特别感兴趣。他说这是中国人的风格，不忘家乡。泽迈斯特教授是匈牙利人，知道不少中国的历史。在第一次世界大战中，他因作战被俄军所俘，逃回匈牙利后到瑞士苏黎世大学念书和任教。他对善炯一向非常友好，有时握着他的手说："Shen, my son！"

图3-6 泽迈斯特教授（1948年）

（沈，我的儿子！）善炯跟他做关于 β-胡萝卜素的分离和异构反应（tautomerism）的论文，并选修了他在化学系开的一门杂环化合物的有机化学课。每当有人来参观他的实验室时，他总是风趣地介绍："This is Shen from China, Shen is an organic Chemist, but is a poet as well!"（这是来自中国的沈，他既是一位有机化学家，又是一位诗人。）因为他看到过善炯因为想念家人而做的一首小诗，所以这样开玩笑。1949年9月的一个晚上，当他听到苏联爆炸第一颗原子弹的广播后，匆匆和他的夫人来找善炯，劝他完成学业后不要回国，他可以用他美国海军部的科学基金资助善炯在他实验室工作，同时设法使盛华从香港来美国。善炯为他的热忱和关心所深深感动，但没有接受这份好意。他忘不了恩师张景钺教授、家乡父老对自己的殷切期盼。

6月25日下午1时，善炯的博士论文答辩开始了。其答辩委员会成员有比德尔、米切尔（H.Mitchell）、博纳（J.Bonner）、埃默森、冯·海凡尔（Van Harreveld）、马克特（C.Markert），以及他的两位指导老师霍罗威茨和泽迈斯特。据善炯回忆，德尔布吕克可能也参加了。冯·海凡尔是神经生理学家，荷兰人，他的荷兰口音很重，而善炯的英语更是土音百出，所以，在回答问题阶段，有时话需要说不止一遍。比德尔教授见了觉得好笑，就给大家讲了一个故事。他说："那年（1938年）Mr. Yin（殷宏章）在答辩论文时，冯·海凡尔问他一个问题，殷回答了，冯·海凡尔却听不懂，在场的人都说殷的回答很清楚，而且似乎听懂了冯·海凡尔的口语，但冯·海凡尔提的什么问题，大家倒没有听懂。"大家一阵大笑，善炯的论文顺利通过了。霍罗威茨教授向他表示祝贺。泽迈斯特教授还特地把一本他新出版的著作 Progress in Chromatography 1938—1947（《色层分析的进展：1938—1947》）送给善炯。事前，教授已在书上签了名——To Dr. Shen, My Student, June 23, 1950. L. Z. 为了纪念老师，善炯一直珍藏着这本书。因为通过论文答辩的日子已过了1950年的学年度，所以按规定，善炯算是1951学年度获得博士学位的。

在善炯的发现的基础上，霍罗威茨教授后来深入研究了酶的结构和诱导问题，丰富了基因和酶的学说。但善炯对自己的论文并不满意，觉得有些工作还没有完成，例如酪氨酸酶的诱导问题，是一个重要的关节，没有进行深入的遗传分析。霍罗威茨后来也感到遗憾，因为他们失去一个机会去阐明基因表达调控的机理，与乳糖操纵子学说失之交臂。

答辩结束后，霍罗威茨教授推荐善炯去做研究员（相当于后来的"博士后"）。有两个地方可供选择，一是到加州大学伯克利分校细菌系随斯坦尼尔（R.Y. Stanier）工作，另一个是到威斯康星大学生化系随斯内尔（E.Snell）工作。盛华劝善炯多学些实用的东西，因为中国百废待举，亟需建设。鉴于她的意见，善炯决定去威斯康星大学，订了八月中旬去芝加哥的火车票。

选6月25日作答辩日时，霍罗威茨笑称那是一个吉祥的日子。但那是朝鲜战争的爆发之日，实际并不吉祥。很快，中、美两国也到了战争的边缘。因参议员麦卡锡（Joseph Raymond McCarthy，1908—1957）煽动，于1950年年初出现的反共"十字军运动"在美国愈演愈烈。六月，因怀疑加州理工学院喷气推进室的主任、流体力学权威、著名火箭专家钱学森教授参加了美国共产党的组织活动，美国政府决定取消他参加机密研究的资格。随即，钱学森的亲密朋友威恩鲍姆（S. Weinbaum）因被控做伪证谎称自己不是共产党员而遭到逮捕。7月初，钱学森决定以探亲为名归国。他预订了从温哥华飞往香港的航班，并把生活用品和书籍、论文等装箱，打算通过轮船运回国内。8月21日、22日，美国联邦调查局、海军情报部、空军情报部、美国国务院等部门的官员检查了钱学森托运的文件。8月23日，钱学森收到美国政府签署的禁止他离境的法令。8月26日，洛杉矶的地方报纸以"运往中国的机密文件被扣"为标题报道了此事，而美联社和合众社则进一步将这条消息散播到了全美各地的报纸上[①]。

钱学森事件对加州理工学院的留学生影响很大。大家都在考虑，是留在美国继续自己的科学研究呢，还是回国参加新中国的建设？善炯原计划留在美国再工作两年，好好利用一下美国科学研究的条件和气氛，但留美中国科学工作者协会[②]关于留学生回国参加新中国建设的号召，对他的感召颇大。与钱学森类似，他也参加过美国共产党的支部在加州理工学院地区召集的会议——有一天他在校园里走，一位他认识的博士后邀请他去参加一个聚会，他就去了。尽管因为学习紧张，他以后没再去过，可谁知道联邦调查局的特工会如何看待此事？钱学森的遭遇让他感觉唇亡齿寒。为免夜长梦多，日后也遭扣留和审查，他决定立刻回国。一个下午，他由帕萨迪纳乘电车去洛杉矶总统轮船公司，订了8月31日从洛杉矶开往香港的威尔逊总统号轮船的三等舱船票。在订票的地方他结识了在美国学习电影艺术的徐里。后者从美国东部耶鲁大学赶来订票，也想搭乘威尔逊总统号回国。回到帕萨迪纳后，善炯即取消了去芝加哥火车票的预约。

比德尔知道善炯改变主意准备回国，便热忱地介绍他去参加斯坦福大学冯·尼尔（C.B.Van Niel）教授举办的一个微生物生理的短期学习班。据说按规定参加这个学习班的，除具备博士学位外，还要经过一个考试（可能是面谈）才可。可是比德尔说他可以写信介绍善炯，免去考试。冯·尼尔是荷兰克卢韦尔（A.J.Kluyver，1888—1956）为首的德尔福特（Delft）学派的微生物学家，注意比较生物化学，对光合作用作出过杰出的贡献，因此被公认为一位造诣很深的生物学家。与善炯同一实验室的赫斯根斯就决定报名考试。可是参加这个学习班要花两个月的时间，善炯如果打算在8月底回国的话就来不及了。考虑再三，他只好不去，失去了一个非常难得的学习机会。

[①] 9月7日，钱学森遭到隐瞒共产党员身份、于1947年非法入境的指控，在家里被美国移民局派出的特工逮捕。尽管有同事力保，他仍被关押了15天才得以保释，并继续遭到监视。参见：张纯如，《蚕丝——钱学森传》。北京：中信出版社，2011年，第169-188页。

[②] 该会于1949年夏天在匹兹堡大学正式成立，后被迫解散。

从 7 月开始，经密歇尔实验室的屈列尔（W.Drill）的介绍，善炯去加州大学洛杉矶分校生化系的邓恩（M.S.Dunn）教授处以研究员的名义作氨基酸的分析研究。但大部分的工作他还是在加州理工学院做。他对这种工作毫无兴趣，只不过考虑到回国后可能会有点实际用场，才硬着头皮做。也就是在这个时候，哈佛大学医学院的戴维斯（B.Davis）教授到加州理工学院来开了一个叫"大肠杆菌遗传学"的短期学习班。善炯起初对此并不注意。有一天戴维斯忽然到实验室来找他，说要和他谈谈。一见到戴维斯，善炯就觉得他很英俊、神气。他们俩在实验室的走廊上边走边谈，戴维斯要善炯正视比德尔学派关于"一个基因一个酶"的学说，而且大力推崇霍罗威茨教授的贡献。他规劝善炯不要像一般美国学生那样只喜欢技术不注意理论。善炯知道，戴维斯已听说他在羡慕同学赫思根斯，因为赫思根斯跟密歇尔教授学到了很多有机化学技术。接着戴维斯就直率地要善炯参加他的学习班，他说这个班已开始一个星期了，但他还能赶上。于是善炯就开始上戴维森教授的课。善炯学习戴维森教授首创的青霉素选择大肠杆菌营养突变型的方法，而且得到了一些突变菌株。之后，善炯在含基本培养基的琼脂平板上划线培养，测试突变型间的互饲（cross-feeding or syntrophism）现象，判断突变发生在代谢物质合成中的位点。而戴维斯在课堂上藉大家实验所得的所谓双价、三价、四价突变型的分析，聪明地断定芳香属化合物生物合成中的步骤。就这样，在不到一个月的时间里，戴维斯和善炯结下了深厚的师生之谊。戴维斯的概念和方法其实来源于比德尔学派。他的工作除了支持比德尔关于基因控制酶的学说外，在生物化学方面对大

图 3-7　1984 年沈善炯与戴维斯（B.Davis）摄于哈佛大学医学院

肠杆菌中芳香族氨基酸的生物合成研究也作出了杰出的贡献。

在善炯离开美国的前几天，霍罗威茨教授正在海滨度假，他特地赶回来看善炯。临别依依，他对善炯说："沈，你回去也好，当然留在美国做一段研究工作对你是有帮助的。但既然决意回国，就不要再踌躇了。你完全有能力开展你的工作，凡事顶重要的就是要有信心。我有一位研究历史的朋友，开始时有点信心不足，后来不是工作得很出色吗！我给你一封信，现在你不要看，离开美国后，在旅途或者回到中国，你可以拆开来看看……"

教授的亲密助手弗琳在8月30日中午，也就是善炯临离美国的前一天，送他到堪克霍夫（Kerckhof）楼的底层门口，她对善炯说："你走吧！我们在十年内一定能再见！你的女儿邦比，我一定会坚守诺言，等她大学毕业后，我会设法介绍她到美国来做研究生。"善炯心底对她满怀感激——在他的异国生涯里，她对他有过诚挚的关怀，也有过坦率的批评，实是他的良师益友。然而善炯与她一别不是10年而是28年！

第四章
归国历险

8月31日是善炯离开美国的日子，冯元桢邀请善炯去家里吃午饭，为他饯行。午饭后，曾在霍罗威茨教授实验室做过博士后的梯史（H.Tease）同学，开车来帮善炯搬行李，送他去洛杉矶。梯史知道善炯在加州理工学院的两年半时间里没有出过远门，连近在咫尺的世界电影圣地好莱坞也没有去过，还特意驾车到好莱坞城，带善炯看了一下中国大电影院，再到电影明星住的山坡上兜了一圈。

当他们到达总统公司的码头时已是午后二时许。许多中国留学生都已陆续上船了，唐有祺、郑哲敏等都来送行。当善炯要走上船时，一位站在他旁边的美国人指着他对另一个穿船员制服的美国人说："这人也是。"善炯立刻直觉到这里面有问题，就对唐有祺等说："我不走了，我要退票！"但是唐有祺等还是陪着他上了船，就此事询问船上事务长室（Purser's office）的一个美籍华人。他查看了旅客的名单后对他们说："没有什么问题，只是你缺少经香港的过境签证，届时补上去就行了。"善炯听了也就放心地上船去找舱位。这艘船上的中国旅客共190多人，大都是中国留学生，不少是从欧洲途经美国而回国的。同船回国的除加州理工学院的赵忠尧、鲍文奎和罗时钧外，善炯还遇到了一些从前在西南联大念书时的熟人。在船上大家组织各种游艺活动，同时自我介绍学历和归国后的志愿与希望。那时遗传学在国内已遭到贬视，著名遗传学家李景均[①]因为受到当权的李森科一派的攻击，无法立足，被迫避走美国。善炯深知回国后要继续研究遗传学是不可能的，但他认为，自己学的是生物化学遗传，这几年对生物化学有一定的基础和兴趣，可以暂时舍遗传而搞生化。因此在船上他闭口不谈遗传学，大家只知道他是学生物化学的。他常常一个人在暮色苍茫时分走到船的甲板上去领略海风和湛蓝的海上景色，想想即将见面的亲人和从未谋面的新中国。海上的航行很平静，但太平洋并不平静。第二次世界大战刚告结束，朝鲜战争又起，他把责任都归诸美国，为自己能离开那样的国家，投身自己祖国的怀抱而高兴！

载着游子归来的巨轮在破浪前进，离祖国和自己的亲人渐渐近了，但离这几年在异国他乡关心和教育自己的老师和朋友也渐渐远了。交叉着的思绪缠绕着善炯，但最后总是被他内心的一个向往所吞没——他正在走向一个光明的中国。

被 扣 东 京

船到檀香山，善炯花两元美金和大家一起乘车游览了一些地方，如第二次世界大战时美军的阵亡将士墓和日本空军偷袭珍珠港时留下的痕迹，有些沉舰的残骸还露在海面。当天晚上威尔逊总统号轮继续东航，9月12日清晨抵达日本横滨港。船并没有靠岸，只停在港外。七时左右，忽然广播响了，说三等舱的床位要调整，要赵忠尧、罗时钧、鲍文奎和沈善炯带随身行李到指定的房间去住。习惯于晚睡晚起的鲍文奎睡着了没听见。所以，走出三等舱的只有赵、罗、沈三人。舱口有个美国人在等他们，说：

---

① 李景均（1912-2003），遗传学家、生物统计学家，1940年从美国康乃尔大学获得博士学位，1941年回国，先后任广西大学农学院教授、金陵大学农学院教授、北京大学农学系教授兼系主任。1950年3月被迫离开中国大陆，1951年赴美，历任美国匹兹堡大学生物统计系教授、系主任，并曾担任美国人类遗传学会主席。

"你们在东京的朋友要见你们，快些跟我走。"善炯拿着一个手提箱，走慢了一些，那人就绷着脸对他说："Don't be smart！"（不要自作聪明）。善炯感到情况有些不妙。就这样，他们三人被急匆匆地带到了头等舱的一个客房里。那儿早已有人把守，一个穿军装的美国人宣称自己是美国中央情报局（CIA）驻横滨的官员。他们对善炯等分别进行交叉询问。一个情报人员指着手中的一份船上旅客名单对善炯说："你看船上一百几十名中国旅客，有哈佛大学的、麻省理工学院的，为什么我们偏偏要找你们加州理工学院的，你们自己明白。"又说："钱学森，你们是知道的！"接着强迫善炯等到厕所间脱去衣服，让他们仔细检查，并打开善炯随身的行李，把他们认为重要的东西，如实验记录、打印的一些抄本以及一些菌株和试剂等悉数扣留。赵、罗两人的不少行李也同样被扣留。下午三时左右，他们三人乘小汽艇被押送到横滨码头。善炯在汽艇上看到威尔逊总统号轮船的甲板上，挤满了中国留学生，他们倚靠着栏杆向善炯等伸手致意。善炯知道他们正在为赵、罗和自己担忧。但善炯很坦然，自恃没做什么违法的事，作为一个中国人，学成回去，报效祖国是堂堂正正之事，他们不敢把自己怎么样。

汽艇一到横滨码头，立刻就由一辆汽车将他们带到横滨市的一幢楼房里，那是美国中央情报局驻横滨办事处。美国军官要他们在那里等候"东京方面"的消息。房间里窗户很少，闷热难熬。善炯等要求说明被扣原因，回答是要检查他们在船上托运的行李，怀疑其中有关系国防机密的材料[①]，又说现在台风袭击横滨，轮船不能出航，等台风过后就把他们送回船上。旋即一个情报人员又将他们带到一间较大的休息室去等候。半夜12点以后，一个美国军人才向他们宣布说，威尔逊号已离开横滨，因为他们的行李存在舱底，一时无法取出，所以要等该轮从香港返回日本时才能提取进行检查。因此他们只好在日本等待。接着不由分说，将他们三人推上

---

① 关于赵忠尧、沈善炯、罗时钧三人被扣的真实原因有两种说法：一种认为与钱学森事件有关，美国情报部门怀疑钱学森将机密文件分散到了同期归国的加州理工学院赵、沈、罗、鲍（文奎）等人手中；另一种认为赵忠尧为国内购置加速器是导致被扣的主要原因，他也可能将国防秘密材料分散到了沈、罗、鲍等人手中。见：高源，《"赵忠尧事件"始末》。院史资料与研究，1992（1）：31-50。

了汽车，说是送往东京的一个地方去等候。当汽车开动时，那个看守他们的中央情报局人员对他们傲慢地招招手说："祝你们好运。"

　　直到威尔逊总统号离开横滨后，美国中央情报局的官员才发现少扣了一个人。9月17日，他们派了两个人飞到菲律宾的马尼拉，在那等候鲍文奎。可他们上船后查了四个小时，连领带夹也翻过了，也没能在鲍文奎随身携带的行李中查到任何涉及国防机密的材料[①]。他们想扣压鲍文奎，但威尔逊总统号轮船上秉公执法的官员指出，马尼拉不在美国，也不在由美国接管的日本，没经过外交途径，不能扣人。就在双方僵持不下的时候，收到台风警报，轮船必须于次日一早离开马尼拉港。美国官员无奈，只好放了鲍文奎，归还他全部的行李[②]。

　　装载善炯等人的汽车到达东京中野后，开车的那个美国军官一路上向站岗的日本警察打听，善炯听到了"stockade"（监牢）一词。他知道他们行将被扣押。不久，他们果然被送到中野的美军第八陆军监狱。那一夜他们三人睡在一间狱室的铁床上，铁门外荷枪实弹的美国兵在监视着他们。第二天早晨，两个美国兵给他们上了手铐，善炯和罗时钧铐在一起，而赵忠尧则单独铐着。他们仨被押送到东京下野的巢鸭监狱——这是二战后关押日本战犯的一座大监狱。一到监狱，进入犯人手续室，就看到满屋子都是日本兵。善炯的脑海里马上出现抗日战争中嫡亲的伯父遭日寇杀害，故乡遭日寇焚烧和劫掠的情景，而他自己也曾被迫流离迁徙、无以为家。国难和家仇未雪，今天自己却又落入敌人之手，他感到莫大的耻辱和愤恨！那些日本兵核对了他们的姓名后，强行把他们的头发剃掉，脱去衣服，浑身都撒上"六六六"粉，然后换上印有"P"的灰色囚服并给他们编号。善炯的是1347，赵忠尧的是1346，罗时钧的是1348。日本兵命令他们每人拿着犯人号牌拍一张照，然后强行把他们分别关在漆黑的牢房里。善炯感到气闷难受，拼命呼叫着赵忠尧和罗时钧的名字，同时用力敲打铁门，但无人回应。他闷得把头向牢房的四壁撞

[①] 新华社：美政府阻挠我留美教授学生归国，钱学森等被非法扣留，归国学生发表声明抗议美帝暴行，《人民日报》，1950年9月23日。

[②] 高源："赵忠尧事件"始末，《院史资料与研究》，1992年第1期，第31—50页。

去，过了好久才昏昏沉沉地在地上睡着了。后来，这成了他被关押时发生疯狂般痛苦反应的心理根源。

第三天下午二时左右，他们三人被押送到监狱的另一个地方，押送他们的美国兵，即狱卒（jailor）告诉他们，要把他们关到"中国犯人部"去，并说刚才关禁他们的地方是死牢，即死刑犯的牢房。在押送途中，他们看见一些日本战犯在路边的一个篮球场上打球。后者一见到他们，就指着他们龇牙咧嘴地叫嚷："支那！支那！"可见那些战犯在美国占领军的控制下并没有受到应有的惩罚和教训，气焰依然嚣张。

"中国犯人部"共有三层，他们三人被分别关在第二层的三个狱室里。在此关押的中国犯人大多犯有盗窃罪，看守犯人的则是美国狱卒。每个狱室内关有两个犯人，和善炯同室的犯人是在日本做生意的台湾人。他吸毒成瘾，夜里一发毒瘾，就躬起胸背，满地乱滚。他们都睡在铺着草垫的"榻榻米"上，而且规定头部必须靠近铁门，因为这样便于狱卒查夜。一个狱室约3平方米，一端有一张桌子，翻开桌面是洗脸的水槽，旁边是一个抽水马桶，盖上马桶盖便可当凳子坐。赵忠尧被关在与善炯隔壁的狱室，同室的也是个台湾人。罗时钧被关在对面一排的狱室里，与他同室的是个天津人，好像姓王，在日本多年。据那人自己说，在第二次世界大战时他曾作为所谓"神风突击队"的队员，驾驶自杀飞机，在南太平洋作过战，这次是因犯盗窃罪被捕的。令人注意的是一个姓廖的犯人，他的狱室和罗时钧住的狱室同在一排。但他住一个单人狱室，而且可以自由行动，任何时候都可以在室外走廊上散步。后来知道此人原籍台湾，毕业于南京金陵大学，曾在浙江大学化工系教过书，据说因为在日本鼓吹台湾"独立"，反对国民党占领台湾，而被关押在这里。

这个所谓"中国犯人部"不久前曾关押过日本战犯，据说东条英机被关在和他们狱室近邻的第18号狱室。狱室没有设13号，不知怎的这里也讲忌讳。

犯人们每天早晨都在室外一个铺有煤渣的大广场上集中，大家可以自由散步交谈。在广场的北首有一个特殊的房子，门上的编号为13号，这是绞刑室。据说战争罪犯土肥原就是在这间屋子被绞死的。每天下午有一次所谓"放风"的时间，当狱卒高呼"Mei Kai"（大概是见面的意思）时，犯人们就要很快地跑到想要去的狱室里去会友。不到五分钟狱门就会被关上了，而且狱室里规定只能容三个人。因此善炯和赵忠尧、罗时钧三人只有在早晨那次集中的时候才能聚在一起。有次善炯的狱室里忽然多来了一个人，可狱门早已关上，此人听到狱卒的皮鞋声由远而近，就忽然两臂展开，二腿伸直，一跃而起，很快从两壁吸附而上，隐蔽在狱室的顶上，躲开了巡逻狱卒的发现。

那位姓廖的特殊犯人知道善炯等是从美国回大陆途中被关在这里的。在"放风"的时候，他常约赵忠尧到他的狱室里去打桥牌。善炯不会打桥牌，罗时钧会打，但不愿去。这里的中国犯人都是几进几出的，据说还有不少中国人因为在东京找不到能够糊口的职业，就故意犯罪关到监狱里来——这里至少有口饭吃。

在监狱里允许写信，但只准许用铅笔写。写信时可向狱卒要信纸和信封，写好后不能封缄，要交给狱卒由他们代寄。善炯思家心切，考虑到年迈的父母还在望眼欲穿地等他回去，如果知道他被关押在日本，不知会怎样着急，就草草地写了一封信，安慰他们，说自己无事，不久就可以释放回国。这封信到达了中国，善炯后来一直保存着它。

在他们被关押在巢鸭监狱的第三天，台湾驻日本的国民党官员来看他们了。善炯等走过了好几重铁门才到达犯人的会客室。每次通过时都有站岗的狱卒核查，可见这个监狱戒备森严。在会客室里，代表"中国驻日代表团"的两位国民党官员，隔着玻璃窗跟他们谈话，旁边陪着的是一位美国占领军总部（GHQ）的军官。国民党官员向善炯等人解释，是来设法营救他们出狱的，只要他们考虑去台湾或者回美国工作。善炯等异口同声地回答："我们的家人在家等着我们回去，我们决心回大陆，没有其他的想法。"这两人又说："共产党和苏俄需要你们的科学技术，你们回去就是为他们效劳。"赵忠尧对他们说："苏联在科技方面是很强的，不要小看他们。我们回大陆只不过是教教书而已，不做其他工作。"谈话很快结束了。

有一天一个在狱室外巡逻的狱卒，突然敲了敲善炯狱室的铁门，问他带了些什么重要的东西，有多少美元，怎么会被关到监狱来的，等等。善烔告诉此人，他们三人都是在洛杉矶附近加州理工学院学习的。这次回中国带的都是书籍和简单的行装，他们到现在为止还不知道究竟犯了什么罪要被关在这里。此人听完后，对善烔的态度变得和善起来。他告诉善烔，自己在大学里是学心理学的，毕业后到 CIA 工作，刚派到这里。他家就在帕萨迪纳市。以后凡轮到他值班，他总在铁门外找善烔谈话，有时还给几个喝水用的纸杯子，告诉善烔一些外界的消息。善烔等一直焦急地等待美军检查行李的结果。后来也是通过他才知道威尔逊总统号早已从香港经日本返回美国了。他们明白，自己的事情并非像以前想象的那样简单。早晨犯人们集中的时候，他们商量决定写份报告，由善烔和罗时钧起草，要求 CIA 通过法律程序来判明关押他们的理由。善烔将报告交给了这个狱卒，请他转交。结果还是如石沉海底，杳无消息。

大概 10 月下旬的一个早晨，善烔从狱卒那里得到一张英文的破报纸，得知中国人民志愿军已进入朝鲜。报上还登载着穿棉军服的中国士兵前往朝鲜时照片。这时监狱里的气氛已经开始变化，许多犯人都调走了，据说是被派去做装运军货的木箱。深夜狱卒们在狱室外的通道上走动的脚步声以及他们拿着手铐打开狱门押送犯人的声音都清晰可闻。真是风声鹤唳，连这个与世隔绝的监狱都吹进了紧张的时局空气。善烔很怕某个夜里他们三个人会被带走，神秘地"失踪"。到了早晨，趁大家在广场见面的时候，他把自己的忧虑告诉了赵忠尧和罗时钧。他们商定，如果狱方要押走他们，他们一定要坚持在一起，不然宁死不走。下午放风的时候，善烔问那个与他有交往的狱卒关于他夜间听到的动静。他告诉善烔，这里的中国犯人都要搬往别处去，腾出来的狱室要关押朝鲜的战俘。接着他让善烔到隔壁的那个狱室里去看看，那里现在已经是空的了，但墙上写了密密麻麻的朝鲜文字，因为有些是汉字，所以可以猜测出大意——那个犯人在思念他的亲人和家乡。善烔在夜里听到的不断的啼泣声就是来自这个不幸的朝鲜人。据说他已被押往东京占领军总部审问去了。

那个好心的狱卒提醒善烔，快去请一个美国律师来催问关于扣押他们的事由。那人说：在东京的美国律师很多，只要你们肯出钱，他们会来监狱办事的。与赵、罗两人商量后，善炯等向监狱提交了要聘律师为自己辩护的报告。不久，果然有一个美国律师到巢鸭监狱来看他们，同样在犯人会客室见的面。他记录了善炯等诉说的被捕经历，要他们耐心等待。律师说，他会向有关方面联系，一有消息马上通知他们三人。善炯等觉得眼前好像有了一线希望，心境顿时轻松许多。

10月31日的早晨，狱卒忽然来通知他们，要他们赶快出去。他们被带到监狱里的一间较大的屋子里，那儿已有一位带着GHQ臂章的军官，他彬彬有礼地自我介绍，说自己是占领军总部的莱萨（Lacey）少校。他说，他奉命来宣布调查三人行李的结果，说他们并没有携带有关美国国防机密的资料，但带有违反美国货物出口法的一些物品。现在决定将他们开释，但由于他们在东京没有所属单位（affiliation）可以接纳，所以决定将他们送往中国驻日代表团，等下一班美国总统号轮船驶经日本时，他们可以搭乘回内地。他们三人害怕国民党驻日代表团会扣留他们，然后胁迫他们去台湾，经商量后，要求莱萨少校保证国民党无权扣押他们。他同意了，并说他将亲自送善炯等去中国代表团，而且当面谈妥，他们在那里仅住两个星期，届时将由美军来接他们乘轮去香港。得到莱萨的允诺后，善炯等迅速赶回狱室取出随身的东西。那时狱室里的犯人都探出头来向他们打招呼，似乎早已知道他们将被释放。令善炯难忘的是与他同室的那个台湾人，竟拿出几天前留下来舍不得吃的一个苹果送给他。那人紧紧地握住善炯的手，祝他平安回归大陆。善炯也把一把梳子送给他，因为他没有梳子，正好以此作为纪念。人情是无价的，尤其在铁窗下的人情。

由于善炯常常谈起这件事和这个早已忘记了姓名的危难之中的"同窗"，"四清"和"文化大革命"期间，这竟然成了善炯维护资本主义、反对社会主义的证据。还说善炯宣扬在日本监狱里每天都有苹果吃，不像我们现在的生活那样清苦。其实在狱中善炯等吃的都是些乌贼的头足和黄萝卜等，偶尔才会发给犯人一个苹果，据说还是美军剩余的。

1950年9月20日，威尔逊总统号上的111位留美学生抵达广州。他们发表了告同胞书，内称："我全体同学对这次美国陆军部借武力非法扣押我国学者和归国同学的行动，极为愤怒。我们除将上述情况报告我中央人民政府外，并向美国国务院提出严重抗议。"9月24日，中华全国自然科学专门学会联合会在《人民日报》上发表宣言，并由科联主席李四光分别致电联合国大会主席安迪让及世界科学工作者协会书记克劳瑟博士控诉美国帝国主义蹂躏人权迫害科学家的罪行，同时直接致电美国总统杜鲁门提出严重抗议，要求立刻释放被捕科学家，并保证今后不得有类似行动。此后一段时间，曾昭抡、华罗庚、张景钺等数百位科学家和教授以及北京、上海、广州、武汉、成都等地的数千位科技工作者先后参与签名声援活动，并致电美国总统杜鲁门和联合国秘书长赖伊，就扣押赵忠尧等提出严重抗议[①]。这些由中国的科技工作者发起的营救活动，至少能促使他们在美国学术界的朋友对美国政府施压，对于赵忠尧、罗时钧、沈善炯的获释大概也起了一定的作用。

图 4-1 1950 年 9 月 30 日《人民日报》中的相关报道

坚 拒 台 北

离开巢鸭监狱后，一辆吉普车将善炯等送往东京麻布区的"中国驻日代表团"。当时他们毫无释放后重获自由的愉快心情，反而心情沉重，害

---

① 详见 1950 年 9 月 23 日、9 月 26 日、9 月 30 日、10 月 15 日、10 月 28 日的《人民日报》。

怕上当受骗，被暗送到台湾。"代表团"在一个挂着一面"中华民国"国旗的大院子内。莱萨少校和一个美国兵把他们带到主楼二层的一个侧房里，交给一位等候在那儿的"代表团"武官。他拿出文件要对方签字验收，并当着善炯等人的面说明两周后来接他们。

大楼二层正中间位置悬挂着蒋介石和李宗仁的像，右侧是办公室。善炯等被带到办公室外的一间会客室，接见他们的是"代表团"的秘书长陈延炯。他向善炯等简单地介绍这里的情况：团长是何世澧将军，在这里工作的有谢冰心女士和她的丈夫吴文藻等人。他说，你们在这里的生活由宪兵团团长马振武负责。后来马振武将他们安置在同一层楼的两间小房内居住。赵忠尧单独一间，善炯和罗时钧同住一间。因为天冷，房间内都烧有火炉，还供给他们许多瓶橘子水。当天晚上马振武带他们三人到他家去吃晚饭。抗战时期马振武曾在中国缅甸远征军中任团长，国民党从大陆撤走后他从台湾调到了日本。他娶了一个日本妻子，每当上菜时，这个日本妇女总是弯着腰，双手将菜捧过胸部端到桌上。马振武向他们介绍他的日本妻子时，说她的祖籍是中国，她本人是华侨后代，看来他生怕善炯等议论他作为一个抗日军人怎会娶一个日本人为妻。马振武对他们一直很有礼貌，称他们三人为赵博士、沈博士和罗博士。但每当他们谈起被美军无理扣押关在监狱里的事时，他就缄口不言，或是将话头岔开去，不然就突然插话："你们三位的头发太长了，我带你们到理发处去理发吧！"等等。

每天早晨马振武都会带着他们在"代表团"附近的几条街上走一圈，有时他还牵了一条警犬。善炯等的伙食每天都由值班的宪兵送来，据说这是一般工作人员的饭菜。善炯等和宪兵谈话的机会较多，后者大都是从四川农村出来的，谈话也不受拘束。他们向善炯等诉说离家之苦，对内战颇有怨言，对他们在日本的遭遇表示同情。有一位四川籍的宪兵和他们搞得较熟，还在院子里和他们一起拍过一张照。"文化大革命"期间，因怕引起无端猜疑，善炯把那张照片给烧掉了。只有那人为善炯等三人拍的那张照片还留着。善炯等托他代寄一封信给加州理工学院校长杜勃列奇（A. Dubridge），信中诉说了他们在回国途中被扣押的经历。另外，善炯也写信给生物系主任比德尔,同样告诉他自己在日本被美军无理监禁等事。他们这样做,是要让朋友们知道自己的处境,以防消息封锁。回国后的1951年,善炯在浙江大学医学院教书时接到了比德尔的回信,他气愤地批评当时美国政府的麦卡锡主义。他说,他为他的国人做出如此无理之事而感到耻辱。他还说,他已向在国务院任职、曾任加州理工学院化学系教授的贝克曼(Beckman)提出要求,将被扣留的书籍和物品送还给善炯等。这封信善炯一直保存着,可惜在"文化大革命"中失落了。赵忠尧和罗时钧被扣留的东西据说都已陆续发回了,然而善炯的笔记、菌株与试剂都没有发回。

对于飞来横祸,赵忠尧一直处之泰然,不像善炯和小罗那样着急。在"代表团"里他就提出要到东京的闹市去逛逛,后来果然得到同意。由马振武派一名士兵陪他们去银座的大街小巷转了一圈。他们在日本皇宫外的一个大厅里参观了展示历朝日本天皇"功勋"的油画,后来在一个公园里

图4-2 1950年11月上旬在国民党驻日"代表团"院内(左起:沈善炯、罗时钧、赵忠尧)

休息时，看到很多日本妇女满脸愁容地带着子女在逛公园。据说这些妇女都是在第二次世界大战时失去丈夫的。

每天都有一个年轻的日本人来打扫善炯等人的卧室，他总当着他们的面高喊："Tian Nian！"（据说是天皇的意思），同时用手划着脖子，表示该杀。可见日本人民对战争同样深恶痛绝。宪兵们把报纸和杂志拿给他们看，其中有台湾出版的《中央日报》和《美国新闻和世界报道》等。陈延炯有一次找他们谈话，并拿出一些登载着国民党军队在西南各省作战的照片的报纸。他说国民党并没有完全撤出大陆，第三次世界大战势所难免，他们必然重返大陆。他还声色俱厉地对善炯等说："根据我们在大陆和美国的情报，你们中没有共产党员，不然的话就没有这样方便了！"接着他劝他们考虑去台湾，要他们将眷属在大陆的地址告诉他，并称他们可以设法将善炯等人的家眷接去台湾。对此善炯等都沉默以对，不发一言。11月12日早晨，陈延炯忽然通知说要分别接见善炯等人。第一个去的是赵忠尧，接着是善炯和罗时钧。他拿出一份台湾大学校长傅斯年邀请他们三人任台湾大学教授的电报，对此他们都婉言拒绝。罗时钧和善炯表示得特别坚决，尤其是罗时钧，回来时声色俱厉地申斥"代表团"在玩手段，不守当初与他们说好的诺言。

获释归国

11月14日，按约定美军代表应该来接善炯等的，但整天都没有消息。到15日早晨才接到通知，美军将把他们接走，"代表团"团长何世澧要和他们谈话。但不久又称何团长有事不能和他们谈了，改由一位武官跟他们谈话。一位身材矮小，40岁左右的军官对善炯等说："既然你们一定要回大陆，我们也不勉强。但有一言相告，你们要准备好回去洗脑筋！我们和中共打了20多年的交道，受尽了欺骗，你们回去尝尝味道也好。祝你们一路顺风！他年在大陆再会！"善炯等一笑置之。

在"代表团"的 15 天中，善炯抽出时间将在巢鸭监狱里的零碎杂事加以补充，写成一本《狱中日记》，这本用铅笔写成的日记他一直珍藏着，可"文化大革命"中还是被造反派抄家给抄掉了。

那天来接他们离开代表团的还是那位莱萨少校。与他一块来的另一个人叫密立根（Milligan），无疑也是中央情报局（CIA）人员。他们把善炯等送到东京一个叫雅叙园的豪华饭店里，每人住一间，而且卧室外还有一小间专为"下女"使用的房间。后来才知道这个雅叙园在战前是日本皇后接待客人的公馆。因为要等他们原来乘的威尔逊总统轮再次来日本，所以他们还要在东京住几天，但这时他们可以自由行动了。当天下午，善炯等找到在东京为他们提出起诉的美国律师，付给他所需的费用。这个美国律师很惊奇，没想到他们会如此守信用。第二天上午，他们一路问询，摸到东京大学（即战前的东京帝国大学），访问了日本著名理论物理学家汤川秀树[①]的实验室，可是没有遇到他本人。他们发现，汤川的研究室简陋不堪，门上都钉着补修的木块。由于善炯的兴趣，他们仨也访问了农业化学实验室，那里一位教授不知怎的知道有三个从美国回来的中国学者在日本被捕的消息，一下就猜出了他们。他很热忱地接待善炯等，得知善炯在美国做过链孢霉半胱氨酸的生物合成工作后，他给善炯介绍了他们以黄曲霉为材料研究甲硫氨酸合成的情况。此人的实验室同样简易，实验桌上满是试管、试剂和计算尺，还有一套吹玻璃的装置。几个工作人员都在勤奋地工作。日本人认真和刻苦努力的精神给善炯留下了深刻的印象。他觉得，在战败后的日本，科学家还能保持这种精神，确实值得钦佩。

同一天下午，他们乘地铁到浅草，然后转车去日光，那是日本有名的温泉胜地。在日光他们找到了可以供洗澡的温泉，正要进去洗，打开一扇移门时，从温泉的浓雾中看到许多赤身裸体的日本女子，他们立刻退出。当他们离开那里去找地铁时，路上跟着一个日本人指手画脚地用破碎的英语讪笑他们，意思是不懂"寻欢作乐"。那一带可能是日本娼妓集中之地，到处写着"花街"和"柳街"字样。回到浅草，他们在一家日本人开的餐

[①] 汤川秀树（1907-1981），日本物理学家。因为在核力的理论基础上预言了介子的存在，获得 1949 年诺贝尔物理学奖。

馆（它的名字叫"中华料理"，这是战后改的名字，过去叫"支那料理"）吃了些像烧卖的面食，然后赶回东京。得知他们初来日本不认识道路后，这家饭店的老板竟主动陪他们走到地铁站，代他们买了车票，亲自送他们到往东京的一个中间站，接着又找了一个日本人，托付他将他们送到东京站。他的诚恳和友爱，不禁使善炯想到人类的天赋之爱。挑起战争的是少数坏人而不是大多数善良的日本人民。善炯一路上因感谢这个热心的日本朋友而思索着。

翌日晨，善炯忽然接到密立根的电话，他要他们立刻收拾行装，等候他来送他们去横滨。他们问他关于旅馆结账的事，他立刻回答："当然你们自己付钱，你们有钱嘛！"就这样，他们被敲诈了400多美元。到了横滨，仍在美军情报机关，由美国情报人员将被扣的行李逐件交还给他们。他们所有衣服书籍等物件上都写有文件号（Document No._，EFC）等字样。但善炯所带的试剂、高纯度氨基酸（A.P.）、菌株以及工作手稿全部被没收。后来，善炯从周家炽那儿借得一些相关的试验札记，请夫人代为抄录。

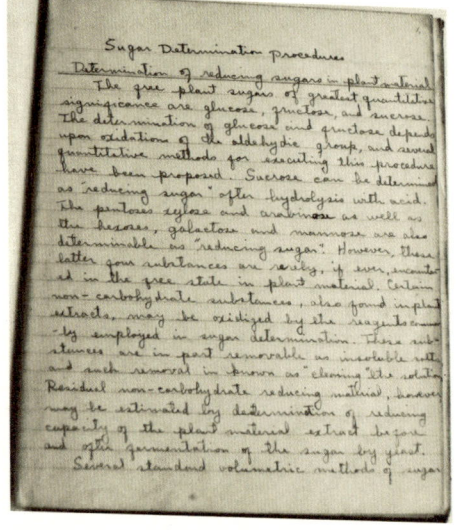

图4-3 1951年沈善炯请卢盛华抄录的实验札记（他在笔记本首页附言曰：1950年9月12日所有书籍札记均为驻日美军扣留，植物＋物化等试验纲要亦被没收，从北京农大周家炽兄处借来重要试验札记数则，蒙卢盛华先生代为抄录。善炯一九五一．九．二）

中午善炯等被遣送上船。上船后，他们的护照发还了，护照上打着"Deportation"的字样，意指"驱逐出境"，而且规定在日本海域内，他们三人只能在一间指定的舱房内活动。一出日本海域，他们就开始自由走动了。当时船上的 20 多位中国旅客都是从英、美归国的留学生，他们早知道善炯等在日本被监禁，现在已被释放，同在一条船上，都前来看望他们。其中有曾在西南联大求学的张建侯和交通大学的朱诚，他们都是在麻省理工学院念化学工程的，获得博士学位后回国；还有一位纽约华侨日报姓唐的编辑。大家对善炯等受到美军的无理阻挠和迫害深表愤怒。数日后船抵马尼拉，天气炎热，大家都到甲板上去远眺这个菲律宾的沿海首府。善炯发现那里的美国驻军对待码头上的菲律宾工人态度极端粗暴，殖民主义者或帝国主义者的面貌在美国海外暴露无遗。这更增加了他对社会主义祖国的向往。

图 4-4　沈善炯被释返国，在轮船上与众多归国留学生相遇（1950 年 11 月）

11 月 27 日下午威尔逊总统号抵达香港，善炯等没有下船①。美联社驻香港的记者捷足先登，上船采访，他们拒绝了。香港《文汇报》首先报

---

① 柏生：访问赵忠尧教授。《人民日报》，1951 年 1 月 20 日。

道了他们被释放回国的消息。翌日晨，他们乘火车经九龙抵深圳，通过罗湖桥时，善炯的心情十分激动——历经艰难，我终于回到祖国的怀抱了！广东省人民政府文教厅、广州市人民政府文教局及各文教机关团体的代表热烈地欢迎和慰问他们[①]。文教厅还特别派了一辆汽车将他们三人直送至广州市，安置在爱群旅社。《南方日报》不断登载他们在日本被监禁的经过和他们回国的照片。有感于祖国人民的热情，他和赵忠尧、罗时钧以及同船归来的留学生联名向毛泽东发电：

> 中央人民政府敬爱的毛主席：
>
> 我们以无限欢欣的心情回到祖国，谨向你致最崇高的敬意。我们的心在你的旗帜下，将各守岗位为革命建国伟业而努力。值此美帝侵朝之际，我们热诚拥护抗美援朝运动。
>
> 留美、英、加回国同学赵忠尧、罗时钧、沈善炯、黄克维、郑汝福、赵志华、赵华明、袁同功、姜文钊、张建候、朱征、朱诚、陈人英、张庆年、张宗明、蒲崇德、李彦如、方宗熙、黄大器、徐广华、雷树庄同叩。[②]

《人民日报》在头版刊登了他们的电文。

在广州，他们参观了黄花岗烈士墓，以及国民党1949年撤往台湾前在广州建造的"中央政府"的未完成建筑。在黄花岗烈士墓前竖着一块粗制的石碑，上面刻有于右任写的字"痛哭高呼中华"，油漆尚未全干。据说是这位国民党元老离开广州前，在此向当年辛亥革命烈士告别时写的，有叹国民党失败，愧对革命先烈之意。

三人在广州分手。罗时钧的父母从澳门到广州来与他相会，而赵忠尧和善炯则乘火车去上海。善炯和赵忠尧分别住在两个卧铺车厢里。和善炯

---

① 新华社：原子物理学家赵忠尧教授返广州对美帝无理迫害表示万分愤慨.《人民日报》，1950年12月1日.

② 新华社：新近返国的留美英加同学赵忠尧等电毛主席拥护抗美援朝运动.《人民日报》，1950年12月9日.

同住一间车厢的是一位从香港回国，操很重苏北口音的中年人。他说，他是金城银行的经理，应周恩来总理之邀，去北京开会。他的那位年轻的陪同人员，却说一口道地的上海话。后来善炯回上海后，在襄阳南路还遇见过他，开了一爿小商店。这位银行经理一路上谈笑风生，似对中国共产党的民族资产阶级政策满怀信心。他说："大概不回香港了。"

这时善炯拆开老师霍罗威茨临别时给他的那封信。霍罗威茨在信中谆谆劝告他，回国后要争取机会做一点生化遗传的工作。他说："这对世界生物科学的发展有益，同样对你的国家亦需要。"这番话是针对李森科的邪说已波及中国而说的。其实善炯思想上早已做好了准备，目前要开展遗传学研究已不可能，但还可以做一些生物化学方面的工作。当火车继续行驶在中华大地上时，他憧憬着自己的未来。

第五章
金霉素研究

回国之后，善炯所面对的是一个正在转型的科教体系：自由研究、为学术而学术等原有主流理念遭到批判，人们必须服从组织分配，有计划地从事理论联系实际的科研和教学工作；以英美为榜样的多科大学被调整为以苏联为效法对象的单科学院，与此同时，高校不再鼓励科研工作——它们被集中到研究院所。善炯对教学和科研都感兴趣，但相比而言，更喜欢后者一点。这是他在大学工作一段即选择去研究所的原因。而面对国家交给的科研协作任务，他也确实不辱使命，几年之内，即在全新的领域，做出卓越成果，解决了关系国计民生的重大问题。

任 教 浙 大

善炯甫一回国，时任北京大学生物系主任的张景钺教授就催他回北大生物系工作。但让人始料未及的是，该系另一个老师却强烈反对，甚至说："如果沈善炯来，我就走！"这令张教授非常为难。那人也曾当过善炯的老师，之所以极力阻挠善炯回来，据说是因为张景钺先生对善炯的期望过高，总在大家面前赞扬他，让她看不惯。其实善炯也并不热切期盼回到北大。受加州理工学院传统的影响，他并不主张从哪里来就要回哪里去。在美国时，他就向张景钺教授表示过，他想去医学院教生化，然后等待时机再回到第一志趣遗传学上去。

这个时候，善炯收到了南开大学伸过来的橄榄枝。为争取善炯去生物系工作，南开大学特地将盛华从沈阳调到了天津——善炯去美国后，为了维持全家生计，盛华带着女儿和善炯的妹妹去了东北，后来到沈阳工作。但善炯还是更希望去医学院。

1951年1月，经谈家桢教授[①]和丁振麟教授[②]介绍，善炯去了杭州，到浙江大学医学院生化科工作，任副教授，主教大学二年级的生物化学课。除医学院的两个班外，他还同时在理学院药学系带了一个班。

在此之前，善炯所从事的主要是研究工作，系统地给大学生讲授生物化学课，对他来说还是第一遭。但他很快就爱上了这个工作。同学们都很年轻，朝气蓬勃，勤奋好学，一般都能看英文参考书。在善炯的鼓励下，他们在学习中遇到问题，常常毫无拘束地跑来问他或和他讨论。同学们初涉门庭，没有陈规限制，有时会突发奇想，问一些异想天开的问题，给他提出挑战。而善炯为激发同学们的思维，也常常向他们提出一些有意思的思考题。师生相互触发，让善炯深深地体会到了教学相长的乐趣。鉴于同学们的求学热忱，善炯还希望多给他们介绍一些基础知识。擅长某个方面与精通某个学科，自己一个人明白与讲出来让外行懂，有着相当大的差距。通过自学、备课、授课，善炯的相关知识变得更加全面，对某些问题的理解也变得更为透彻。

善炯完全按照加州理工学院的风格来上课，注重基础，反对死记硬背，多作启发式提问和讨论。考试时，他也充分信任学生，发完试卷就走。他知道，这些少年才俊，一定会珍视这种信任的。就算有人禁不住诱

[①] 谈家桢（1909-2008），浙江宁波人，遗传学家，中国科学院院士（1955），1936年在美国加州理工学院获得博士学位，时任浙江大学生物系教授，兼理学院院长。

[②] 丁振麟（1911-1979），农业教育家和农学家，浙江余杭人，时任浙江大学农学院农艺系教授兼农场场长。

惑作了弊，他也会被人看不起、失去朋友，并遭到自身良知的谴责。有一次，一位女生在考完后找到他，说："先生，我对不起你，我翻书了。"善炯为这种勇于承认错误的学生感到骄傲，对她说："你有这个表现很好，我给你60分。"

同学们非常欣赏善炯的教学风格，药学系一位学生回忆当时的情形说：

> 二年级时我们开始有生化课，先由沈先生的讲师唐先生讲，然后大部分由沈先生讲。沈先生与众不同，一上来就讲代谢、合成、动态变化，哪些酶在其中起作用等，让我们感觉耳目一新。当时，这门课不但没有教科书，就连讲义也没有。他就是随口讲，有时板书一下。他自己讲得很活，同时不主张我们死记硬背。我们听得兴致盎然，觉得课程非常好，但有时候难以跟上，更难以完整地记下来。我们就跟他讲，说我们学起来有困难。他就推荐了几本书，其中一本是英文版的《生物化学动态》。我借到这本书，对其进行了认真的阅读。虽然沈先生开的是生化课，但他在课程中讲到了很多遗传概念，以及"一个基因一个酶"的学说等。我因此对遗传也产生兴趣，找了些遗传学书籍来看。
>
> 沈先生出的考试题也非常灵活，死记硬背的人是考不出来的。记得在有一次考试中，他提供了一组数据，让我们对这组数据进行分析。①

从中学时起，善炯就特别敬佩精忠报国的岳飞。而有秦桧等人铁铸跪像的、全国最有名的岳飞庙正好在浙江大学附近、西湖旁边。所以，在教书之余，他常踱到西湖边去看岳飞庙。他熟悉那里的一草一木，能背诵其中所有的对联。"文化大革命"过后，他再去那儿参观，发现变化不小：红卫兵、造反派把岳飞的坟（衣冠冢）都掘了，后面爱国诗人陆游的题词被拿掉，蔡廷锴写的"军人模范"也遭磨灭。庙里原有一副对联，"父子

---

① 据笔者对这位不愿意透露姓名的先生的访谈（2010年8月15日）。

北征，忠孝岳家军第一；君臣南渡，河山宋室庙无双"也不见了踪迹。对此，他深感遗憾。

1951年11月，中央教育部召开全国工学院院长会议，揭开了全国高等院校参照苏联的高等教育制度开始进行院系调整的序幕。按照规划，拥有王淦昌、束星北、苏步青、谈家桢等名师，学科齐备，有"东方剑桥"美誉的浙江大学将被拆散，只剩下工科。浙大医学院将归并到浙江医学院。为减少阻力，中央还于11月30日发动了知识分子思想改造运动①。

为了回祖国参加建设工作，善炯在日本蹲监狱，与美国和台湾的国民党势力进行过顽强的抗争。此事在全国广为流传，他和赵忠尧等无形中成了海外知识分子克服阻力归国的典型。基于这个原因，善炯顺利通过知识分子思想改造运动，并未受到严重的冲击②。但在运动期间，发生了一件令人不快的事。有一天，他去派出所填报户口。某公安人员递了一张表给他。他填好递进去，那张表却马上被甩了出来："为什么不填你从哪里来的？"于是他就填了从美国留学归来。把表交上去之后，派出所让善炯回家等消息。他就回家——谁知道后面一直有人盯梢！那个公安人员跟到善炯家后，对盛华说：把你们的经历告诉我！盛华不敢怠慢，把自己和善炯的经历一五一十地告诉了他。他问：你们有什么证据没有？他们就把西南联合大学的毕业证书给此人看。此人一看到校长的印章就说："张伯苓、蒋梦麟、梅贻琦，哦，战犯！"他又接着盘问了很久。情况越来越糟，在他眼中，善炯不但有特务嫌疑，还越来越像由国民党战犯派出的美国特务。直到浙江大学理学院的一位学生来看望善炯，斩钉截铁地证明了他的身份，那人才拿着善炯的毕业证书走了。后来，善炯想把毕业证书要回来，他们坚决不给。

莫名其妙遭人怀疑，善炯感觉很不愉快。与此同时，高等院校的研究功能也遭到批判——教师从事科研工作，被认为是不务正业。性喜科研的善炯

---

① 李扬：五十年代的院系调整与社会变迁——院系调整研究之一。《开放时代》，2004年第5期，第15-30页。

② 1952年上半年调动工作后，沈善炯又参加了中国科学院的思想改造运动。在上海办事处参加学习的257人中，他被归为第二类人员，属比较受信任的类群。在相关表格的"主要问题"栏，沈善炯没被填入任何内容。见：中国科学院上海分院档案，52-04号，"高研人员和各类人员思想改造中个人材料"卷。

对此也很不满。他给恩师张景钺写信叙说这些不愉快的事情。张景钺教授遂推荐他去位于上海的中国科学院实验生物研究所工作。1952年年初，获知善炯想离开的消息后，浙江省卫生厅长兼浙江医学院院长洪式闾特地持聘书到善炯家，希望他能在院系调整之后留在浙医任职。但善炯去意已决。

1952年2月，在一个春寒料峭的早晨，善炯离开了杭州。几位同学送到车站，和他依依惜别："先生，我们分别了，但我们将一直记着您。"这句临别之言一直回荡在善炯的心坎里。在这短短的一年中，他和同学们结下了深深的友谊。这些充满求知欲的青年人令他感到桃李芬芳。而这三个班的学生以及其他慕名前来听课的学生也有不少受他影响，投身于国家的医学或科学、教育事业，成了国家的栋梁之才，其中包括后来成为中国科学院院士的洪孟民[1]和金国章[2]。还有人因为善炯而改行，譬如浙江大学医学院的学生赵得贞原本是想做医生的，听了善炯的课后，转行从事生化研究。

图5-1 2005年沈善炯（左6）与当年浙江大学医学院的部分学生在杭州聚会

---

[1] 洪孟民（1931-），分子遗传学家，浙江临海人，1953年毕业于上海第一医学院药学系，中国科学院上海植物生理生态研究所研究员，中国科学院院士（1991）。

[2] 金国章（1927-），浙江省永康人，中国药学家、药理学家，中国科学院上海药物研究所研究员，中国科学院院士（2001）。

1952年春天，善炯到达上海，因盛华和女儿还在杭州未跟过来，临时住在陕西南路的一个宿舍里。刚刚住下，他在西南联大时的老师殷宏章先生就过来看他。殷先生于1948年秋天受联合国教科文组织（UNESCO）所聘，赴印度新德里任教科文组织南亚科学合作馆科学官员，1951年11月响应号召携全家归国，回北京大学任教。但中国科学院旋即动员他到位于上海的实验生物研究所协助罗宗洛先生筹建植物生理室。他也是把家眷暂留原址，一个人先到上海。他大力邀请善炯到植物生理研究室工作。善

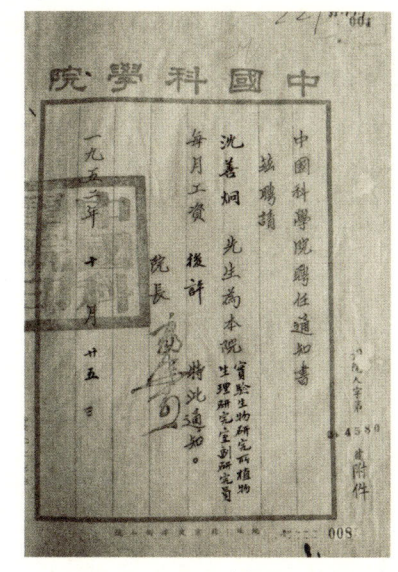

图5-2 1952年由郭沫若签发给沈善炯的聘任通知书

炯以前主要以微生物为研究材料，觉得自己的工作与植物生理没多大的关系，并不太愿意，但鉴于师生之谊，还是答应了[①]。

1953年1月23日，植物生理研究室正式独立出来，建立中国科学院植物生理研究所。善炯也就成了该所的专任副研究员。上图为善炯的聘任通知书，1952年10月25日由中国科学院郭沫若院长亲自签发。1952年1月，中国科学院办公厅上海办事处给善炯开出的月薪为200万元整（第一套人民币，1万元折合第二套人民币为1元），较浙江大学1951年11、12两月的平均工资1097350元高出近一倍[②]。

调 职 改 行

殷宏章希望沈善炯从事的是抗生素研究。自弗莱明（Alexander

[①] 沈善炯：记我师殷宏章先生二三事．《植物生理学通讯》，2002年第5期，第521-522页.
[②] 中国科学院档案馆案卷（D146-12）.

第五章 金霉素研究

Fleming，1881—1955）发现青霉素的抑菌作用（1928年），弗洛里（Howard Walter Florey，1898—1968）、钱恩（Ernst Chain，1906—1979）提取青霉素，将其用于临床，并取得神奇效果（1941年）以来，对青霉素及其他可能的抗生素类"神药"的研究立即成了医学、生物学、化学等领域的研究热点。随着链霉素、金霉素、土霉素、氯霉素等的相继被发现并应用于临床，抗生素生产迅速发展成了一个庞大的产业。

在"中国最有才干的细菌学家汤飞凡医生"（李约瑟语）的领导下，迁至昆明的国立中央防疫实验处于1941年即开展了这方面的研究工作。抗日战争结束后，迁回北平的中央防疫处于1947年元旦成立青霉素制造室（先由童村博士主持，1948年4月后改由马誉澄副技师主持），次年即试生产、并售出了20万单位的青霉素1万余瓶[①]。1950年，朝鲜战争爆发，中国人民志愿军入朝参战，以美国为首的西方国家开始对中华人民共和国实行禁运，名单除武器、飞机、石油、橡胶等军事物资外，还包括抗生素、抗疟剂等医疗物资。而中国的主要贸易对象——苏联和东欧各国的抗生素产业也不太发达。面对军事、医疗、经济等领域的迫切需求，中国必须迅速发展抗生素研究，并使其产业化。

1952年11月20—24日，中国科学院、中央轻工业部、中央卫生部联合召开抗生素座谈会，殷宏章、沈善炯、童村、马誉徵、汪猷等来自全国17个单位的68位代表讨论了以下问题："①国内抗生素研究工作与生产情况，②目前生产与研究工作上存在的问题，③今后生产与研究工作的方针、步骤和计划，④研究工作与生产的联系和分工合作，⑤其他专门技术问题。"会议认为，应当把分散在各个机构中的研究力量组织起来，大家有计划地开展协作；建议成立中国抗生素委员会（初名中国抗异生素委员会[②]），负责领导工作计划的制订、协调等，以推动抗生素研究工作；会议拟订了抗生素委员会的"组织大纲"、规定了它的"工作任务"，并且拟订了"抗生素研究的总计划纲要。"其中，"大力扩充青霉素

[①] 牛亚华：20世纪40年代我国的青霉素研制工作。《中华医史杂志》，2001年第3期，第57-61页。

[②] 中国科学院上海分院档案（27-48）。

生产"被列为首要的任务；其次是氯霉素的生产、链霉素的研究；"由于金霉素能对于顽性病菌发生作用和它对过滤性病毒的效用，也应该在研究室内去研究生物合成、化学结构和化学合成的可能"[①]。

会后，上海各有关研究、生产机构建立了临时性的联合工作组织，开始合作研究。1953年5月，正式成立有中国科学院有机化学所、植物生理所、药物研究所，轻工业部上海实验所，上海第三制药厂等多家单位参加的上海抗生素研究工作委员会。由汪猷任主任委员，童村、金培松任副主任委员，高怡生、殷宏章、陈善晃、童村、林兆耆、苏德龙等为委员。同时成立了四个研究工作组，"即链霉素菌种与发酵组、链霉素化学组、青霉素调查组和金霉素研究工作组，分别组织与领导有关的研究工作。"[②]

作为植物生理研究所新成立的微生物生理组的组长，沈善炯参与的是金霉素、链霉素工作，负责研究金霉素、链霉素的生产，包括菌种的选育和发酵等。根据上海抗生素委员会拟定的分工，中国科学院有机化学研究所汪猷、黄耀曾等将负责这两种抗生素的提炼、鉴定和化学结构研究。而扩大生产试验的工作，则由上海工业试验所、上海第三制药厂承担。

刚开始时，微生物生理组只有三个人，除沈善炯外，还有助理研究员单慰曾、技术员张文玲。随着工作的开展，又陆续增加了陈俊标、洪孟民、宋鸿遇和顾德安等人员。实验室先设在岳阳路320号1楼西边的两间房内，然后搬到武康路69号一个资本家的小楼中——那是"五反"运动追赃时该资本家退赔出来的住房，上下两层，总共八九间房。

对于抗生素研究，沈善炯当时并无任何经验。但他历尽艰辛回来，为的就是报效祖国。现在国计民生急需发展链霉素、金霉素的研究和产业，而国内的相关基础极为薄弱，并无多少人熟悉这方面的工作，他觉得自己责无旁贷。无所畏惧地面对新的挑战，发现新的规律，创造新的知识，这不正是他从加州理工学院学来的精神么！

---

① 汪猷、童村、金培松：抗生素座谈会总结。《科学通报》，1953年第4期，第59-62页。
② 汪猷、童村、金培松：上海抗生素研究工作委员会1953的工作。《科学通报》，1954年第11期，第35-37页。

此时，在童村、马誉徵、张为申等人的努力之下，我国克服新原料研发、工业基础薄弱等困难，自行设计、建设的第一家生产抗生素的专业工厂——上海第三制药厂已经顺利地进行了青霉素的中间工厂试验，即将正式投产。沈善炯一边研读国际上已发表的极少的几篇相关文献，一边到工厂向有经验的技术员和工人请教，向他们学习关于发酵、提取和鉴定等基本操作。数十年后，他对副厂长兼总工程师童村、技术员余尔谷还有工人杨采娥对他的帮助仍记忆犹新，认为他们无疑是自己学习和研究抗生素的启蒙老师。

根据上海抗生素委员会制订的规划，在1953年，微生物生理组要承担以下三个方面的工作：（一）土壤放线菌的分离，主要分离对革兰氏阴性菌和结核分枝杆菌有制菌作用的放线菌。（二）将国内原有的链霉菌601菌株进行紫外光处理以选择高产量的变种。（三）金霉素的发酵。稍后，根据上海抗生素工作委员会议的决定，微生物生理组停止放线菌的分离工作，以小部分人力配合其他工作单位，进行链霉菌的紫外光处理工作，而将全组力量主要集中在金霉素的发酵方面。

金霉素由著名植物生理学家、美国密苏里大学的达格尔（Benjamin Minge Duggar，1872—1956）教授于1945年从土壤样本中分离得到的金色链霉菌中发现，1948年发表正式论文。在20世纪50年代，它的生产属于高新技术。"世界上只有美国、英国、意大利能够生产金霉素……文献中关于金霉素的报道也不多，可能看到的最重要的文献就是达格尔的原始报告，以及Van Dijck和De Somer的等关于用摇瓶培养、提炼的报告，工业生产方法还很少发表。"[①] 相关人员曾如此描述面临的困难：

> 目前国外金霉素的生产在资本主义国家方面几乎完全由美国的雷特尔（Lederle）药厂专利垄断。其他各国建厂须由该厂合股投资，菌种独占，技术保密。国际市场价格完全操之于美帝国主义之手。关于金霉素的生产方法各国文献绝少记载。苏联及人民民主主义国家方面

---

① 牛亚华：20世纪50年代我国关于金霉素的研究及工业化生产.《中华医史杂志》，2010年第6期，第331-336页。

对于此种抗生素的生产和研究的资料亦很缺乏。目前我国尚无生产，临床所用依靠进口。[①]

"明知山有虎，偏向虎山行"。沈善炯满怀热忱地带领学生和助手重复文献中的工作，进行非常细致的观察。由于工作缺乏经验，在进行多次发酵试验后，都没有获得一个可以重复的可靠结果。沈善炯很着急，整天琢磨问题出在哪里。当时，中科院上海地区有不少高级研究人员的学术思想很活跃，大家轮流在岳阳路320号的大礼堂作报告，沈善炯带着学生和助手经常参加，并在会上会后进行深入的讨论。他还参加了一些学术会议。有一次，有人在抗生素工作会议上提出，应当注意发酵条件的研究。殷宏章还根据细菌生长的动态变化，推断作为代谢产物的抗生素合成会与生产抗生素的放线菌的生长期有关，要求他们注意金霉菌的生理。受此启发，沈善炯决定转变工作方向，着手对抗生素发酵上一直被人忽视的接种条件，也即接种培养基进行研究。医史学者牛亚华曾细致地介绍过沈善炯等的研究进路：

> 沈善炯等人以金霉菌 Streptomyces aureofaciens Strain A_3 为实验材料，将培养基分为两类，由芽孢接种后开始萌生成菌体的叫接种培养基，由接种培养基所移来的菌体在那里继续生长发育的叫发酵培养基。
>
> 他们先让金霉菌在麸皮洋菜斜面生长7天左右，芽孢完全成熟后，制成悬液，接种到不同组合的5种接种培养基上，初步试验发现5种培养基对于金霉素的产量有很大影响。他们又选择两种进行深入研究，结果显示，不同接种培养基上萌生的金霉菌接种到相同的发酵培养基，金霉素的产量有显著差异。此前国际上的研究者把提高抗生素产量的注意力放在发酵培养基的组成上。这个实验证明金霉菌的初期培养环境，对于以后菌体的发育和金霉素的产量有极大影响，说明掌握微生物的生物规律是提高抗生素产量的正确方向。这一研究成果发

[①] 1955-15-11-6，上海抗生素研究工作委员会：关于上海抗生素研究工作委员会金霉素研究工作的报告（1955年）。中国科学院办公厅档案处档案。

表在1954年的《实验生物学报》，这是我国有关金霉素研究发表的最早的论文。

接着，他们又观察了菌株间的混合培养对于菌体生长的影响，以金霉素 A_3 菌株，经紫外光处理后，选择对金霉素综合能力低弱的 A_3-390 与 A_3-215，在特定条件下进行混合培养，其代谢发生了变化，两个低产量的菌株经混合培养后，产量提高。在抗生素菌种选育上，当时多采用物理如X线照射或化学方法，这些强烈因素所获得的菌株虽然能提高抗生素的产量，但也会造成代谢机能的衰退，某些酶系活力减低，导致生长脆弱而不稳定。这种利用生物诱导规律，增强微生物对某些基质的代谢作用，培育高活力的菌株，在抗生素工业上有参考价值。

抗生素是细菌的代谢产物，细菌生长和代谢都仰赖碳源提供能量，细菌对碳源的利用越好，生长发育越旺盛，但这对抗生素的生产却不利，生长太快会使菌体提早自溶，抗生素的生产也就停止了。1952年，Perlman 和 Wagman 发现增加无机磷酸盐的浓度，能促进链霉菌对葡萄糖的利用，抑制链霉素的产量。沈善炯等人观察了金霉菌对碳源的利用，以及磷酸盐在金霉素生产中的作用。结果显示，金霉菌能利用淀粉、葡萄糖、蔗糖、果糖为碳源，但不能利用麦芽糖、乳糖、甘露糖和山梨糖。培养基中磷酸盐浓度增加，能促进菌体对糖类的利用，但抑制金霉素的产量。这项工作说明，控制磷酸盐在发酵液中的含量，对提高金霉素产量有重要影响。

磷酸盐抑制金霉素产量的机制如何呢？实验显示磷酸盐浓度增加能促进金霉菌对葡萄糖的利用，积累多量丙酮酸，从而使金霉素产量受到抑制。是否磷酸盐直接对金霉菌的糖代谢产生了影响？沈善炯等人从研究金霉菌的糖代谢途径着手，寻找对金霉素产量影响的机制。实验证实，金霉菌存在 EMP（Embden-Meyerhof-Parnas）和 HMP（Hexose-monophosphate Shunt）两条糖代谢途径，即不是完全循着三羧酸循环的路径，而是按五碳糖和七碳糖的路线变化。这证明了金霉菌在分解己糖时，戊糖的转运与金霉素的合成有关，根据金霉素分子中芳香族环来自1,7-二磷酸景天糖的理论,得出磷酸盐通过阻止戊糖循环,限制了1,7-二磷酸景天糖的生成,从而抑制了发酵液中金霉素的生产。①

这些成就的取得绝非偶然,沈善炯和他的学生、同事们付出了极大的努力。此时,沈善炯的父母已经从吴江老家搬过来跟他一起住,盛华也被组织上安排到实验生物研究所从事财务工作。家里没有后顾之忧,沈善炯把全部身心都投到了工作之上。他星期天是不休息的,跟平日一样,每天八点之前就到实验室,一直工作到晚上九十点钟才离开。在他的感召下,研究组的其他人员也每天都加班加点。大家忙忙碌碌,各自探索,每天都向沈善炯汇报一两次,同他探讨研究中遇到的各种问题,基本没有什么空闲时间。这种加州理工学院的作风,沈善炯是早就习惯了,可对组里的年轻人而言,适应起来并不容易。有的人就向上级反映,称沈善炯对大家要求得太紧、太严格。殷宏章、李亚农②都曾为此而与沈善炯谈过话。沈善炯曾几次在文章中回忆过李亚农找他谈话的情形:

> 李亚农同志非常关心我们的工作,不时到实验室来看望大家。那时我年轻,脾气急躁,执意按照我在加州理工学院实验室的那套办法,要求工作人员夜以继日地工作。紧张的气氛加之我的固执和偏见,使有些人去告我的状。但李亚农同志始终耐心地对我循循善诱,以他自己过去的经验,转弯抹角地告诫我,望我引以为鉴。③

---

① 牛亚华:20世纪50年代我国关于金霉素的研究及工业化生产。《中华医史杂志》,2010年第6期,第331-336页。

② 李亚农(1906-1962),历史学家,中国科学院学部委员(1955)。他于1916年赴日本求学,1927年在日本加入共产党,1931年归国。从1933年起,相继在北京几所大学当教授。1941年,他参加新四军并重新入党。在新四军期间,他曾担任新四军政治部敌工部副部长、华中建设大学校长兼党委书记、华东研究院院长等职。1949年后,他任中科院党组成员、办公厅副主任、中科院上海办事处主任外。

③ 沈善炯:岁寒然后知松柏之不凋。见:浙江省宁波市新四军研究会等编,《王仲良纪念文集》。北京:中共党史出版社,1999年,第180-183页。

第五章 金霉素研究

主要受加州理工风气的影响，我养成了勤奋工作的习惯，一直认为科学家是没有什么业余时间的，而且，为了工作，我对家里的任何事都不过问。那时候我有几个好的学生，所做工作也发现了一些好的苗头，所以抓得很紧。那时候李亚农经常来看我。有一天，他对我说，有研究生到他那儿告状，说我要求得太严了。他一方面告诉我这件事，另一方面又要我别太在意。他还给我举了个例子。在新四军的时候，他常常工作得很晚，有人批评他煤油用得太多，他一度不高兴。后来他哥哥跟他讲，那只是小节，不要在意。①

领导明白沈善炯为国家、为科学而努力工作的一片赤诚之心，并不真正批评他；而在尝到努力工作的甜头——收获胜人一筹的成果后，学生和同事的心境也就平和起来，不再发出怨言了。就这样，经过两年多的努力，以前从未接触过抗生素工作的沈善炯等取得了重大成果。通过对微生物生物化学的基础研究，他们解决了金霉素生产的关键问题。1954年，由上海工业试验所、上海第三制药厂承担的金霉素扩大生产试验工作启动。沈善炯等密切配合，帮助解决了不少生产中的实际问题。他们很快就完成了30加仑（gallon）、53加仑的中间试验。时任中国科学院副院长的竺可桢对此很欣赏，并在1955年2月18日的日记中作了记载：

> 下午3点，与柯夫达同志、吴副院长、柳大纲及过兴先谈抗生素事。目前国内青霉素已能自制，可到1600单位，合乎国际标准，链霉素和金霉素则正在试验时期，后者已经过30加仑和53加仑的试验时期……对于汪猷、沈善炯［的］工作应表扬，并将成绩报告国务院。②

1955年6月，中国科学院召开学部成立大会。会前向各学科的科学家征集论文，兼任生物学地学部主任的竺可桢认真审阅了该部提交的论文，

---

① 沈善炯，熊卫民：沈善炯院士访谈录——《我的科学生涯》补遗。见：华东师范大学中国当代史研究中心编，《中国当代史研究》。北京：九州出版社，2009年，第311-322页。

② 竺可桢：《竺可桢全集》。上海科技教育出版社，2009年，第30页。

认为沈善炯提交的关于"金霉菌的生理与金霉素的生产"[①]有较高学术水平。沈善炯不但被邀出席这个盛会,还被选定在大会宣读论文。

医务工作者立即对国产金霉素进行了临床试验,发现副反应很小,达到临床使用的要求。1956年2月,《人民日报》刊出一组"抗生素的研究和制造"的图片,除科研技术人员的工作场景外,还有"患非典型肺炎的学生陈重申,在中央人民医院服用国产金霉素后痊愈",在做课外体育活动的照片[②]。"1957年金霉素在上海第三制药厂正式投产。我国成为世界上第四个能够生产金霉素的国家"[③]。投产当年,"金霉素的发酵单位、产品质量……都已经接近了世界的先进水平"[④]。

为加强抗生素工作,1955年5月6日,成立北京抗生素研究工作委员会。10月25日,科学院、轻工业部、卫生部、高等教育部、解放军总后勤部卫生部又进一步联合成立了"全国抗生素研究工作委员会"。经国务院批准,全国委员会由殷宏章、汪猷、童村、汤飞凡、戴芳澜、崔义田等12名科学家或部门负责人组成,由中国科学院副院长吴有训任主任委员。其任务为:"根据国家建设要求,以及有关学科发展的需要,制定抗生素研究的方针任务;负责推动国内各有关单位联系及交换资料,协调全国抗生素的研究计划;受理抗生素生产中重大问题的研究,并协助推广抗生素研究成果;负责召开有关抗生素研究的各种会议;对国外联系、交换资料或提出建议。"[⑤]

鉴于沈善炯、汪猷、黄耀曾、童村、张为申等在抗生素的研究和生产上取得了重要成果,1955年12月1日至6日,经周恩来总理、陈毅副总理批准,在北京召开了中国科学院1955年抗生素学术会议。出席会议的不但有包括沈善炯在内的科学院、卫生部、高教部、轻工业部、解放军总

---

① 沈善炯:金霉菌的生理与金霉素的生产.《科学通报》,1955年第7期,第57-61页。
② 王朝祯等:《抗生素的研究和制造》。1956年2月5日。
③ 牛亚华:20世纪50年代我国关于金霉素的研究及工业化生产.《中华医史杂志》,2010年第6期,第331-336页。
④ 舒偶,七年来从无到有从小到大奠定了大发展的基础化学工业生产总值增加约十七倍.《人民日报》,1957年8月12日。
⑤ 全国抗生素研究工作委员会成立.《人民日报》,1955年10月31日。

后勤部卫生部所属36个单位的150余名代表，还邀请了苏联、波兰、罗马尼亚、保加利亚、蒙古、越南、日本、缅甸、印度尼西亚、朝鲜、丹麦等11个国家的12名科学家①。事实上，这是中华人民共和国成立后召开的第一次国际性的科学会议。12月1日，中国科学院副院长竺可桢主持开幕式，国务院副总理李先念到会讲话。8日，周恩来总理接见了参加会议的外国科学家。12月2日，《人民日报》发表社论，总结了中国近几年进行的抗生素工作，其中有不少篇幅论及金霉素研究：

> 在金霉素方面，研究了金霉菌菌种的选育和发酵条件；根据米丘林学说研究了金霉菌的生理，从而找到了提高金霉素产量的途径；成功地研究了金霉素的提炼方法和化学结构。现在金霉素的研究工作已进入中间试制阶段。另外，对于金霉素的分析，提出了敏捷可靠的方法。在这种抗生素作用机制的理论方面也获得了新的进展。
> ……
> 我国科学工作者几年来在抗生素研究工作中所以能够取得丰富成果的重要原因之一，是各有关学科的科学工作者之间和科学研究部门同生产部门、卫生部门以及高等学校的科学工作者之间的创造性的合作。作为一项集体性的科学研究，抗生素研究工作包括了微生物学、生物化学、有机化学、化学工程和医学等方面的工作。因此各个学科之间的学者们的合作，是正确地确定研究工作的方向、步骤，正确地处理问题和解决问题所不可缺少的重要条件。这种合作对于提高抗生素科学水平、发展技术和培养人材等方面都起了极大的作用。这一经验今后不仅应该在抗生素工作中继续运用，而且应该在其他的集体性科学工作中加以推广。②

1955年8月1—6日，第三届国际生物化学会议在比利时首都布鲁塞尔召开。为"实事求是地宣传我国科学与和平建设的成就和我国人民愿意

---

① 樊洪业：《中国科学院编年史》。上海科技教育出版社，1999年。
② 加强抗生素的研究工作。《人民日报》，1955年12月2日。

与不同社会制度的国家和平共处的愿望",经李约瑟搭桥、周恩来总理亲自过问,中国派出了由中国科学院有机化学研究所副所长汪猷、中国科学院生理生化研究所副所长王应睐、北京医学院副院长薛公绰组成的新中国第一个生物化学代表团参会。参会的有40个国家1732名代表。汪猷在会议期间重点介绍了他和沈善炯等人的金霉素研究[1]。

中共中央决定于1956年1月召开知识分子会议,此前做了不少调查准备工作。受此触发,上海电影制片厂导演徐昌霖想拍一部描述知识分子友谊的片子,到处找素材。他听说了沈善炯、殷宏章的事迹,很感兴趣,特意到他们的实验室来体会他们的工作和生活。他觉得沈、殷两人的友爱和情谊十分感人,就为此写了剧本《情长谊深》,接着将其拍成了电影纪录片。沈善炯和殷宏章一起研究抗生素的情景因此跃然于荧屏之上。可惜的是,好景不长,1957年夏天开始反右派斗争后,中央强调对知识分子的改造,这部歌颂知识分子的电影就不再放映了。

1956年是个让知识分子兴奋的年代。在知识分子会议上,中共中央提出了"向科学进军"的口号,开始大幅度改善知识分子的工作条件。然后,制定《1956—1967年科学技术发展远景规划纲要》,颁发中国科学院自然科学奖。这年4月,因为在金霉素研究方面的突出成就,沈善炯所领导的抗生素研究组获中国科学院植物生理研究所集体一等奖,《人民日报》对他作了表扬[2]。同年,沈善炯晋升为研究员。

中共中央还开始吸引知识分子入党。1956年5月,生物化学研究所的曹天钦(1920—1995)[3]入党,成为中科院上海地区从国外留学回来的知识分子中最早入党的。时任中国科学院上海办事处党委书记的王仲良曾开玩笑说:"我们开始有了穿西装的共产党员"[4]。1958年4月28日,沈善炯也加入了中国共产党。为了教育大家,让大家明白"如何争取做一个共产党员和怎样才是达到了党员标准",中共植物生理所支部还邀请了王应

---

[1] 中国科学院办公厅档案处档案(1955-2-91)。

[2] 新华社:从美英回国的留学生在科学研究和教学上的成就。《人民日报》,1956年6月10日。

[3] 曹天钦,生物化学家,1952年从英国剑桥大学获得博士学位,中国科学院院士(1980)。

[4] 熊卫民:王芷涯访谈录。《院史资料与研究》,2003年第5期,第1—20页。

睐、钮经义、邹承鲁、王德宝等 30 位所外、所内的科学家列席会议,把沈善炯的入党讨论会办成了一个"争取入党的中高级人员座谈会"①。在 1956—1957 年任中国科学院上海办事处主任的上海市委常委王一平也出席了这个座谈会。他对沈善炯提出两点期望:一要抓紧改造世界观,二要两个赶超(在业务上超国内、超国际)。

在已有成绩的基础上,沈善炯继续为提高金霉素的产量而努力。1956 年,他们考察磷酸盐对糖类氧化的影响,了解了金霉菌对糖类分解的途径,同时接受生产部门交给的任务,为利用铁制发酵罐进行大规模金霉素生产,就如何克服铁离子抑制金霉素生产的作用进行了研究。他们通过实验发现,铁离子影响金霉素产量的主要原因是由于金霉素分子与铁离子的络合作用,减低了金霉素的制菌效价所致,利用适当的钳合

图 5-3 1957 年沈善炯与学生和工作人员在一起(后排:左一,王孙仑;左二,陈俊标。中排:左三金以丰,左五,沈善炯)

---

① 中国科学院上海分院档案,58-57 号。

剂即能回复金霉素的效价。这个发现指出过去认为铁离子影响金霉菌生理而引起产量降低的意见错在何处,在生产上解决了应用铁制发酵罐进行发酵的措置途径[①]。

1957年,沈善炯等继续进行磷酸盐影响金霉素产量和代谢的研究。工作的结果指出戊糖循环代谢的存在;证明金霉菌在分解己糖时,戊糖循环的运转与金霉素的合成有关。根据金霉素分子芳香族环来自1,7-二磷酸景天糖的理论,抗生素小组得出在发酵液中的磷酸盐会抑制金霉素的生产的结论——它会阻止戊糖循环,从而限制1,7-二磷酸景天糖的生成。研究组进而推断,控制磷酸盐在发酵液中的含量将是提高金霉素生产的重要因素。这个理论经中间试验检验后获得生产部门的认可。

1957年5月31日至6月7日,全苏第二次抗生素会议在莫斯科召开,波兰、捷克、保加利亚、罗马尼亚、民主德国、蒙古、南斯拉夫等众多国家的代表共1500多人参加了会议,美国的瓦克斯曼(S.A.Waksman, 1888—1973)[②]、印度的索开也以个人名义参会。中国派出了由张为申(卫生部生物制品研究所)、沈善炯、陈肖庆(化工部上海医药工业研究所)组成的代表团。沈善炯作了题为"磷酸盐对金霉菌Streptomyces aureofaciens的糖代谢途径的影响及其与金霉素合成的关系"的报告,受到与会者的好评[③]——这是很自然的事,在金霉素的研究上,中国无疑走到了与会国家的前列,而沈是中国研究金霉素的最重要的专家之一。获悉沈善炯的主要学术兴趣不在抗生素而在遗传学之后,全苏抗生素研究所副所长李维托夫非常诚恳地规劝他:不要再去研究别的什么了,还是专志于抗生素的研究为好,因为这对人民直接有利。会议期间,苏联科学院生物学部秘书长、生物化学家恩格尔赫特(Engelhardt)院士还热忱地邀请沈善炯到苏联科学院作访问研究。

---

① 沈善炯,袁丽蓉:铁离子抑制金霉素产量的原因和去除抑制的作用的研究。《实验生物学报》,1956年第2期,第262-271页。

② 瓦克斯曼,是生于俄国的美国微生物学家,因发现链霉素于1952年获诺贝尔生理学或医学奖。

③ 张为申:苏联的抗生素研究工作——参加全苏第二次抗生素会议纪要。《科学通报》,1957年第17期,第542-543页。

图 5-4 应邀出席在莫斯科举行的国际抗生素会议（左起：张为申、沈善炯、陈肖庆，1957 年 6 月）

因国家需要而改行，在两三年内就取得重大成果——这些成果不仅在学部成立大会这类国内科学界的盛会上得到宣扬，还通过中华人民共和国在国内举办的和出国参加的第一次国际科学会议而推介给全世界，并因此而得奖、升职、入党、被拍电影、受邀访问苏联，沈善炯在这几年可谓意气风发。风头之劲，在青年科学家中罕见其匹。

访问苏联

全苏第二次抗生素会议结束后，沈善炯等仔细参观了全苏抗生素研究所、新抗生素研究所以及三个抗生素生产工厂。此外，沈善炯还单独去参观了苏联科学院微生物研究所和生物化学研究所以及莫斯科大学的生物系动物生物化学教研室。

归国不久，他向上级汇报了出国访问的情况。中国科学院副院长竺可桢极力主张沈善炯接受建议，以访问教授的身份去苏联访问——在已持续数年的"学习苏联"运动中，中国只是"一边倒"地接受苏联专家的指导，能够成为"苏联老大哥"合作或学习的对象，这是多么难得的荣耀啊。

沈善炯决定接受苏联人的建议。但由于反右派斗争、"红专辩论"、反浪费反保守、"拔白旗、插红旗"、"大跃进"等政治运动的干扰，直到一年多后才成行。在运动的间隙，他除不时去上海第三制药厂外，还指导过华北制药厂的建设。华北制药厂是中国"一五"计划期间的重点建设项目，由苏联援建的156项重点工程中的抗生素厂、淀粉厂和从民主德国引进的药用玻璃厂组成，1953年6月开始筹建，1958年6月全部投产，是亚洲最大的抗生素生产基地。它的建成，结束了青霉素、链霉素依赖进口的历史，使得中国缺医少药的局面得到显著改善。

1958年10月，沈善炯携带一个研究生兼助手，去苏联医学科学院生物化学研究所布劳斯坦（Alexander Evseevich Braunstein，1902—1986）教授[①]的实验室工作，主要研究细菌的氮同化。他俩的一切费用都由苏联支付，通过中国驻苏联大使馆发放。

布劳斯坦于1937年发现生物体内氨基酸生成中的转氨反应，是世界著名生物化学家。他只在每周的星期三到实验室来，来时总喜欢约沈善炯到他的办公室聊天，有时一谈就是一个上午。他们俩抽烟都比较厉害，桌上的烟灰缸很快就满了。除探讨科学问题外，布劳斯坦还告诉沈善炯苏联科学界的一些情况。作为生化遗传学家，沈善炯当然很关心争议极大的李森科的问题——在众多科学家的反对之下，李森科于1956年被迫辞去全苏列宁农业科学院院长的职务；可在赫鲁晓夫的支持下，1958年时，又有一大批反对李森科物种和物种形成"新见解"的科学家被撤职。布劳斯坦的答复让他有些出乎意料：即使在李森科得势的时代，苏联科学院中一些著名的科学家也常常公开反对、嘲笑他。即使得到了政治领导人的支持，李森科也并非是万事都能得逞的。这让沈善炯对"苏联老大哥"有了新的认识：苏联的科学家有独立性，社会上对科学家是很尊敬的，而苏联政府也重视科学、重视基础研究，能在一定程度上容忍持不同意见的科学家，这是苏联之所以强大的一个重要原因。

布劳斯坦实验室的设备简陋，工作人员大都是女性，只有一位男性，其职称相当于中国的副研究员。白天各人埋首工作，但一到下午三时，女

[①] 布劳斯坦，生物化学家，苏联医学科学院院士（1945年当选），苏联科学院院士（1964年当选）。

士们打扮一番后都回家了。晚上从没有人留在实验室工作，可以说工作很不紧张，甚至说得上是松懈。沈善炯选择到这来工作，布劳斯坦是非常高兴的。他特地给沈善炯介绍了比利时魏炎姆（Wiame）教授的工作——他发现有些芽孢杆菌缺少谷氨酸脱氢酶的活力。沈善炯和布劳斯坦一起探索在这类芽孢杆菌中同化 NH_4^+ 的途径。当时谷氨酰胺合成酶尚未发现，根据观察的结果，他们认为丙氨酸脱氢酶将是同化 NH_4^+ 的主要酶。

1959 年春，美国科学代表团访问苏联，成员包括哈佛大学的戴维斯教授——几年前在加州理工学院时，沈善炯曾经参加过他的实验班。因为中、美尚未恢复正常关系，为免引发不必要的麻烦，沈善炯故意避而不见。直到 1981 年沈善炯访问哈佛大学医学院时，他才告诉戴维森，自己当时的处境和无法和他接触的原因。布劳斯坦跟戴维斯谈起了最近的工作，戴维斯直截了当地回答，从热力学的观点来看，丙氨酸脱氢酶绝不可能是同化 NH_4^+ 的酶。

沈善炯当时有些不服气。他于 1959 年 6 月回国，继续做了一些相关工作。它们表明，戴维斯的意见是正确的。丙氨酸脱氢酶的辅酶是 NAD，是诱导酶，因此属于分解代谢的酶，与 NH_4^+ 的同化无关。这也就意味着，在苏联医学科学院生化所工作了八个月，可沈善炯并没有得出正确的结果，在研究工作上的得益不多。

沈善炯初到莫斯科时，鉴于他是恩盖尔赫尔特邀请来的访问教授，一位苏联医学科学院负责行政工作的人特地来拜访他，安排他住在高尔基大街的北京饭店，认为这样他可以生活得舒适一点。沈善炯很感激他的厚意，可内心有些不安——尽管他在苏联访问期间一切费用都由苏方支付，可住高级饭店，是不是有些"特殊化"了？恐怕有人会批评他"摆臭架子"。还是谦恭一点，摆出一幅一切要向"老大哥"学习的态度为好。果然，没过多久，中国驻苏联大使馆就通知沈善炯，要他到莫斯科市区的一栋普通的宿舍，和中国派往苏联进修、学习的人员住在一起。苏联医学科学院知道后，特地过来，从中挑了一间配有沙发等家具的相对较好的房间让沈善炯和他的研究生同住。在某些留学人员的眼中，这也是"特殊化"。有一天在莫斯科的中国留学生和进修人员聚餐，沈善炯也参加了。吃完饭大家起身走的时候,他的研究生帮他披上中国科学院外事局给他备用的那件与众不同的皮大衣。某些留学人员对此也有看法。在一年后的"反右倾"斗争中,他们特意从外单位过来给沈善炯贴上一式三份的大字报,说他在苏联大摆"架子"……

两年后,事情发生变化。苏联撤走在华专家,中苏关系恶化。1961年8月,沈善炯加入由王应睐任团长的中国代表团,参加了在莫斯科举行的第五届国际生物化学会议。会议期间,布劳斯坦在家宴请几位与会的科学家,沈善炯也被邀请。客人中有美国威斯康星大学的酶学家格林(D. E. Green)等。当事后沈善炯向大使馆参赞汇报宴请的情况时,由于布劳斯坦没有让沈善炯坐在"贵宾"的座位,而他又没有提出意见或退席,就受到了批评。"摆架子"是错,"随和"也是错,真是动辄得咎。沈善炯觉得啼笑皆非,不知如何是好。

图5-5 1961年8月,参加第五届国际生化会议(摄于莫斯科大学前,左起:曹天钦、沈善炯、王应睐、殷宏章、邹承鲁)

第六章
负责上海微生物研究所

鉴于沈善炯等在金霉素研究方面取得了突出成绩，从 1956 年起，就有科学家主张扩大其研究机构。他们本想将研究组扩建为研究室，但在"大跃进"运动所引发的科研机构、人员大扩张热潮中，他们的研究组被直接扩建为研究所。但国家很快又因经济困难而决定实施调整，这个以微生物理论研究为主要方向的研究所又被降格为研究室，合并到了植物生理研究所中。

筹建微生物生理研究室

20 世纪 50 年代前半期，中国科学院在北京、上海、武汉、沈阳分别成立了微生物学研究机构，各自集中了一批相关科学家。北京地区中国科学院植物研究所真菌植物病理研究室主任戴芳澜主攻引起植物病害的真菌，副主任邓叔群主攻真菌分类学、森林病理学和食用菌，北京微生物研究室主任方心芳主要研究工业微生物。武汉地区，中国科学院武汉微生物研究室主任高尚荫主攻病毒学。沈阳地区，中国科学院林业土壤研究室主任张宪武主要研究农业微生物，尤其是大豆根瘤菌。上海地区，中国科学院植物生理研究所微生物生理研究组沈善炯主要研究微生物学基础理论和抗生素。其中，北京地区人员最多、实力最强，上海地区进步最快、成绩最引人注目。

鉴于沈善炯等基于微生物学基础理论研究而在抗生素的生产方面取得了重大进展，1956年夏天，相关科学家在制订《1956—1967年科学技术发展远景规划》时，就曾提出：

> 除北京、武汉、沈阳外，在上海以中科院植物生理研究所微生物生理组为中心，配合上海科学的优越条件，使其发展为微生物生理研究室，以研究微生物的代谢为主要方向。①

他们还希望在1957年完成建室工作，并于1960年将它建成一个以微生物学基础理论为主要方向的研究所。与此同时，将北京的有关机构合并为另一个以工农业生产上的应用为主要方向的微生物研究所。

1957年8月，植物生理研究所学术委员会在青岛举行会议，特意就微生物生理研究组成立研究室的问题进行了讨论，决议成立专门委员会，请殷宏章、王应睐、叶天星、王鸣岐、沈善炯、焦润身、方中达七人为委员，负责考虑和推动建室工作。"为了贯彻科学规划的实施，推动微生物生理学的发展，微生物生理组全体同志提出建议，要求争取在1958年年内成立微生物生理研究室。"②

自1953年起，沈善炯开始在微生物生理组内培养学生，最初招收的是研究实习员，1955年后又先后招收了几个研究生。1955年，他接纳西南联合大学高一届的同学、美国康斯威星大学生物化学博士焦瑞身（1918—2009），使组内多了一位专任高级研究人员。与此同时，他还请了南京农学院教授方中达到研究组来兼职（沈送学生去南京随方学习，方每月来所

---

① 转引自《建立微生物生理研究室的初步规划（草稿）》。见：中国科学院档案馆档案（D146-109号）。
② 《建立微生物生理研究室的初步规划（草稿）》。见：中国科学院档案馆档案（D146-109号）。

一次）。焦、方两位先生也都开始在组内招收和培养研究实习员或研究生。后来，沈善炯还请了复旦大学生物系讲师李君璎过来兼职。随着工作的展开，到1957年年底，研究组增加到48人，其中科学技术人员38人（含两位兼职研究人员），分为四个题目组，其布局如下：

①微生物的糖类代谢：

题目负责人　沈善炯

助理研究员　2人

研究实习员　2人

研究生　　　3人

技术员　　　1人

见习员　　　3人

②微生物的营养：

题目负责人　焦瑞身

助理研究员　1人

研究实习员　4人

研究生　　　1人

见习员　　　4人

③细菌滤过型：

题目负责人 李君璎（复旦大学讲师）

研究实习员　2人

见习员　　　3人

④噬菌体：

题目负责人 方中达（兼任研究员）

研究实习员　2人

技术员　　　2人

其他如生物检定组有见习员3人。①

---

① 《建立微生物生理研究室的初步规划（草稿）》。见：中国科学院档案馆档案（D146-109号）。

鉴于①微生物学研究主要面向工业，植物生理学研究主要面向农业，②微生物的生长周期很短，研究节奏很快，植物的生长周期很长，研究节奏较缓，沈善炯等提出，这两类差别较大、评估标准有别的研究不宜放在同一个研究所内。他们认为，微生物室最好能独立出来，由中国科学院院部直接领导。殷宏章不同意，要求他们修改规划。1958 年 4 月 1 日，他还指示说，"本规划修正后应交各专门委员传阅，然后提□植生所所务会议（□□学术委员会委员）通过后，寄学部，请批示。"[①] 大概是由于手续太复杂，而在"大跃进"的冲击下，相关领导难以抽空商讨此事[②]，直到 1958 年年底，这个研究室仍然没能建立起来。而北京戴芳澜、方心芳领导的机构则于 1958 年 12 月 3 日正式合并成立中国科学院微生物研究所。

在研究组的基础上直接筹建研究所

1959 年 6 月，沈善炯提前从莫斯科回国。他参加了由中国科学院副院长兼秘书长裴丽生主持的微生物学座谈会。在会上，他谈了他和殷宏章关于开展微生物学研究的一贯想法：要重视基础研究，开展微生物生化的工作。他们倡导克卢韦尔一派的"生物化学一致性"精神，主张微生物学的研究不要只局限于应用，而是应对整个生物学做出贡献。这个想法获得了不少人的赞同。这两年正值"大跃进"的高潮，中国科学院已在全国绝大部分省市成立分院，并新建了很多直属研究所，如昆明植物研究所、昆明动物研究所、遗传研究所等。有人建议，干脆发扬"多、快、好、省"的"大跃进"精神，越过研究室的阶段，直接在微生物生理研究组的基础

---

① 《建立微生物生理研究室的初步规划（草稿）》。见：中国科学院档案馆档案（D146-109 号）。

② 在随后的"大跃进"的高潮中，植物生理所被冲击得非常厉害，所长罗宗洛被作为"大白旗"加以批判，全所 2/3 的员工（也即植物生理部门的绝大部分研究人员）都不得不扔下原来的课题下乡去"总结农业丰产经验"。中国科学院为植物生理研究所新盖的实验大楼也被送给了有机化学研究所。见：丁公量、巴延年等，中国科学院上海分院大事记（待版）。第 19 页。

上建立研究所。

又经过一段时间的酝酿之后，1960年春天，植物生理研究所向中国科学院院部及上海分院提交了《请求建立微生物生理所的报告》，正式申请建立研究所。报告介绍了建所理由、已有力量和酝酿经过，兹录全文如下：

请求建立微生物研究所的报告

微生物学由于和生产实践的紧密联系，发展很快。随着工、农、医的发展需要，通过微生物学理论的研究来指导实践亦相应迫切。同时，由于物理和化学的理论技术广泛渗入生物科学的研究领域，二十年来古老的微生物学和一些边缘科学，特别是生物化学的结合已一变而为一门新的科学。它对生物学中一些重大基本的理论问题，如光合作用、蛋白质生物合成和遗传物质等作了突出的贡献。新中国成立后，特别是1958年大跃进以来，微生物学的研究工作在党的领导下不论是结合国家经济建设方面□基本理论建设方面发展□□不可思议。

我院微生物研究单位，目前有北京微生物研究所，是全国综合性研究单位，以工业微生物为主要研究对象；东北林业土壤研究所微生物研究室，主要研究农业微生物；武汉微生物研究室主要研究病毒，上海植物生理研究所微生物生理组主要研究微生物生化。微生物生物化学是现代微生物学中的重要部门，新中国成立前毫无基础。解放十年来由于科学技术的突飞猛进，反映在生产实践方面，如抗菌素生产迫切需要研究微生物的代谢与抗菌素生物合成的问题，生产单位都先后成立了微生物生理的研究题目，其他医药单位亦需用现代微生物学的基础技术与理论。在理论研究方面，微生物的应用渗入各个生物科学和化学的领域，例如研究核酸与蛋白质的生物合成、甾体激素的氧化反应问题等。特别是今后面临分子生物学的时代，上海各研究所在分院党委的领导下，有志奋战八年，使上海成为世界分子生物学中心之一。从细胞水平一直到以核酸为主要生命物质的微生物，从分子水平研究生命活动规律无疑将作出显著的成绩，加之微生物研究机构的全国布局，上海有必要迅速建立微生物生理研究所。

植生所微生物生理组，自1953年成立以来，一直从事微生物代谢的研究，目前该组工作已具有较好的基础，主要成绩有：高级研究人员及相当高级人员的助研四人；助研和相当助研的研实员和研究生六人；研实员和相当研实员的技术人员八人；加上其他技术人员共有研技人员三十九人。

目前根据微生物生理的发展方向进行下列研究，并已获得一定的成就：

1. 核酸的生物学功能；遗传物质的研究。经分子水平上研究遗传物质基础问题，包括遗传信息的运载、复制与表达。目前经细菌遗传性转变因素着手逐渐深入开展生物化学遗传。最近由于发现核糖核酸为遗传物质基础，打破了传统的学说，又使该组的工作开拓了广阔的前途。

2. 微生物的生长化学。研究微生物的生长繁殖以及各生长阶段的代谢变化，目的在控制微生物的生长使产生需要的代谢产物。目前的工作，配合国家生产任务进行青霉素的连续发酵。该项工作已在生产上获得初步成功。

3. 微生物的代谢。主要研究代谢类型的变化，阐明它的调节机制，目的在控制代谢的方向。目前配合抗菌素生物合成的工作，研究链霉菌的糖类代谢与链霉素的生物合成。

八年来，微生物生理组曾为医学科学院抗菌素研究所及上海医药工业研究所抗菌素研究室培养干部，建立理论研究。1960年全国生化会议后，本院各有关单位及其他方面要求培养微生物生化的干部，曾举办生化训练班。

综上所述，经过六年实践，微生物生理组已具备了成立一个独立机构的基础。又由于该组在研究工作上趋向生化的理论研究，对国家任务亦以工业与医学为重点对象，与植生所的发展方向逐渐疏远。同时，在国内和国际方面，要求该组的任务亦逐渐加重，扩大机构、大量组织研究力量势在必然。

国家科学发展12年纲要中，曾决定以植生所微生物生理组为基础，于1957年成立微生物生理研究室，1960年发展为研究所。1957年8月植生所学术委员会，青岛会议成立了专门委员会，推动建室工作，并定于1958年成立。自整风反右、全国大跃进以来，该组工作有了更多的丰富与提高，为独立发展充实了条件。1959年6月院部微生物座谈会指出，该组应以微生物生化为发展的主要方向。同时经向院部裴秘书长请示，同意该组迅速独立。植生所曾即时呈送该组建室方案和报告。1960年全国生化会议在沪开会期间，上海分院又向院部呈送微生物生理组直接建成研究所的方案和报告。根据当前科学战线上高速度跃进的形势，我们再次呈请立即将该组发展成微生物生理研究所，以求更快的发展这门学科，适应各方面的需要。

此呈

上海分院

院部

植物生理所[1]

在请示报告之后，还附录了一个详尽的《建所方案》。其中，在干部安排上，建议由上级任命所长，以赵毅（时任植物生理研究所党总支书记）、沈善炯为副所长。所内暂分三个研究组：

（1）核酸组。组长洪孟民、陈俊标、郑幼霞。中心问题为核酸的生物学功能，遗传的物质基础。以后再从这个组发展出病毒组。

（2）生长化学组。组长焦瑞身。中心问题为微生物的生长类型分析与连续培养。

（3）代谢组。组长由沈善炯兼。中心问题为微生物代谢类型的动态变化与生理功能。

1960年2月4日，植物生理研究所向中国科学院提交《微生物生理生化研究所（1960年筹备成立）三年八年发展规划（草案）》，对微生物所

---

[1] 中国科学院档案馆档案（D146-136）。

的科研工作发展规划及指标的预期如下：

1. 细菌病毒：

三年：除了建立基础填补空白，弄清细菌病毒的基本理化特性及生物学特征以外，并要解决它的形成，遗传性状的传递、变异与寄主细胞之间的关系。

八年：通过对细菌病毒核酸蛋白质的研究，使能够重新组合成具有活性的细菌病毒，并从而做到控制细菌的变异规律，达到杂体培养。

2. 生化遗传：

主要应用细菌转变因素，同时配合病毒进行研究。

三年：①用物理化学方法，分离带有遗传讯号的纯一的核酸，找出遗传载体的部位。

②弄清遗传载体进入受体细胞后，引起受体细胞的原初反应。

③配合遗传性状发表的研究，基本搞清核酸与蛋白质生物合成的关系。

八年：①基本弄清核酸与去氧核糖核酸的复制过程。

②从RNA、DNA与蛋白质合成的关系，阐明遗传性状传递与发表的机制。

3. 中间代谢：

着重研究代谢类型的生理功能及其动态变化；结合微生物特点发展比较生物化学。

三年：①结合链霉素的生物合成，研究链霉菌糖类代谢途径，了解代谢途径的生理功能，相互联系，控制因素，及其作用机制，研究代谢变化的控制因素，以利于抗菌素的合成。

②了解链霉素的制菌作用机制及制菌作用有效基团，为链霉素的半有机合成提供资料。

③研究抗药性的形成机制，抗性细菌的代谢变化，为控制抗药性的形成提供资料。

④比较研究集中不同类型微生物的末端氧化途径，生理功能，控

制因子及铵化条件。

⑤开展细菌多肽生物合成的研究。

⑥结合制菌机制为开展能量代谢研究工作准备条件。

八年：大力开展比较生化研究

①比较研究不同微生物的代谢系统及其功能。

②比较研究同一微生物在不同条件下的代谢系统及其功能。

③"隐匿酶系"功能的研究。

4.连续发酵及微生物生长化学：

研究不同类型微生物生长发育的类型和有用代谢产物生物合成的关系；作到控制生长发育以及代谢途径。

三年：结合国家重大任务，研究影响工业微生物的不同生理阶段以及代谢途经转变的因素（包括营养，物理因素等），完成微生物的连续培养和连续发酵，从而为工业微生物连续化建立理论基础。

八年：在三年联系生产实践和理论研究的基础上，进一步说明不同类型微生物生长发育及代谢途径的转变中的生化变化及规律，建立微生物生长和发育的生物化学。

5.开展有关医用微生物生化的研究：

三年：①药物（包括抗菌素）对细菌的作用机制。

②抗药性细菌的形成与其控制。

③病毒感染与寄主的生化反应研究等。[①]

《规划》还对研究组织的发展作了如下预期：

> 一九六零年由植物生理所微生物生理组发展成独立的微生物生理生化研究所，设细菌病毒、生化遗传、中间代谢、生长化学四个工作小组，计划于一九六二年增设医用生物化学方面的工作组，一九六七年将原有工作组成立为研究室。[②]

[①] 中国科学院档案馆档案（D146-136）。
[②] 同上。

1960年5月24日，生物学部副主任林镕向中国科学院第四次院务常务会议汇报了以上海植物生理所微生物生理组为基础建立微生物生理生化研究所的问题。张劲夫、竺可桢、吴有训、杜润生、谢鑫鹤等与会领导一致同意在上海设立一个研究微生物生理和微生物化学的研究所。会议认为，研究所的名称可叫"中国科学院上海微生物研究所"，不必附加"生理生化"等字眼。这个所下面的几个研究组，即微生物代谢组、生化遗传组、生长化学组、病毒组，名称不统一，应该一律冠以"微生物"字样[①]。

　　1960年6月16日，国家科委（60）科五武字第409号复文批准建立中国科学院上海微生物研究所。1960年6月23日，中国科学院下发（60）院字第119号文件，通告成立中国科学院上海微生物研究所。同日，中国科学院上海分院发文，宣布该所的行政机构设一室四科：办公室、计划科、人保科、器材科、行政科，原微生物生理研究组党支部书记陈广澧被任命为计划科副科长（缺科长）。1961年2月21日，上海分院发文，决定成立中共上海微生物研究所支部，由杨坚、沈善炯、陈广澧组成支委会，杨坚任支部书记。沈善炯一方面希望这个研究所能按自己的设想发展，另一方面又担心行政工作会影响科研，并不太想做所领导。他一再声明，"党所需要我的，要求我的，是在科学上做出成绩"[②]。但经不住上级党组织的要求和命令，最后还是接受了副所长之职。由于研究所缺正所长，所以他是实际的业务负责人。1961年5月12日，经中共上海市委批复同意，中共中国科学院上海分院委员会正式发文任命沈善炯为"中国科学院微生物研究所上海分所副所长"[③]。7月15日，中国科学院发布（61）院干管字第387号文件，对沈善炯重复了这个任命[④]。

　　鉴于微生物生理组人员不断增多，原来分配给他们的武康路和岳阳路的那几间实验室越来越拥挤，1959年10月，上海分院安排他们把实验室搬到零陵路345号的科研大楼。这栋新竣工的大楼本来是为植物生理所修

---

① 中国科学院院史研究室编：中国科学院史事汇要（1960年），内部资料。
② 中国科学院上海分院档案（03-45）。
③ 中国科学院档案馆档案（D146-157）。
④ 中国科学院院史研究室编：中国科学院史事汇要（1961年），内部资料。

金霉素·牛棚·生物固氮　沈善炯传

图 6-1　上海微生物所与有机化学所共用的科研大楼（已于 2008 年拆除）（中国科学院上海有机化学研究所提供）

建的，因从 1958 年夏天起植物生理所 2/3 的员工都下乡去"总结农业丰产经验"，分院就把此楼划拨给了有机化学研究所。微生物组想要一层楼，可有机化学所只同意把科研大楼第四层的一半共十多个房间分给他们。1960 年 7 月，上海微生物所的行政人员也从植物生理所搬离出来，集中到零陵路 345 号。

合并到植物生理研究所

行政人员也搬过来后，人员一下子从不足 40 人增加到 58 人，有机所大楼内的这十几间房立即变得十分拥挤。他们想扩展，可扯来扯去，有机所只肯最多再让出两间。1960 年 8 月 5 日，上海微生物所拟订 1961 年基建任务书，鉴于"60 年年底人员将增至 101 人左右，61 年增至 240 人"，要求主管部门在 1961 年投资 65.80 万元，新建 5000 平方米的实验大楼一栋以及危险药品仓库、发酵车间各 300 平方米[①]。

可随着国家经济政策的变化，他们的要求不但没有得到满足，这个新建的研究所还遭到了被撤销的命运。1960 年冬天，面对"大跃进"运动所带来的大饥荒，中共中央开始对国民经济实行"调整、巩固、充实、提高"八字方针。其具体措施，除发展农业生产、减少财政赤字等外，还包括减少基本建设、精简职工和城镇人口。中国科学院为贯彻精简政策，决定按"下放

---

① 中国科学院档案馆档案（D146-136）。

一批，合并一批，原来由地方成立的机构原物奉还"的原则，撤销除新疆分院在内的所有省级分院，合并、下放、撤销部分研究所、室，同时精简大约50%的员工（主要为行政人员、勤杂人员、助理业务人员、工厂工人、不适于现任工作的科学技术人员，尤其是近两年退伍转业过来的人员）。

中国科学院并不想真正撤销有研究实力的研究所、室，但中央的命令也必须服从。为减少直属研究单位的数量，决定将一些研究所、室合并。可能是因为体量较小、根基不深，合并的阻力也较小，新成立的上海微生物所被列为撤销对象——它必须被合并到别的研究所。

邹承鲁研究员是沈善炯的好友，很欣赏他的工作，建议他将上海微生物所并入他所在的生物化学研究所。该所所长王应睐表示欢迎，并把这个想法上报给了中国科学院院部。在院部于1961年2月1日拟订的精简方案中，上海微生物所的去向为并入生物化学所。不久，生化所为沈善炯准备了办公室。可最后沈善炯没有去。沈善炯的老师、植物生理所副所长殷宏章不肯放沈善炯走。他劝沈善炯说：老沈，微生物所原来就是从植物生理所分出去的，如果你回到植物生理所，等国家经济好转后，它肯定可以很快再独立成所。而如果你去了生化所，就不可能这样了。沈善炯一心想着捱过这段困难时期再去成立微生物研究所，再加上师徒情深，最后听从了殷先生的意见，决定将上海微生物所并入植物生理所，成为它的一个研究室。后来，沈善炯觉得这个选择是他人生中的一个重大错误，他应该让微生物所并到生物化学研究所去，因为正如邹承鲁所说，生化所的研究氛围要好得多，而植物生理所则长期以来都是政治运动的试点、"出经验"的典型。

1962年6月25日，中国科学院下发（62）院计字第403号文件，正式通告上海微生物研究所并入植物生理所。沈善炯改任植物生理所副所长、党总支委员兼微生物研究室主任。

研究所被合并之后，沈善炯觉得非常可惜。他在西南联大时的物理老师、中国科学院副院长吴有训也在一次开会时同他讲："你这个所被合并，可惜了……算了。"张劲夫副院长也对沈善炯表示同情，说等国家的经济形势变好了再恢复这个所。可后来国家经济形势刚有所好转，又来了"四清"、"文化大革命"等运动，这个研究所再也未恢复建制。

第七章
微生物生物化学研究

上海微生物所并入植物生理所之前和之后，沈善炯等一直都在同一个地点——有机所大楼的四层办公，所以，实验室的工作并没有因隶属关系的变化而受影响。在沈善炯看来，从1959年夏到1964年夏，这五年的科研工作是一个整体，实为他在国内从事科学研究最为意气风发的一个时期。

此时，微生物研究所（几年内名称数变——编者）成立了分别研究微生物生长、代谢、遗传和噬菌体的四个研究组。虽然沈善炯名义上只具体负责代谢组，但由于负责遗传组的人陈俊标（副研究员）和洪孟民（因为念研究生的经历而未定职）都是他的学生，他实际也管遗传组的工作。鉴于金霉素已经进入大规模生产阶段，需要沈善炯来做的工作已基本完成。他把组内的主要力量都转到了微生物生物化学的研究上。在他的加州理工式作风的影响下，大家终日角逐着找寻新事物和新问题，雄心勃勃地时刻准备着迎接新的挑战。无论谁在研究工作中发现了问题，大家都会积极踊跃地一起讨论，争分夺秒地做实验。各个实验室之间，从早到晚都可以看见穿梭不停、来回走动的人。在沈善炯的办公室外，每天早晨都有人等候着要跟他谈工作。外来的人看了都说，到了他们这里，就像到了医院的急诊室，人人都是那样的忙碌和紧张。

有人批评说，沈善炯在研究工作上满脑子一鸣惊人的思想。沈善炯承认这一点，但他并不认为这是缺点。"有所发现"是他对工作的一贯要求。他宁愿做错，也不愿意跟在别人后面，去重复别人的工作。对新的科学现象、科学原理的追求，让他进入了一种如醉如痴的状态。有时候，今天把研究工作布置下去，明天他就要看结果，甚至一天要问两次——"有没有新发现？"为了工作，他经常晚上十点了还没回家。尽管家里经济困难，常常吃不饱饭，他也不管不顾。直到自己身体浮肿、一按一个坑，同时又患上了肝炎，他才住院休整了一段时间。一分耕耘，一分收获，这段时间，他和学生们也确实取得了不少令人瞩目的成果。

己糖分解新途径

1960年年初的一个早晨，研究生王孙仑匆匆忙忙地跑来找沈善炯，说自己在实验中发现了一个新现象。他将大肠杆菌培养在以甘油为碳源的营养液中时，发现有醛类化合物产生，他用2，4-二硝基肼处理，最后形成了一个呈紫红色的衍生物。他高兴地拿着这个反应产物来给老师看，说："这是一个还没有被发现的中间代谢产物！"沈善炯稍稍一看，就不假思索地回答："这不是什么新东西，这是甘油分解产物，磷酸甘油醛，不要大惊小怪！"王孙仑一声不响地走了。

隔了一两个星期，王孙仑带着试验样品和数据，还有参考文献又来找老师了。这次不同，他滔滔不绝、振振有词地说明了大肠杆菌对甘油的分解代谢物并不是大家都熟悉的磷酸甘油醛，而是甲基乙二醛。他还说这个试验的结果能证明己糖分解除已知的代谢途径外，可以循甲基乙二醛形成乳酸的支路代谢进行。他甚至引经据典地告诉老师，50多年前已有人报道过这个现象，可是后来又被否定了。这个平时有些口吃、沉默寡言的学生闭着眼睛，侃侃而谈，口齿清晰伶俐，一点都没有口吃的表现。

在一瞬间的犹豫后，沈善炯虚心接受事实，伸出手来向他祝贺道：

"你的观察对了，我错了。我们终于又发现了一个己糖分解的新的代谢途径。"后来这一成果发表在 1964 年的《中国科学》上。五年后英国科学家库珀（Cooper）和安德森（Anderson）也报告了同样的发现，但他们承认最先发现者是沈善炯和他的学生。沈善炯为自己有这样一位学生而骄傲，也为自己有勇气承认错误而欣慰。后来他常把这个故事讲给学生们听，希望他们在科学工作上要独立思考，敢于承认错误和坚持真理。

王孙仑在测定链霉菌中某些辅酶Ⅰ或辅酶Ⅱ依赖性脱氢酶活力时，总测不到这种酶的活力，他认为这可能是由于一种叫烟酰胺核苷酶的作用，因为这种酶能对辅酶造成破坏。由于这个酶对热和蛋白质变性剂具有高度稳定性，所以热处理或平时用以终止酶反应的蛋白变性剂都无法阻止细胞抽出液对脱氢酶活力抑制作用的消失。沈善炯开始都很怀疑它的存在。他与酶学家邹承鲁商讨这个问题，邹承鲁也不相信。可王孙仑又一次用实验证明了他的判断。他发现烟酰胺核苷酶与 DNA/RNA 相结合，如果去除核酸，就会显出一般酶蛋白的特性了。1963 年，王孙仑和沈善炯在《生物化学和生物物理学报》上发表了这项工作。5 年后，美国《联邦记录汇编》（*Federation Proceedings*）关于中国核酸研究情况的一文中提到了此文。

沈善炯等在研究微生物代谢时一直注视着国外遗传学的发展。1961 年，他请在英国访问的冯德培先生向牛津大学的欣谢尔伍德（Hinshelwood）教授索取了一套大肠杆菌高频重组（HFR）和营养突变型菌株。在此基础上，他和王孙仑开展了大肠杆菌基因在染色体上的定位实验。王孙仑在研究基因的调节时，巧妙地应用支链氨基酸合成的突变型，如缬氨酸、亮氨酸和异亮氨酸等突变型来证明转氨酶是否同属一种，因为这些氨基酸最后都是由它们各自的 α-酮酸经转氨反应而形成的。按"一个基因一个酶"的学说，如果这些反应是由不同的基因所决定，那就说明这三种支链氨基酸最后是由不同结构的转氨酶的作用形成的。当王孙仑在科学会堂报告这一简明的设想和工作结果时，曾受到邹承鲁的赞扬。这项工作几乎与美国的梅斯特（Meister）教授同时以遗传学的方法证明了转氨酶的性质。可惜由于"四清"运动，这项工作被迫中止。

王孙仑生于 1929 年，1952 年毕业于上海第一医学院，被分配到长春医学院当助教，1956年考取沈善炯的研究生。他聪敏好学，的确是个不可多得的人才。可惜的是刚露才华，他就遇到"四清"、"文化大革命"等运动，然后于1971年因患脑瘤而英年早逝。获知他病重，沈善炯到华山医院去见他。他当时已奄奄一息了，一个亲戚在他耳边高喊："你睁开眼睛看看谁来看你呢？"他用力睁开眼睛叫了一声："沈先生。"这是他最后一次大胆地称呼沈善炯。沈善炯失去了一位有才华的学生，中国失去了一位有希望的年轻科学家。

葡萄糖异构酶

沈善炯很欣赏巴斯德的名言："没有应用的科学，只有科学的应用。"他认为，研究基础理论旨在探索自然界的真理，而不能去强求其应用价值。可有一次他忽视了对所作科学发现的应用价值的追求，却又后悔莫及。

沈善炯等对链霉菌进行了长时间的研究。链霉菌能在以D-木糖为碳源的合成培养基上生长，并合成链霉素。1963年，沈善炯和他的研究生徐子渊在分析链霉菌细胞分解木糖的酶系时，发现了木糖异构酶的存在——它能将D-木糖转变为木糖酮。他们对这个酶进行纯化，研究了它的一般性质和在放线菌中的分布，发现链霉菌的D-木糖异构酶的诱导物并非只限于其作用底物，D-核糖也同样具有诱导作用。1964年，他们把研究结果发表在《生物化学和生物物理学报》上[①]，然后，就干别的工作去了。

日本的三松工业公司（Sanmatsu Kogyo）看见了他们的文章，立刻进行试验，证明链霉菌的D-木糖异构酶能将葡萄糖转变为果糖。他们把它称为葡萄糖异构酶，大量生产，赚了一大笔钱，最后又以高价，将专利权卖给了美国的一家公司。因为这件事，还惹得日本企业界打了一场官

[①] 徐子渊、沈善炯：链霉素的D-木糖异构酶。《生物化学与生物物理学报》，1964年第3期，第342—350页。

司——这家公司被控告擅用中国科学家的知识产权。在"四清"运动期间，日本还派人来查询徐子渊、沈善炯发表那篇论文的日期。1982年，三松工业公司又特地派人到上海，在上海市轻工业研究所一位工作人员的陪同下看望沈

图7-1 1982年日本三松工业公司派人（右起第二人）来致谢关于葡萄糖异构酶的发现

善炯，送给他两瓶酒，向他表示谢意。沈善炯感觉五味杂陈，懊悔不已：当时只要自己有一点联系生产实际的思想，再多做一个试验，就能发现葡萄糖能转变为果糖。果糖要比葡萄糖甜20多倍，这个结果能为国家带来多少经济效益啊！而自己也就不至于捉襟见肘，四处去申请科研经费了。

更具讽刺意义的是，当沈善炯的一个学生知道果糖供不应求时，就去查阅有关葡萄糖转变为果糖的文献，看到日本科学家在阴沟杆菌中提取了这个葡萄糖异构酶，于是也跟着做。但由于这个酶的活力低，而且还涉及细菌毒素的问题，失去了应用价值，也就放弃了试验。舍自己之所得，而去取他人之所弃，沈善炯感觉自己愚蠢之极。

细菌转化因子

沈善炯的第一学术志趣在遗传学领域，他在遗传组布置了更多的人员。1960年上半年，他们宣布了一个惊人的发现：RNA也可以作为细菌转化因子。

自沃森（J. D. Watson, 1928—）、克里克（F. Crick, 1916—2004）

于 1953 年提出 DNA 双螺旋结构模型以来，分子生物学获得了飞速发展。在短短的几年之内，DNA 聚合酶、依赖于 DNA 的 RNA 聚合酶、核糖体功能等相继被发现。基于这些成果，克里克于 1958 年提出了遗传信息的传递假说——中心法则，包括由 DNA 到 DNA 的复制、由 DNA 到 RNA 的转录和由 RNA 到蛋白质的翻译等过程。这个假说很快就被生物学家普遍接受，大家认为，只有 DNA 才是遗传物质，只有它才能充当遗传转化因子。

可沈善炯等却发现，情况未必如此。他们先用溶菌素处理有抗青霉素药性的细菌，然后从中提取 RNA，再用 RNA 制剂处理无抗青霉素药性的细菌，发现它们获得了抗青霉素性状。他们还设计了一些实验，以排除 RNA 制剂中可能残留的 DNA 或蛋白质的影响：①用胰蛋白酶或胰凝乳蛋白酶处理 RNA 制剂，以除去残留的蛋白质，发现制剂并不因此而降低活力。②用 DNA 酶降解 RNA 制剂中可能残留的 DNA，发现制剂的活力有所上升。③用 RNA 酶处理 RNA 制剂，降解掉里面的 RNA，仅有蛋白质和 DNA 残留，发现制剂失去转化活力。由此他们得出结论，在枯草杆菌中抗青霉素遗传性状的转变因素不是 DNA，而是 RNA[1]。

这个结论如果能成立，当然是生物学基础研究方面一个非常重大的发现。中国最权威的科学刊物之一《科学通报》打破常规，在极短的时间（1960 年 8 月 28 日）内即发表了此文。12 月 22 日，上海市科委副主任舒文在《人民日报》发表文章，在正文和注解两次提到这个成果，将它作为 1960 年上海地区在基础理论研究取得的最重要的成果之一。

基本理论研究方面也不断出现跃进的事实。如在今年上半年技术革新、技术革命运动大浪潮的推动之下，在遗传学方面就获得发现细菌体中新的遗传物质——核糖核酸的重要成就。

以前生物学界流行着一个普遍的概念，即认为去氧核糖核酸是

---

[1] 沈善炯、洪孟民、蔡瑞珠、陈蕙珠、张文玲：核糖核酸作为细菌遗传性转变因素的发现。《科学通报》，1960 年第 8 期，第 491-494 页。

所有由细胞组成的有机体的遗传物质（遗传学家称为"基因"），而忽视了其他物质的作用。中国科学院植物生理研究所微生物生理组沈善炯等同志在研究核酸的生物学功能的工作中，发现在枯草杆菌中抗青霉素遗传性状的转变因素不是去氧核糖核酸，而是核糖核酸。这证明遗传物质有去氧核糖核酸和核糖核酸两种，而且二者在遗传上可能有分工与协调的作用。这个发现将有助于进一步阐明当今生物科学上的一项重大基本问题——遗传的化学基础。关于核糖核酸在遗传中的作用，国外也曾有人在别的工作中偶然发现过。但是，他们因受传统思想束缚而未作深入研究，并随即自己否定了。沈善炯等同志在工作中也曾屡受挫折，然而他们在"破除迷信，解放思想"的启示下，深信"书本不是法律，必须相信事实"，坚持进行试验，终于获得新的发现。①

一时间，这项工作在国内外引起了很大的反响。国外对它议论很多，直到"文化大革命"结束后，沈善炯还接到美国科学家、诺贝尔奖获得者莱德伯格（J. Lederberg）②的来信，询问这项工作的进展。而在国内，尽管也有学者对文章的结论持审慎态度③，从60年代到80年代，它一直被权威机构认为是接近世界水平的成果。譬如，1980年时，植物生理所在《自然辩证法通讯》上撰文说：

> 1960年到"四清"前这一段时间，我所……基础理论研究也取得了较大的成果，例如，在沈善炯领导下的核酸小组，在开展核糖核酸作为细菌的遗传性传递因子的研究中，证实了核糖核酸也是遗传物质

---

① 舒文：在科学技术工作中贯彻群众路线的一些问题。《人民日报》，1960年12月22日。
② 莱德博格（1925-），美国遗传学家。因发现细菌的基因重组和遗传物质结构获得1958年诺贝尔生理学或医学奖。
③ 沈善炯的这个工作做出来后，中国科学院院部很重视，一度想由中国科学院出面来发布国际消息。发布之前，派人征求一些科学家的意见。遗传学家施履吉（1917-2010）对此有不同看法，说一定要慎重，因为这牵涉到国家的荣誉。后来中国科学院就没有发国际消息。据熊卫民：施履吉院士访谈录，《院史资料与研究》，2012年第4期，第71-79页。

基础，否定了国际上长期以来认为去氧核糖核酸为唯一的遗传物质基础的权威学说，在国际上有一定的影响……他们的工作在当时接近世界水平。[①]

但沈善炯本人对这项工作却变得越来越不自信。他带领学生以链霉菌等为材料，也做了同样的实验，但并没能得出类似的结果。国外有同行应用同样的菌株按照同样的方法实验，有的观察到了相似的现象，更多的却得不到同样的结果。他们不太同意这个实验的结论。有人认为，转化因子仍是 DNA，可能在细菌中存在反向转录酶，使 RNA 转为 DNA。然而反向转录酶的活力虽然在大肠杆菌中已得到证实，但在枯草杆菌中却测不到这个酶的活力。后来，沈善炯认为，他们试验用的 RNA 很可能是青霉素基因产生的 mRNA，但因其半衰期短，容易失活，导致试验不易重复。

除上述工作外，那几年，沈善炯还指导学生，包括进修人员做了一些别的成果。譬如，华东化工学院抗生素专业马誉徵教授曾委托沈善炯代他指导研究生李友荣的论文工作。李友荣在沈善炯的指导下，在沈善炯的实验室研究链霉素的生物合成。他除了证明链霉素分子中链脒部分的脒基来自精氨酸外，还证明精氨酸与链脒之间的转脒基反应仅存在于链霉菌合成链霉素时期，从而指出抗生素的合成受时态控制。当李友荣刚提出这个见解时，并没有受到沈善炯的重视，但他以自己的智慧和毅力证实了这个观点。后来，这个发现为国际学术界所公认，由此将放线菌抗生素的合成分成了营养期和生产期（trophophase and idiophase）。这一成果在理论上和实践中都有重要的价值。

这些事例都表明，思想自由、独立思考是当时沈善炯实验室的良好学风。他们师生之间的友谊是建立在相互学习、共同努力的基础上的。通过知识的互补，他们共同做出了不少成绩。直到晚年，沈善炯都很怀念那段为科学而痴迷的日子，并为这些优秀的学生而感到骄傲。

[①] 中国科学院植物生理研究所：科研工作经不起折腾.《自然辩证法通讯》,1980 年第 6 期,第 13—18 页。

广州会议和十年规划

由于成绩突出，沈善炯深受政府重视。1962年2月，作为青年科学家代表，他被邀请参加在广州举行的全国科学技术工作会议。会议的主题是动员并组织科学家讨论有关《1963—1972年科学技术发展规划》（以下简称"十年规划"）的编制问题，由聂荣臻副总理主持，有国家科委、中国科学院、高教部、卫生部、全国科协、中宣部科学处、中央各产业部门科研机构、地方科技管理机构等部门的一百多位主管科学技术的负责人，和全国各学科领域三百余位重要的科学家参加[①]。上海地区与沈善炯同行的青年科学家还有庄孝僡和曹天钦等。

为了更好地"改进工作"，聂荣臻在会议开幕式上提出了"一不戴帽子，二不打棍子，三不抓辫子"的"三不方针"，号召大家知无不言，言无不尽，各抒己见，充分争鸣，以很好地总结正面和反面的经验，改进工作。随即，陶铸、范长江、张劲夫、于光远、杜润生等领导出来自我批评，检讨前些年、尤其是"大跃进"以来所犯的错误。在他们的带动下，与会的科学家逐渐敞开心扉，开始畅谈对1949年以来各次政治运动，特别是反右派斗争和"大跃进"的感想。到了晚上，广东省委书记陶铸请大家看各种表演。这就是所谓的"白天出气，晚上看戏"[②]。沈善炯和大家一样，感觉非常痛快。

3月2日，周恩来总理在会上作了论知识分子问题的报告。他说：知识分子首先要认识自己，譬如我吧，原籍绍兴，生在淮安，所以我是江浙人也。旧知识分子多数出身剥削阶级家庭，并曾受过封建的和资本主义的教育，过去属于"资产阶级知识分子"范畴，附着在封建或资产阶级统治者的皮上，现在皮之不存，毛将焉附，变成梁上君子了！沈善炯当时坐

[①] 熊卫民：广州会议对科技大跃进的反思.《炎黄春秋》，2009年第8期，第51-56页。
[②] 熊卫民：追忆广州会议——薛攀皋先生访谈录.《科技中国》，2006年第11期，第8-13页。

在第三排，坐在他正前面的是傅作义。听到这些话后，傅作义把手举了起来，大概太激动了，过了好长时间都放不下去。

令沈善炯最为感动的是3月5日陈毅副总理的讲话。据沈善炯回忆，那天，陈毅对与会的科学家说："立国十二年来，你们与我们党同甘共苦。如果今天还给你们戴上什么资产阶级知识分子的帽子是不公平的，我代表党中央和国务院向你们表示歉意。"

听了这些话，许多人都激动得热泪盈眶。有些人还表示，自己对新中国并没做出什么贡献，不应该受了一点委屈和批评就沮丧，而是应该振作起来，积极发挥自己的特长，为国家多做些事情。

在这次会议上，除了和生物学界的老师和朋友重聚外，沈善炯还结识了其他领域的几位著名的科学家。有一天，殷宏章先生特意把沈善炯叫到他们那一桌吃晚饭，为他介绍了著名的建筑学家梁思成先生、著名化工冶金专家叶渚沛先生等。梁思成先生博学多才、学贯中西，他滔滔不绝的言辞令人感觉满座生风，趣味无穷。虽然沈善炯仅见了他这一面，但他的谈吐和风范却一直留在沈善炯的记忆之中。

虽然广州会议开了近一个月，可大部分时间都在反思前些年在科学技术领域所犯的错误，对于未来十年科学技术发展规划的制定，只是谈了谈方针、原则、具体方法等，并没有深入下去。

同年夏天，国家科委在北京民族饭店继续举行制订十年规划的会议。沈善炯再次应邀参加。据时任国家科委生物学组秘书的薛攀皋[①]回忆，生物学名下其他学科的规划制订起来都比较顺利，唯独遗传学的规划引起了极大的争论。自1950年中国发起学习苏联运动以来，由李森科包装起来的所谓米丘林遗传学在中国的科学和教育界很快占据上风，不少"摩尔根派"的真正的遗传学家遭受打击。1956年夏天，中宣部在青岛召开遗传学会议，宣布给摩尔根派以平等的地位。但这个局面没有维持多久，在1958年和1960年，摩尔根派遗传学又接连两次遭到批判，并被上纲上线到路

[①] 薛攀皋（1927-），研究员级高级工程师，1951年毕业于福州大学生物系，同年分配到中国科学院院部，从事生物学科研组织管理工作，历任见习科员、科员、生物学部办公室副主任、生物学部副主任等职。

线斗争、阶级斗争的高度。但随着"大跃进"运动的失败，尤其是反思性的"七千人大会"、"广州会议"的召开，这种状况也在发生改变。在参与制定十年规划的科学家中，摩尔根派第一次开始占据上风。谈家桢、殷宏章、沈善炯等反对将所谓米丘林遗传学列入规划，而沈善炯的态度尤其激烈[1]。沈善炯认为，在摩尔根把基因定位在染色体上（1911年），艾弗里（Oswald Avery，1877—1955）等发现DNA是遗传物质（1944年），沃森、克里克确定DNA分子的结构（1953年）之后多年，分子生物学得到飞速发展的时代，"米丘林派"还抱残守缺，居然连基因的存在都予以否定，实在是罔顾事实、极不明智。不但不能把阻碍生物学和农业生产发展的"米丘林遗传学"列入规划，所有"米丘林派"的学者还应当深切反省、改弦易辙。谈家桢很赞赏沈善炯的言论，笑着评论说：老沈回来挂了一个研究微生物生物化学的牌子，暗地里搞遗传学研究。

可全国为数众多的"米丘林派"人士并不那么容易转过弯来。薛攀皋等只好找走中间路线的学者、中国农业科学院副秘书长戴松恩出面调停。最后，在谈家桢、祖德明的分别主持下，摩尔根派和米丘林派各自制订了一个本派的遗传学十年规划[2]。

---

[1] 据笔者对薛攀皋的访谈（2011年1月24日）。
[2] 同上。

第八章
风雨长夜

广州会议极大地振奋了科学家的精神,而稍早几个月制定的《科学十四条》又为稳定的科研环境提供了制度保障,这导致中国科教系统收获了结晶牛胰岛素的人工合成,原子弹、导弹的成功研制等重要成果。可惜的是,广州会议的精神并没有得到毛泽东的肯定。大家敞开思想、畅所欲言、各抒己见的风气在当年夏天就被北戴河会议发出的"千万不要忘记阶级斗争"的指示给扑灭了。和其他许多知识分子一样,沈善炯也逃不掉从1963年开始的"四清"运动的折腾,以及随之而来的"文化大革命"浩劫。

"四清"运动

1964年的夏天,沈善炯接到通知,要去听上海市委书记陈丕显的传达报告,其主要内容是王光美的"桃园经验"。每天下午一时去中苏友好大厦会议厅听传达,隔天上午在所里学习和讨论。当知道这个传达要长达一个月时,他有些不耐烦,因为他心里常常牵记着他的学生和研究工作的进展。他不想把宝贵的时间浪费在这些自己不懂、也不感兴趣的事情上。可那是任务,甚至比他的科研工作还重要。

传达结束不久,根据上海市委的部署,中国科学院上海分院开始确定植物生理所为社会主义教育运动试点单位,由分院新上任的党委书记白学光亲自带领工作队入驻。原分院党委书记王仲良因一贯"右倾"、"向资产阶级知识分子妥协"已于数月前调离。运动从8月13日开始,首先是整天开会、学习和讨论文件;进而联系实际,分析植生所的"阶级形势";然后,对多位被列为运动"重点对象"的人进行深入追查。

沈善炯对此毫无兴趣,但作为副所长和研究员中的党员,他被要求参加工作队召开的会议,甚至因为历史清白,还和另一位姓沈的研究员一道,被白学光当成运动中可以依赖的对象,并称为"二沈"。然而,沈善炯万万没有想到,自己当了多年微生物研究室的主任,风雨晨昏,呕心沥血地工作、含辛茹苦地培养学生,在这场运动中,却落得个众叛亲离的结果。一些同事揭发批判他,有的人更是无中生有地攻击他[①]。

1965年年初,关于"四清"运动的"二十三条"——《中共中央关于农村社会主义教育运动中目前提出的一些问题》从天而降,明确宣布前面的运动有偏差,"不论在什么社队,不论在运动中或运动后,都不许用任何借口,去反社员群众。""这次运动的重点,是整党内那些走资本主义道路的当权派。"[②] 沈善炯的境遇这才开始有所转变。

1965年5月底,在努力了九个月之后,植物生理所的"四清"运动正式结束。沈善炯则被处以"暂缓登记"入党的处分。工作队宣布:"这个所已从原来的由老专家把持领导、资本主义科研路线居于主导地位,资产阶级思想泛滥的情况下解脱出来了。当前党的领导已鲜明地树立起来,政治统帅业务,科研工作为生产服务的方针已深入人心;要革命,要集体,要社会主义,不要肮脏的资产阶级个人主义的思想普遍高涨。"[③]

---

① 沈善炯在"四清"和"文化大革命"中受迫害的详情可参见:沈善炯、熊卫民:《沈善炯自述》。湖南教育出版社,2009年,第102-139页。

② 中共中央政治局:《农村社会主义教育运动中目前提出的一些问题》。http://news.xinhuanet.com/ziliao/2005-02/02/content_2539348.htm。

③ 中国科学院上海分院档案,22-63号。

在运动频仍、动辄得咎的年代，求真守义、"牢骚鬼话很多"的沈善炯之所以能够化险为夷，顺畅工作 13 年，在很大程度上是出于王仲良等品格优秀的领导干部的赏识和庇护。可幸运和机遇不会永远眷顾他。到 1964 年的时候，王仲良已被迫调走、自身难保。而在"四清"运动中，品格不佳之人，把朋友抛出来，踩人以自保，是不难理解的了。

1965 年 6 月，沈善炯被指定参加工作队，去上海宝山县庙行公社的农村搞"四清"。说是要他通过农村"四清"工作向贫下中农学习，改变资产阶级世界观。这段时期，他与生物化学研究所来此搞"四清"的年轻人一道，与当地农民同吃、同住、同劳动。

刚开始的时候，他心情沉重，沉默寡言。自己受过处分，声名狼藉，又如何与人去相处呢？而生化所的人也不肯与他多接近。但时间长了，彼此接触多起来后，生化所的年轻人却得到相反的印象，转而同情起他来。由于他们的关心和鼓励，沈善炯在农村并不孤苦，还和不少人结成了朋友。

沈善炯住在庙行公社陆家桥生产队一个贫农家里。这户人家相当穷，仅有两间靠近公路的低屋。晚上，沈善炯放开铺盖卷，就睡在灶头间。那里不但很脏，还有很多老鼠，常常爬到被窝里乱窜。对 1949 年后上海农民生活之艰苦，沈善炯实在想象不到。但主人的善良却让他感到了温暖。这家的主妇叫陈梅英，据说从前在上海市里打过工，挂在她嘴边的一句话是——"吃亏人好过"。她知道沈善炯是读书人，怕他过不惯农家生活，每次给他盛饭时，总在他的饭底下放一个煎鸡蛋。有一次她的一个小儿子看见了，就直嚷嚷："为什么沈同志能吃煎鸡蛋而我没有？"陈梅英总是说："小鬼，不要吵。人家沈同志来这里帮我们搞'四清'，多么辛苦。他怎么能过这样的生活？所以我特地煎个鸡蛋给他吃。"沈善炯听了非常难过，真想告诉她自己是犯了错误来此吃苦锻炼、改造世界观的。陈梅英这位农村妇女，在沈善炯精神上惨遭折磨、对人生几乎失望了的痛苦时期，给了他以同情，令他终生难忘。

1966 年 6 月，在植物生理所的命令下，沈善炯奉命提前撤出工作队回所。陆家桥生产队农民都来送行，陈梅英还和几个农民一起送给他一本签

图 8-1　20 世纪 90 年代中期，沈善炯（左 2）与原社教工作队部分上海生化所的成员重访庙行公社［周元聪研究员（左 1）提供］

了许多贫下中农名字、夹有一束麦穗的纪念册。他们把沈善炯看作亲友，临别时依依不舍。沈善炯望风怀想："今后可能的话，我会和老父、老母、妻子和孩子重返白砚江头我的故乡，务农为业，了此余生。"

此时，沈善炯已被传达过"五一六"通知，知道"文化大革命"已经开始。他估计自己提前回去，恐怕是此劫难逃。果然，他一回到上海岳阳路 320 号，就在大门口看见许多大字报。在大楼的二层楼上，生化所的一些人探出头来，指着楼下说："看，沈善炯回来了！"

是的，沈善炯回来了。面对他的是史无前例的"无产阶级文化大革命"，一场更大的风暴。

十 年 动 乱

沈善炯一回来就被"勒令"每天到零陵路微生物室写"交代"，接受人们的口诛笔伐。揭发和批判他的大字报已贴满整个走廊和岳阳路 320 号的围墙内外，上面用极恶毒的语言来描述他反党、反社会主义的罪行。学生揭发老师在"文化大革命"中成了最流行的"革命"行动。

此后是无数次大大小小的批斗会。一位当事人回忆过当时的情形：

> 开会之前，党总支就已经布置好：你发什么言，他发什么言，一定要把会议开得既上纲上线、十分隆重，又不重复。于是，我们这些在他身边工作过的人，一个个走上台去，有的批他的同志关系，有的批他的工作作风……他最欣赏的学生王孙仑，则被要求站出来揭发沈先生在业务中的问题。那时候没办法，要人人过关的，王孙仑也不得不上台去说。①

"文化大革命"则很快从刚开始的破"四旧"和斗争"走资本主义道路的当权派"，演化成"全面内战"。在那个年代，人性之堕落，简直无以复加。

1968年9月，工人和解放军毛泽东思想宣传队（简称工宣队和军宣队）进驻中国科学院上海各所，开始进行所谓的"清理阶级队伍"运动（简称"清队"）。

图8-2　经连续批斗之后的沈善炯（1968年）

上海工人革命造反总司令部的头头王洪文说："科技系统敌情复杂，历次运动都没有搞，坏人越积越多，死水一潭，要好好清队。"原上海市委常委马天水跟着说："科研单位敌情比工厂更严重，更复杂，这一次一定搞彻底，把叛徒、特务、反革命统统挖出来。"主管上海科技系统的造反派戴立清也说科技界有"六多"，即进口货多，特务多，集团案件多，现行反革命多等，是叛徒成堆，特务成串的地方。马天水和戴立清等决定

---

① 据笔者对朱家璧研究员的访谈（2008年7月30日；2008年8月1日）。

以植物生理研究所为样板开始"清队"。

10月15日,植生所率先举办所谓的"抗大式清队学习班",将全所职工集中关起来,"牛鬼蛇神"和非"牛鬼蛇神"杂居在一起,私设公堂、酷刑逼供之下,"一个庞大的特务集团"逐渐被抓特务的"尖兵"骆寿生、植生所军宣队负责人李光华和上海市革命委员会第三办公室的负责人戴立清等人想象和挖掘了出来。他们怀疑1949年前不去台湾的科研人员是"潜伏特务",1949年后从国外回来的科研人员是"派遣特务",而1949年后培养出来的科研人员是"新发展的特务"。没有证据,就凭借口供;拿不到口供,就严刑逼供。

在不分昼夜的迫供下,沈善炯被摧残得无法再支持……沈善炯被连续折磨了十天十夜!直到1969年1月5日,几个一无所获的恶棍,才终于把他放回仓库。他们后来还扬言:"我们没有打过沈善炯,我们只是要他老实交代。"或许由于这个谎言,"文化大革命"结束后,他们没有被列为"打砸抢"分子加以清除,有的甚至还升了职。对这些一有机会就恣意发泄人性之恶的基层恶棍,沈善炯一辈子都不肯原谅。

后来,沈善炯又被带去审问和毒打。长期的折磨,沈善炯不但两腿肿胀,阵阵刺痛,颈部右侧也变得逐渐肿胀,疼痛异常。后来胀到碗口那么大。他痛得不断呻吟,晚上不能入睡。有一天唐惕来值班,她见沈善炯很痛苦,就请示工宣队,使他获得了就医的许可。而医生从病历卡上得知沈善炯是"牛鬼蛇神"一类,竟然不施用麻醉,径直在他颈部开刀,痛得沈善炯死去活来。手术后,唐惕陪沈善炯回来,才知道他没有经麻醉而动手术的情形。途经斜土路时,她在一家小商店里为他买了一袋饼干,并叫他注意身体。这种同情和关心在那个缺乏人性的时期是非常难得的,令沈善炯记忆终身。

抓"特务"的高潮过去后,沈善炯的待遇逐渐有所变化,先是家人可以探望了,然后关押地点从仓库转到一间小平房内,1969年的5月16日,他终于被释放回家。那天下午,他的儿子沈聿高兴地来接他。当他走近家门时,父母、妻子和女儿都在倚门候望了。他好像刚从一场噩梦中醒来,简直不敢相信眼前的事实是真的。晚上吃饭的时候,他对盛华说:"以后你千万要提醒我，不要再问事了。粗茶淡饭，白首偕老，共度余年吧！"可树欲静而风不止，在那样的年代若是甘心随风而动做个风派人物倒也实惠，如果迎风而立，势必折而方休。他属于后者，因此只好吃苦头，吃不尽的苦头！

回家后不久，沈善炯病倒了。根据医生的诊断，他患的是肺结核，肺部右侧形成一结核球，结核菌已进入颈部淋巴结，病情严重，必须休息。他把医生给的请假单交给工宣队，工宣队同意他上午去零陵路微生物室报到听候分配，下午可以在家休息。随沈善炯工作多年的顾德安知道他病得很重，冒着危险，叫她姐姐家的老保姆送来100元钱和一只鸡。钱，沈善炯没有要，但把鸡收了下来。

图 8-3　1985 年顾德安和陈俊标在美国怀俄明州

到微生物室报到后，沈善炯被分在一个工作组。微生物室的人大多参与过对他的批判，在这样一种敌对的环境中，可想而知，沈善炯的处境不佳。在重新开始工作的第一天，他就因为没有听从指示将玻璃器皿和一些药品整理好，而遭到了一位姓陈的同事训斥，继之引发了全组对他的批判。那时，根据林彪的指示，每天早晨都有一小时的"天天读"时间，他常常成为这个活动中"联系实际"的批斗对象。每天他要等大家全走后，才能离开实验室。一位从植生部门调来的女性，还常常用刻薄和尖锐的言语来讥讽他、骂他。有一天她都已经离开实验室了，忽然又折回来，恨恨地对沈善炯说："我希望你永远得不到解放！"但这不是由她决定的。1970 年 3 月 25 日，植物生理所党的核心小组、革委会和驻所工、军宣队对沈由美国回国在日本被捕等问题，作了一般政治历史问题的结论，提出"给予解放，安排适当工作"。[①]

---

① 中国科学院档案馆档案（D146-720）。

此时，沈善炯的大女儿沈韦在北京大学物理系毕业后，已被分配到陕西商县的一个初中去教书，儿子沈聿到江西高安县农村插队，家中只剩父母、卢盛华、小女儿沈群和他五人。研究所觉得他的家里能挤出几个房间，先后让两户人家搬了进来。先来的姓邱，结婚时搬来的，后来的姓王，是植生所造反派的头头。因为几次抄家，沈善炯家中几乎所有的床、桌、椅等家具都被说成是公物被人给搬走了，真是家徒四壁，一家五口只好躺在地上。幸好沈聿临走时花6元钱为他爷爷买了一张竹榻。老人起初还不肯享受这一特殊待遇。大家都劝他，说他老了，不能躺在地板上，不然身子不是躺不下去，就是躺下去了爬不起来，还是躺竹榻为好。最后他总算接受了。

沈善炯颈部开刀后的伤口还没有完全愈合，肺部结核病灶仍未痊愈，身体非常虚弱。沈群就用两个箱子和一块木板给他搭成一个小床，晚上睡觉翻身时，他有几次都掉了下来。卢盛华不久又到奉贤"五七"干校去了。虽然现在不会有人半夜破门而入进来抄家和斗争了，但全家仍是忧虑重重，不知将来结局如何。

虽然感觉痛苦，沈善炯还是坚持去上班。他希望能保住自己的党籍。他的孩子们也说："爸爸，您一定要留在党内啊！"他知道，被清除出党和没有参加党不同，前者意味着自己有反党或严重到不可救药的错误，将直接影响他个人乃至他三个孩子的前途。

重 被 启 用

1971年"九一三事件"，以及随后而来的批林整风运动（1971年底开始）和美国总统尼克松访华（1972年2月），令中国的政治态势逐渐发生变化。一大批被打倒的"走资本主义道路的当权派"逐步恢复工作，作为批判他们的引子的一大批"反动学术权威"也先后得到解放。一些高等院校开始招收工农兵学员，他们的教员得以从作为流放地的"五七"

干校返回城市。

周恩来以他惯有的委婉方式对被打入冷宫的基础研究作了强调。1972年7月14日,在接见美籍科学家任之恭、林家翘时,"周恩来请在场的周培源提倡一下,把北大理科办好,把基础理论提高,有什么障碍要扫除,有什么钉子要拔掉。"事后,周培源给周恩来写了一封关于加强基础理论的学习和研究的信[①],北京大学、清华大学也草拟了一个在教学和科研中加强基础理论的初步意见,周恩来对信和意见作了批示,并要求国务院科教组和中国科学院好好议一下,认真组织实施。不久之后,他又以给科学家张文裕、朱光亚写信,跟科学院革委会副主任刘西尧谈话的形式,要求科学院必须把基础科学和理论研究尽快抓起来,并拿出一个调整计划来。遵照周恩来的指示,国务院科教组和中国科学院于1972年8月10日—1973年1月10日在北京召开了全国科技工作会议。9月,中国科学院的代表在会上作了"大力加强基础理论研究工作"的发言,不久之后,中国科学院党的核心小组还专门起草了《关于加强基础科学和理论研究工作的报告》[②]。

作为贯彻周恩来关于要重视基础研究的批示的一部分,1972年12月16—23日,中国科学院沪区生化所、有机所、实生所、植生所、生理所,京区微生物所、植物所、动物所、遗传所、生物物理所、物理所以及北京大学、武汉大学、中国医学科学院等14个单位在北京举行分子生物学专题座谈会。沈善炯接到上级通知,作为33位代表之一,参加了这个会议。

在为期八天的会议中,他们对中国分子生物学的发展、主攻方向、研究内容以及保障措施等提出了一些初步的意见,给中国的分子生物学研究选定了三个主攻方向。第一个为重要生物高分子的结构、功能与合成,组织联系工作由生物化学所负责。第二个为分子遗传学,组织联系工作由植物生理所负责。第三个为生物膜的研究,组织联系工作由生物物理所负

---

① 1972年10月6日,周培源还通过题为《对综合性大学理科教育革命的一些看法》的文章,将他的意见在《光明日报》上发表。

② 樊洪业:《中国科学院编年史1949-1999》。上海:上海科技教育出版社,1999年,第212-217页。

责。中国在第二个领域尤其薄弱，在很多问题上还是空白点，为了迅速赶超国际先进水平，他们建议开展下列四个方面的工作：

1. 真核细胞基因的调节控制。

真核细胞基因在不同细胞中的不同表现，是分化的主要原因，研究基因的调节控制，不仅有理论意义，并可有助于解决肿瘤等问题。

2. 从遗传角度研究叶绿体和线粒体的发生、结构和功能。

3. 核酸的复制、转录和翻译。

这一方面的工作，国外已进行了大量研究，但问题还没弄清楚，在我国还是空白，根据具体条件可分别先后进行工作，但建议尽早进行核酸复制的研究。

4. 遗传工程学。由于人工合成DNA的方法的建立和人工分离基因的成功，人们认为改造基因，治疗某些代谢遗传病已有可能，因而产生了遗传工程学这一新分支学科。[1]

开会期间，中国科学院生物口的有关领导还特地交代沈善炯，要他回去开展分子遗传学的基础研究。此后，植物生理所"举办了方向任务体制问题的学习班，就科研布局进行了分析讨论，到会同志用切身体会对前几年科研动荡的局面总结了经验教训。"[2] 1973年，植物生理所由原来的连队编制改为研究室编制，根据分子生物学座谈会关于"加强生物科学基础理论研究，开辟探索性的生物科学研究新领域"的精神，新开辟了分子遗传、细胞生理、生物固氮等12个课题，初步扭转了不正常的局面[3]。

作为一个因忘我工作而遭到残酷批斗和党纪严厉处分的人，沈善炯心有余悸。他只想与家人平平安安地过日子，让他们少些担忧，对于业务并

---

[1] 中国科学院文件（73）科二字第001号：分子生物学座谈会纪要（草稿）。薛攀皋先生提供。

[2] 中国科学院植物生理研究所：科研工作经不起折腾。《自然辩证法通讯》，1980年第6期，第13—18页。

[3] 回顾和展望——殷宏章所长在上海植生所建所三十周年学术报告会上的讲话。《植物生理学通讯》，1983年第3期，第1—6页。

无太大的热情。但既然上级要求植物生理所负责分子遗传学的组织联系工作,而所里又只有沈善炯一人能作为这个方向的领头科学家,工宣队没有别的选择,只能来找他。沈善炯将信将疑,左顾右盼。作为一个不甘于苟且,甚至憎恨苟且偷生的人,他知道,只有在科学研究中,他才能获得真正的宁静。最后,他决定接受任务。该从哪里入手呢?遗传学在近20多年里发展得如此快,而他除了过去的一些基础知识,

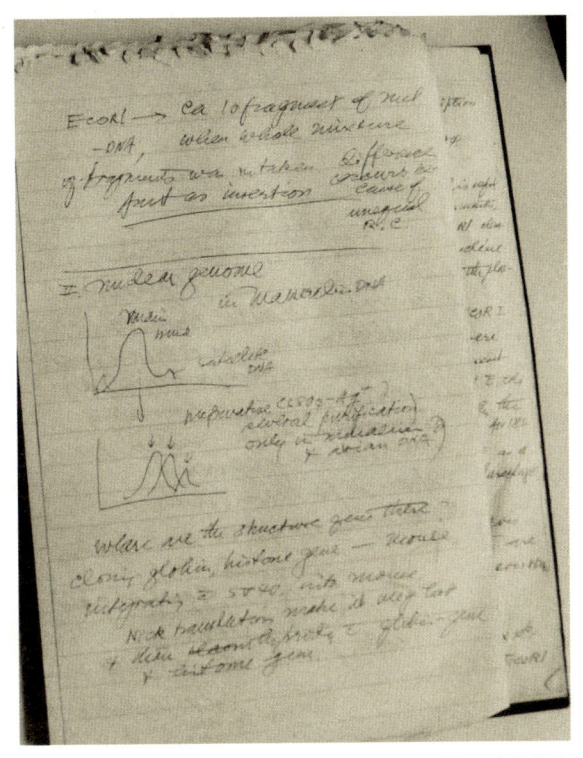

图8-4 "文化大革命"后期,沈善炯通过抄写论文的方式学习现代遗传学知识

几乎和一个门外汉差不多了。刚开始工作时真是困难重重,一切都要从零开始。他成天在图书馆里,找寻、阅读、抄写遗传学文献。当他看到加州大学瓦伦泰(R.C.Valentine)和他的学生研究生物固氮的文章时,深受启发,决定从生物固氮遗传着手,去迎头赶上当代的遗传学研究,而且,选择这样的题目还能服从"理论要联系实际"的号召。就这样,沈善炯于1973年初离开了零陵路微生物研究室,受命到枫林路植生部门组建生物固氮研究组。

不难想象,在被"文化大革命"破坏七年之后,他们当时的工作条件是多么的简陋——一个冰箱、几套培养皿和一些吸管就是他们的全部家当了。当然,最简陋的还是大家的遗传学观念和知识。刚开始时,沈善炯每天上午利用实验桌的桌面当黑板,向组内的年轻人介绍遗传学的基本知识和研究方法。为了鼓舞士气,他还常常讲些他当年在加州理工学院读书时

的老师，如比德尔、德尔布吕克在开创分子遗传学过程中的故事。对科学的强烈兴趣使他忘记了还未愈合的创伤和痛苦，忘记了当时所处的朝不保夕的环境。而这批不想再虚掷光阴的年轻人也很快被他吸引了过去。他们认真地听沈善炯讲解，跟着他做实验。

好景不长。1974年初，中国又开始了一个新的政治运动——"批林批孔"，其矛头直指"现代大儒"周恩来。周恩来总理在1972年以来所主持的许多调整工作被影射为"复辟倒退"、"右倾回潮"。中国科学院根据他的指示而在基础研究方面开展的一些工作被作为是"修正主义科研路线复辟回潮"、"刮理论风"的典型。分子生物学座谈会遭到否定，分子生物学学科遭到批判①。植物生理所不但在《解放日报》、《文汇报》等报刊发表多篇批判文章，其科研布局也深受影响。1980年，该所曾对此总结说：

> 1974年上半年的"批林批孔运动"又对我所科研进行了破坏。《文汇报》发表了"读者来信"，批判我所出现了"关门研究"的复辟倒退思潮。"四人帮"的骨干分子串到我所点火，说什么"植物生理所是顽固堡垒，机关枪只能打一个洞，要用重炮轰"。所内自上而下地发动群众揭露"矛盾"，对1972年的学习班进行了"批判"，大批"理论风"、"回潮风"、"分子风"。之后，原上海市科技组领导对植物生理所的业务问题定了调子，认为我所要"以农为主"、"直接为农服务"，批判过去"没有坚持为农服务的方向"。在这种思想指导下，于1974年11月到1975年5月，派了工作组到植物生理所解决问题，明确要植物生理所以"为农业粮棉油增产服务来安排1975年计划"，提出学"朝农"经验，要所里设长久农村基点。②

新开展的一些课题又大都被粗暴地砍掉，沈善炯的"生物固氮"工作

---

① 1974-1976年，《科学通报》、《自然辩证法杂志》等刊物连续发表了多篇批判分子生物学的文章，称其是"还原论"、"抹煞了物质世界的多样性"、"是陈旧的机械论的翻版"、"最后堕入唯心论的深渊"，等等。

② 中国科学院植物生理研究所：科研工作经不起折腾。《自然辩证法通讯》，1980年第6期，第13-18页。

因放到农业的范畴之内，倒没有遭到否定，但在这种批判理论研究的氛围中，工作的深入开展还是颇受影响。

1974年秋，植物生理所从外面调来了一位自称老缪的干部任革委会委员。有一天，他对沈善炯说："老沈，你升了。"原来，沈善炯已被任命为所革委会副主任。罗宗洛、殷宏章也都被聘任为所革委会委员，但他们从不来开会。所革委会主任是刘杰，其他两位副主任，一位是来自上海沪东造船厂的工宣队队长，一位是来自东海舰队的军宣队队长。实权都掌握在工、军宣队两位队长手里，刘杰只是看他们的脸色行事，而沈善炯则是代表科学家的。革委会天天开会，宣读中央文件，联系实际。

图8-5 1981年沈善炯（左）与殷宏章（右）和麻省理工学院教授林家翘（中）合影

这一年，美国麻省理工学院的里奇（A.Rich）教授到上海来访问，在科学会堂作了一个关于酵母丙氨酸转移核糖核酸结构的报告。他是沈善炯在加州理工学院时的同学，希望能见见他。这个要求获得了批准。见面时，他为沈善炯拍了一张照片，说是回国后要寄给沈善炯的老师霍罗威茨，表示沈善炯安然无恙。在这种时期与老同学相遇，令沈善炯早已逝去的梦境又在脑海中重现。他想起自己回国时那股想为祖国科学事业而献身的热忱、霍罗威茨教授和同情中国的朋友们对自己的支持和鼓励，那一切都好像就在眼前。从南昌路回家的路上，他涕泣不止，沾湿了衣衫。

同年，世界著名的细胞遗传学家、日本的木原均（Kihara）教授到上海来访问，指名要见罗宗洛先生。木原均是罗宗洛留学日本时在北海道帝国大学时的同学，当时罗宗洛是学细胞遗传学的，后来才改学植物生理。1948年沈善炯在加州理工学院当研究生时见过木原均，他是去访问比德尔教授的，他还特地向沈善炯问起罗宗洛和他在京都大学教书时的学生于景让。罗宗洛听到木原均来，非常高兴，说要宴请他，上海市革命委员会"三办"同意了。他们在上海大厦吃午饭，邀金成忠和沈善炯作陪，植生所一位负责外事工作的革委会委员也参加。木原均带了一个学生同来中国，一路都由他的这个学生照顾他。席间罗宗洛和木原均谈了不少话，他忽然号啕大哭，不可自已。当时木原均的学生拿起照相机对着罗宗洛拍了一张照，这举动非常引人注意，聪明的木原均立刻站起来说："我们在回忆当年同学时代的情况，他听到我们过去的一位老同学已在前年去世，所以感到伤心。"罗宗洛先生是一位正直、爱国的科学家。曾任抗战胜利后台湾大学第一任校长，1949年他拒绝去台湾，将复兴中国科学的希望寄予中国共产党领导下的新中国，可是从1952年的知识分子思想改造运动起，历次运动他都被列为重点批判对象。"文化大革命"中，他更是吃尽苦头。可他在风雨如晦、黑云压城城欲摧的日子里仍能坚持一个科学家的气节，不说假话，不做违背良心的事，敢于直言。这令沈善炯深为敬佩。

上海市革委会"三办"由工宣队领导，副主任许言是"文化大革命"前的科委副主任，是作为被解放了的老干部出任此职的，不过是个挂名干部，主要工作由主任杨序昭负责。对于沈善炯等市内的"资产阶级知识分子"，"三办"常要召集起来开会训话，无非是要他们牢牢记住，这次运动是对他们的挽救，否则他们会堕落得不堪设想，沦为千古罪人，等等。沈善炯当然很不喜欢这种训话，但为了少受打击，只能逆来顺受。

那一段时间，政治气氛一直动荡不定，"批林批孔"、"批宋江"、"批经验主义"等运动接踵而来。植物生理所的领导一贯采取紧跟的态度，经常为此召开会议。每次在会议上传达的，不仅有"最高指示"，还有徐景贤、王秀珍等人的讲话。只要一联系实际，沈善炯就如坐针毡地等待着大家的批判。但久而久之，他也习以为常了——毕竟坐在椅子上挨骂总比立在台上弯着九十度腰要好多了，何况这些人还叫他"老沈"甚至是"同志"呢！

批判专家路线时，沈善炯正奉命陪着一位法国的植物生理学家来植生所参观。他们参观了当时称为"九二〇"的工作。"九二〇"其实就是赤霉素（Giberelin）[①]，但植生所的人大肆宣扬，说什么"九二〇"除了能促进植物生长外，还能使瘌痢头生头发。有句顺口溜："九二〇用到哪里哪里灵。"来访的法国科学家要沈善炯告诉他这个灵丹妙药的结构，沈善炯请示了有关方面，回答是不能讲，所以也就只好搪塞过去。参观光合作用研究组时，一位研究员大谈向贫下中农学习的重要性。因为受贫下中农的教育和启发，他们在研究光合磷酸化的工作中有了重大突破。但那位法国客人很是不解，连问贫下中农怎么会指导光合磷酸化研究呢？那位光合作用专家却越谈越起劲，连沈善炯都越听越糊涂了。

可能是因为沈善炯在科研工作上有"根深蒂固的资产阶级立场"，为了要改造他，革委会一有机会就要他去接受"再教育"。一天，一位姓杨的"工宣队"队员带他到华东师大生物系去学习、取经，看人家是怎样选择科研题目，为劳动人民服务的。去了一天，听了一天的大报告和口号，临近下班时他才匆匆回到植生所。革委会的两位副主任立即急切地问他："学到点什么？有什么感想？"沈善炯不假思索地回答："华师大生物系在研究粮棉油农作物的增产，目标非常明确，就是：增产→稳产→增产又增产→增产、增产又稳产→……"大家听了很兴奋，于是召开革委会扩大会议进行讨论。不免又是一场对修正主义科研路线的批判，当然沈善炯又遭到一顿臭骂。

这个时候，沈善炯的大女儿沈韦还在陕西山区教书。儿子沈聿则已从农村转到昆明部队，但没有取得军籍，而原来他插队落户的江西高安县却派人来查他的下落。因为他是请病假回上海后，遇到昆明部队在上海召打篮球的"体育兵"才被录取入伍的。那时"体育兵"据说有很多都是逃避下乡"插队"才去的。他们全家都为此焦急不安。沈善炯的小女儿沈群被分配在一家针织厂做工。纺织工人要"三班倒"，很辛苦。她常常晚饭后就睡觉，沈善炯和卢盛华守在旁边，等到夜里11时前才叫醒她去上班，

[①] 一种植物生长激素。它能刺激植物生长，但也容易导致畸变。

可怜她小小年纪每夜都在睡眼蒙眬中摸黑赶去工厂。沈善炯不放心，常常和卢盛华在夜间走到厂房旁边，从窗户里看看女儿，看到她穿着纺织工人的衣帽不断来往于一排排纱锭之间。

图 8-6　沈善炯一家（1974 年，左起：沈群、卢盛华、沈聿、沈善炯、沈韦）

　　沈善炯父亲的身体已逐渐衰弱。严重支气管炎引发的肺气肿，令他稍一行动就气喘不止，因此他常常卧床。1975 年 1 月 31 日，老人病重，神志不清，大便失禁。幸而这时沈聿已从昆明赶回来探亲，服侍在旁，使老人在弥留之际，心里有所慰藉。他顾盼左右，念念不忘的是他的孙儿和孙女。临终前他叮嘱沈善炯要忠诚待人，凡事要给人方便，做个好人。老人去世后，沈善炯全家都不敢戴黑纱，只把黑纱戴在罩衫内的衣服上，把悲伤埋在心坎里。从此，沈善炯母亲的身体也急趋直下，心情一日比一日悲戚。她对沈善炯说，他父亲生前曾对她说过，如果自己先走，他会在那里等她的。言下之意他们盼望着在另一个世界能见面。

　　总而言之，尽管沈善炯得到解放、恢复了工作，甚至还当上了所革委会的副主任，他的处境仍是相当艰难。他心情抑郁，谨小慎微，生怕说错话，做错事，得罪领导或"革命群众"。

"五七"干校

1975年3月，沈善炯奉命去奉贤上海市直属"五七"干校学习。临走时植生所革委会副主任，即工宣队的李队长和一位管人事工作的工宣队员对他说："这是给你一个好机会去学习和锻炼，不要辜负党对你的培养。"

作为"文化大革命"中的新兴事物，"五七"干校是1968年之后，为安置各单位在运动中被淘汰出来的干部而建立起来的学校。它要求在校的知识分子和干部学农、学工还要学兵，是根据毛泽东1966年5月7日的指示而建立起来的。后来，老干部们逐渐恢复工作，而现任在职人员也被要求下干校锻炼，它又从"变相劳改"变为了轮训性质。由于当初被迫害得太厉害，沈善炯的心里总有点受虐的感觉，走到哪里，都觉得人家在对自己指指点点，甚至有意要伤害自己。在这种心理的作用下，几年来，他总是牢记自己曾经是全所大名鼎鼎的"反党反社会主义分子"，曾被勒令以"劝退"的名义清除出党，一直夹着尾巴做人。对于让自己下干校，他仍将其定位为对"资产阶级知识分子"所进行的劳动教育。

沈善炯在"五七"干校一共待了三个月。有2/3的时间干农活，如锄地、插秧和施肥等，其余时间大都用在学习毛泽东和列宁的著作，批判资产阶级上。有一个星期，他们还到附近农村去和贫下中农同吃、同住、同劳动，接受所谓再教育。原上海市市长曹荻秋也在这个"五七"干校学习，吃饭的时候和大家一起排队买饭。有人当面取笑他："你这个反革命修正主义分子要劳动，捻捻草绳也好，创造财富，废物利用嘛！"旁边的人起哄大笑。沈善炯是所在的一班最为突出的资产阶级知识分子，毕业之

图 8-7　1975 年沈善炯在位于奉贤的上海市"五七"干校（前排右一为沈善炯）

前，检查了好几次才通过。因为他受过旧社会的教育，留学美国，后来又去苏联工作，他把自己描述成集"封、资、修"大成的资产阶级知识分子，由于他骂自己骂得好，他的检查竟在中午吃饭的时间向全校广播。有一次，一个加拿大的代表团访问这所"五七"干校，学校的领导要沈善炯当翻译，同时要他现身说法，说这里是知识分子的乐园，一切都是自觉自愿的，大家享受劳动的乐趣，学习劳动创造人类社会的意义。沈善炯一一照办，心中却暗暗好笑。他想，如果再说下去，那些外国佬也要来参加同吃、同住、同劳动呢！

　　离开干校回到上海植生所后，沈善炯发现又有了一个新号召："开门办所就是好！"于是他接着就去浦东农村参加农民的科学种田，搞什么"九二〇"、"杀螟杆菌"和"抗生菌肥"[①]之类他自己也弄不清楚的东西。白天和几个同伴在田间走走，同农民瞎吹一阵，日子倒也好过。

[①] 一种从土壤中分离出来的放线菌，代号为"5406"，一度被认为具有帮助作物利用土壤中原本被固定起来的氮、磷元素的功能，"文化大革命"期间曾被广泛施用。

在农村住了三个多星期，回到植生所后，沈善炯遇见原来的总支副书记唐敦静。她问沈善炯收获如何。沈善炯高声对她说："开门办所就是好！"植生所是"开门办所"的首创者，从 1973 年起，在《解放日报》、《文汇报》、《人民日报》、《自然科学争鸣》、《植物学报》等报刊上先后发表《"关门"、"锁门"与"开门"》、《是"开门"，还是"关门"——读者来信反映上海植生所在开门搞科研问题上出现复辟倒退的现象》、《开门办科研的社会主义方向不容篡改——上海植物生理研究所的调查》、《在开门办所科研道路上胜利前进》等大批判文章 20 余篇。

1976 年 3 月中旬至 4 月 4 日，北京很多民众集中在天安门广场悼念周恩来总理，支持邓小平出来工作，群情高涨，以致在 4 月 5 日那天引发大规模的冲突。接着就是"批邓"、抓反革命。上海抓了一个将黑旗挂到人民广场旗杆上的人。《人民日报》连日登载一些所谓"反革命分子"活动的照片，植生所革委会也加紧开会表示"愤慨"，而沈善炯却默默地想着那些报上揭露的"反革命"字句："欲悲闻鬼叫，我哭豺狼笑；洒血祭雄杰，扬眉剑出鞘！"这不正是饱受政治磨难的中国人民求生存而反抗的声音吗？他们悼念周总理，也是悲悼自己，悲悼这多难的国家。沈善炯不时低着头偷偷地斜视周围的那些人，看看他们是不是在注意自己，他害怕他们会觉察出他在想些什么。

一天清晨，沈善炯在院子里的大门口碰到了原上海昆虫所的所长杨平澜。他一脸气愤的样子朝着沈善炯说："老沈，那些镇压天安门群众的刽子手，我看他们不会有好下场的！"在紧张追捕反革命嫌疑犯的时期，杨平澜竟敢对自己说出这样的义愤之词，沈善炯在震惊之余，心里又对他满怀敬佩之情。一年以后，当"四人帮"已经打倒，"文化大革命"宣告结束时，沈善炯再遇杨平澜，谈起这件事，他对沈善炯说："我当时并不是没有顾虑，只因为是你，我才发这样的牢骚的，我知道你跟我有同感，不会揭发我的。"早在 1945 年沈善炯就在四川北碚认识了杨平澜，那时他在中央研究院动物研究所工作。他是一位淡泊名利、讲正气的科学家，在建国西路的科学院家属院里是沈善炯乐于与之交谈的一个同志。通过这件事，沈善炯更加喜欢接近他了。

考察英、法

1976年春天，沈善炯忽然接到上海市革命委员会的通知，让他准备去英、法两国考察遗传工程。这是中国科学院院部下达的文件。

事情得从1972年2月美国总统尼克松访华说起。在这前后，中国将紧闭的国门敞开一线，开始与西方国家恢复一些科学、教育、文化领域的交流。1971年，经国务院批准，中国科学院恢复了与英国皇家学会的口头协议，决定每年各派5—10名科学家互访。1972年10月6日至12月16日，中国科学院派出了以贝时璋为团长、白介夫为副团长，张文裕、钱伟长、钱人元、胡世全、李福生为团员的中国科学家代表团访问英国、瑞典、加拿大和美国，这是"文化大革命"以来中国对外派出的第一个科学家代表团。1975年中国科学院再次派了一个代表团（10人）访问英国。1974年，中国科学院组织科学代表团到法国访问，根据国务院的批示，又与法国国家科研中心达成了每年各派5—10名科技人员互访的口头协议。

1976年3月1日，中国科学院、外交部联名请示国务院，要求"根据对等原则和我接待人多派出人少的情况"，派出分子生物学和充氦飞船两个学术考察组，作为中国科学院和英国皇家学会的交流项目（访问期间费用由英方负担）。3月29日，中国科学院、外交部又联名请示国务院，要求根据对等的原则，派一个考察组赴法考察。他们拟让分子生物学考察组在访英后顺访法国3周（考察期间费用均由法方负担）。这两个报告都很快得到华国锋代总理、纪登奎副总理等人的批准。

代表团被定名为分子生物学考察组，但实际的考察重点却是基因工程。这在中国科学院和外交部提交的第一个报告中写得非常清楚：

> 关于分子生物学考察，实际是遗传工程学考察。由于遗传工程学的研究有的是涉及国防项目，为了保密起见对外采用了分子生物学这

一名称。遗传工程学是近几年出现的新兴科学部门，是遗传学发展的新阶段。遗传工程学研究把一种生物体内的遗传物质提取出来，引入另一种生物体内，使二者的遗传物质结合，从而创造新的品种，打破生物种与种之间杂交的障碍，在农业、医学、国防以及微生物工业上都具有广阔的发展前景。例如研究把固氮微生物的固氮基因（遗传物质）转移到不能固氮的农作物上，使其固氮，为节省化肥开辟途径。又如，帝修国家研究把抗药的基因转移到有毒微生物上，用以进行生物战等。因此，这一研究不仅有现实意义，而且在阐明生命现象的本质上也有一定的理论意义。美、苏、英、法、日等国近几年都在大力开展这一工作，英国在这方面有较好的基础。我国遗传工程学方面的研究工作去年才开始，经验还不足，为了使我们的工作能很快赶超世界先进水平，需要到国外去进行学术考察，了解国外的动态和先进的经验。[①]

随即，中国科学院向北京市革委会、上海市革委会、中科院遗传所、微生物所发文，要求遗传所、微生物所、北京植物所、上海生化所、上海植生所各派一名科研人员，中国科学院外事局派一名翻译，一共六人组成代表团。文件对代表和组长的条件作了明确要求：

> 为了更好地完成出访任务，希望有关单位选派政治较好和业务熟悉、英语水平较好的科研人员参加考察组。为了体现无产阶级文化大革命以来科技战线发生的深刻变化，考察组应贯彻老、中、青三结合（包括女同志）的原则。为此，建议上海植生所选派一位组长，微生物所选派一位女科研人员。其他人选请各单位自定。因组长担负全组的组织领导工作，故请选派政治上较强，有一定的领导能力、业务水平和外事工作经验的同志为好。[②]

[①] 中国科学院办公厅档案处档案（76-4-59）。

[②] 同上。

对分子生物学有研究、"有一定的领导能力、业务水平和外事工作经验"的，植物生理所内只有一个人，那就是沈善炯。但他还背着党内严重警告的处分，很难说满足了"政治上较强"的条件。所以，上海市革命委员会第三办公室有一些犹豫。有一天，他们通知沈善炯和生物化学研究所的冯某到外滩该组的办公室去。冯是生化所革委会委员，有名的造反派。在那里，"三办"一位工人模样的人对沈善炯说："你们这次出国一定要严守纪律，有事要和他（指冯）商量。"又说，"原定五月份你们就该出国的，因为我们上海方面有点意见，才拖到现在。"[①] 沈善炯认为此人的弦外之音是说他在政治上不太合格，要求他在考察时在政治上服从冯，对此很不高兴。而且此时他母亲病得厉害，作为一个受"岳母刺字"故事影响很深的人，他实在不忍心在这个时候离开母亲。而且自"文化大革命"以来他早就洗心革面，不再想搞什么分子生物学了。但是上面的命令是不好抗拒的，他只好于八月底离开重病的母亲和家人，乘飞机去北京。

到了北京，他见到的是一个地震现场。1976年7月28日的唐山大地震刚过去不久，北京余震不断，从机场到市中心，沿路都是临时搭建起来的防地震的简易木板房或帐篷。他和另外五位代表凭介绍信住在中国科学院办公大楼附近的社会路上，据说原属于水利部的第七招待所。白天去外事局听报告并学习有关出国人员的守则。上面要求他们对外国人不卑不亢；要和当地使馆保持联系，重要事情要请示使馆；不能一个人独自外出，至少要有三个人同行等。除此之外还特意强调：当人家问起唐山地震时，可说死伤人数约七万人，要表明我们完全可以自救，不需要外援，有能力在短期内重建唐山。晚上沈善炯等从卧室里把席子抽出来铺在马路旁边睡觉，马路两边都睡满了人，很多是出差到北京的。半夜有时有雷雨，大家又匆匆忙忙逃回室内。

到了北京后，沈善炯才知道他们的出国手续还没办好。想到母亲的病，他心里很着急，恨不得立刻回家去看看。他在中国科学院主管生物学的一局办公室找到该局的负责人、他以前在浙江大学工作时的同事过兴先，准

[①] 访问之所以延期，主要是因为接待方之一英国皇家学会称他们5月、6月较忙不能接待，以后放假。后经协商，将访英时间从5月延至9月。

备向他请个假，回家去看看。从过兴先那里，沈善炯才得知，他这次能出国访问而且担任团长，都是过兴先提出来的。上海方面对此有意见，认为沈善炯当个团员已是很勉强，绝不能担任团长一职，但科学院认为，只考虑政治不考虑业务是不妥当的。两个单位僵持了一段时间，后来上海方面才不得不同意。过兴先同情沈善炯，但不同意他回上海，极力劝他说："既然已来北京，只能耐心等待，不要再提回上海的事吧！看来上面又发生什么事了，你等吧！"后来外事局的人关照他们说："来北京和大家一起参加抗震救灾，也是分内之事，有什么不好。"于是沈善炯只好等着。

9月7日早晨，分子生物学考察组终于启程出国访问。在第七招待所和沈善炯同室的一位宁波第二医院到北京来出差的同志热忱地送他上车，外事局一位姓华的处长到机场送行。8时40分登上波音707飞机离开北京，9月8日上午经卡拉奇抵达巴黎，在巴黎戴高乐机场等候一小时左右即飞伦敦，上午10时40分抵达伦敦。英国皇家学会派人来接，将他们安置在白金汉宫（Buckingham Palace）路的一家小旅馆内。晚上即去中国驻英使馆报到，由使馆安排访问日程。大使馆派三等秘书戚德余陪同他们访问。戚德余是无锡人，毕业于南开大学物理系，据说在大使馆工作很努力，常与英国的学术界交往，与一些科学名流有接触，所以他的介入对考察组的访问很有利。沈善炯和他交谈几次后，觉得他书生气十足，是个忠厚的人。

考察组抵达伦敦的第二天，即9月9日早晨，忽然得到使馆的通知：毛主席去世了！中午英国皇家学会要宴请他们，使馆认为他们可依旧参加，但嘱咐他们与英国科学家谈起毛主席去世时要表情沉痛，而且要宣传毛主席的伟大。

午宴上沈善炯遇见了过去认识的爱丁堡大学的波洛克（M. R. Pollock）、剑桥大学的科恩伯格（H. K. Kornberg）等人。许多皇家学会会员都是从外地赶来的，他们无非想看看来访的中国科学家的风采，想知道中国科学家在与外界隔绝的20多年中做了些什么工作。沈善炯置身其间，深感不安。他知道我们国家在科学上太落后了。就他自己而言，多年以来都没有好好工作，也不看书，连英语都讲不好了。吃饭的时候，宴会组织者特意把考察组的六个人安排成每人与一位英国科学家坐在一起，这样便于彼此交谈。不幸的是，考察组的另外几位政治"优秀"的代表在业务上并不强，除翻译外，他们的英语口语均不好。他们都干坐着，闷头只顾吃，不讲话，致使旁边的英国科学家无法与之交谈，只好隔着中国人伸长脖子与自己人谈，而且谈得很热闹。

9月10日，正式开始参观访问，由皇家学会的德弗雷尔（J. J. Deverall）先生陪同去伦康（Runcorn），参观英国皇家化学公司（ICI）。考察组只参观该公司的实验室。那里正计划进行胰岛素遗传工程的研究。中午，实验室主任琼斯（Jones）博士招待他们午餐。他拿着一份关于中国代表团的书面介绍，笑着对沈善炯说："你是上海植物生理研究所革命委员会的副主任，那你是研究革命的呀！我们知道你曾在美国受过教育，是吗？"又说："你们代表团成员的衣服都是一式的，是制服吗？你看我们这里就不同，各式各样，谁喜欢什么式样，就选择什么式样，我们喜欢多样性。"他还说："你看坐在那一端的你们那位，说话时总是嘿嘿嘿，嘿嘿嘿的，这嘿嘿嘿是什么意思？"一连串的说笑讽刺，让沈善炯五味杂陈，不知如何是好。他几次想反驳，可又立刻提醒自己，还是不说好。因为跟他一起来的几位，在政治水平和阶级斗争觉悟上肯定比自己高。他们都不吭声，如果自己去说话，到头来他们认为那些话有错，有碍两国科学家的友谊，那责任可就大了。所以沈善炯只当眼前的事没发生，没有说什么。虽然无声，但他内心却激荡不已，深感自己的国家受到了侮辱，并惭愧自己没有勇气起来进行反驳，因为这阻力不是来自对方，而是己方。

代表团的参观日程排得满满的。事前沈善炯要知道去参观的单位的研究工作情况和有哪些科学家在那工作——其他人都不提问、不讲话，他这个团长总要提几个问题、说几句行话才行。参观回来后，他又要把当天的访问情况记下来，以备回国后汇报。所以他感到有些疲乏。晚上睡不着时就会想家，特别挂念老母的病。

可能是上海生化所的那位冯某向考察组里的其他人透了什么话，这些人一直和沈善炯保持距离。出去参观伦敦市容时，他们把他抛得远远的。

波洛克很热情地邀请考察组访问爱丁堡大学分子生物学系。沈善炯在美国加州理工学院时曾听过他关于青霉素酶工作的学术报告，后来他到上海访问时曾参观过沈善炯的实验室。考察组访问爱丁堡大学时，校长罗伯逊（H. Robeson）爵士设宴招待他们。沈善炯最怕这类宴会，除了他英语讲得不太标准外，更怕说错话，回去又惹麻烦。因此他事先把讲稿写好，必要时还请教团里的外事局翻译周越群，征求他的意见。据他后来回忆，当时讲的无非是什么加强中英两国科学家间的交流，加强两国人民间的友谊，为全世界大多数人（而不是全人类，因为不少是非无产阶级）服务，等等一大套空话。尽管这是国人多年以来形成的习惯，可到了英国，沈善炯立即觉得讲这些话很别扭。但为了避免被其他组员批判，他也就顾不得太多了。

剑桥大学分子生物学研究室是考察组访英的主要目标。9月17日，他们从利物浦车站搭火车去剑桥。勃伦纳（S. Brenner）[1]、佩鲁茨（M. F. Perutz）[2]、桑格（F. Sanger）[3]和格登（J. Gurden）[4]等都接见了他们，克里克（F. Crick）因事外出，没能见面。经勃伦纳作一般介绍后，考察组参观了他们的实验室。沈善炯的印象是，这里的风气和已参观过的其他单位不同，非常重视生物科学前沿的一些探索性研究。勃伦纳的兴趣在以线虫和果蝇为材料研究发育遗传。此人聪明外露，显得有几分傲慢。中午，研究室的全体科学家邀请他们一起午餐，大家谈得很热闹，当然主要是英国的科学家在谈。戚德余因为工作关系和某些科学家如佩鲁茨等认识，所以也参加闲谈。而考察组的成员则像参加其他宴会一样，都只顾闷吃，或者偶然笑笑。勃伦纳是这个午餐的主角，他侃侃而谈，但一字不提科学，也不问沈善炯关于中国的科学工作状况。似乎他早已把中国人看穿，知道他

---

[1] 勃伦纳（1927-），生于南非的英国生物学家。因在"关于器官发育和程序性细胞死亡过程的基因调节"方面的发现，获得2002年度诺贝尔生理学或医学奖。

[2] 佩鲁茨（1914-2002），英国蛋白质晶体学家。因在蛋白质晶体学方面的开创性成就，获得1962年诺贝尔化学奖。

[3] 桑格（1918-），英国生物化学家。因为分离和测定一种蛋白质（胰岛素）的氨基酸结构、发明测定DNA中核苷酸和RNA中碱基顺序的方法，先后获得1958年、1980年的诺贝尔化学奖。

[4] 格登，英国生物学家。1967年，他用核移植技术成功克隆了第一种脊椎动物——南非爪蛙。

们在科学方面没有什么可谈的。

午后考察组参观了当年沃森（J. D. Watson）[1]和克里克工作过的实验室——一排非常简陋的、以油毛毡铺成屋顶的房屋，在那里他们作出了生物学上杰出的工作，建立了堪与物理学上爱因斯坦相对论齐名的DNA双螺旋学说。

沈善炯接到通知，要他于9月20—23日在怀尔（Wye）参加英国第九次哈登（Harden）会议。会议的名称是"质粒重组子的分子生物学"。它本为一个地方性的生物化学会议，但实际却有15个国家的科学家参加。据说是由于遗传工程研究在美国受到了阻碍和非议，所以大家借机到英国来讨论了。在会上，沈善炯遇见美国斯坦福大学的伯格（P. Berg）和霍格纳思（D. Hognees）。霍格纳思是沈善炯当年在加州理工学院时的同学，他找沈善炯谈了很久，从他那里，沈善炯得知当年的老师霍罗威茨和同学赫斯根斯等均平安无恙。霍格纳思询问沈善炯关于他回国后的工作和"文化大革命"的情况。沈善炯觉得一言难尽，只是说一切都好。

考察组里的其他5个人也都来参加这个会议，他们住在怀尔学院的学生宿舍里。每天上午开会，下午休息，晚上7时至9时继续开会和讨论。除了听报告外，在晚上的喝咖啡时间，沈善炯都待在宿舍里，重温白天的记录。科恩伯格好几次来找他，要他出去和大家谈谈，沈善炯都谢绝了。他知道，一个人出去与外国人多接触是违反纪律的，肯定会引起团内诸人的怀疑。另一个原因是，虽然他已经开展了一些分子遗传学方面的工作，但对于近些年生物学的进展了解得还是非常不够，对他们在会议上的报告，明昧参半，也谈不出什么意见来，所以觉得还是不去为好。

1982年勃伦纳访问上海时，到植生所来参观，一见沈善炯就提起当年他访问英国时的情景。他说："沈，那年你带队去参观，我们很快就发觉你的处境不好，似乎受到监视。我们知道你是从加州理工学院毕业的，很想帮你，所以邀请你参加哈登会议，想趁此机会使你摆脱监视者，不料其他人也都来参加会议了。后来我请科恩伯格多次去宿舍找你，也是这个意

---

[1] 沃森（1928-），美国生物学家。1953年，他和克里克提出了DNA的双螺旋结构，因此获得1962年诺贝尔生理学或医学奖。

思。如果你当时愿意申请政治避难，我们也会想办法的。"

沈善炯这时才明白他们当年派科恩伯格多次来找他的用意。但他知道，即使当时就明白了，他也不可能脱团出走。除了他还有家人在国内之外，还有一个更主要的原因，那就是爱国。尽管处于"文化大革命"时的国家并不值得人爱，但在中国困难的时候，要他变节，他是绝不可能去做的。中国传统的东西对他影响很深。他相信，即使他遭受了岳飞那样的冤屈，历史也总会给他一个公道的。

哈登会议后，考察组还访问了以研究生物固氮而著称的苏珊克斯（Sussex）大学。在参观苏珊克斯大学生物固氮研究中心时，接待他们的是肯尼迪（C. Kennedy），她介绍了关于固氮基因的研究，临行时还送给沈善炯一个培养固氮细菌的厌氧装置。那天沈善炯集中精力听取了有关介绍，他想多知道一点知识，因为国内他的实验室也在进行类似的工作。由于同时还要给国内同来的人当翻译，那天他非常疲劳。没想到在回伦敦的火车上，代表团中竟然有人无缘无故地对他说："回到旅馆，我们要斗争你！""要你把那只细菌培养箱放在头上，跪着！"还有人恶狠狠地两眼直瞪着他。沈善炯百思不得其解："为什么他们要这样对待我？我究竟犯了什么错误？"

10月1日，当考察组去莱斯特（Leicester）大学访问时，组员们不论在火车上还是走在路上都故意孤立沈善炯。沈善炯有时走得稍慢一点，就有人指责他："不像一个团长，一点气派也没有！"在莱斯特大学，生物化学系的肖（W. V. Shaw）教授接见了他们。他是美国人，到这里工作多年了。他告诉沈善炯，他们在大肠杆菌中发现葡萄糖分解成甲基乙二醛的工作后，才知道中国人早在1964年已发表这个观察了。他兴致勃勃地拿出沈善炯等发表在《中国科学》上的那篇短文的复印件，问起王孙仑以后的工作情况。沈善炯告诉他，王是自己的学生，已在5年前去世。这次谈话令沈善炯的心情十分沉重，比周围的人给他施加的压力更让他难受。他的研究工作、他的工作人员，好像都在20世纪60年代初一去不复返了。

在英国的访问结束后，因为皇家学会的接待已经停止，沈善炯等只好搬到使馆的宿舍去住。这里门庭森严，住了不少十几岁的孩子。他们从不和沈善炯交谈，似乎纪律很严。但沈善炯发现其中有与他们出国时同乘一架飞机的一位姓章的人的女儿。后来出于好奇心，他问戚德余，戚德余告诉他说，这些孩子是派到英国来学习的。国内还在开展知识青年"上山下乡"运动，而这些高干子弟却在这里落户了，沈善炯疑惑不解。

沈善炯终日埋头在宿舍的桌子边写访英日记以及准备向大使馆汇报的提纲，其他人却不声不响地都出去游览了，说是去看马克思的墓。在他们面前，沈善炯时时感到受冷落，有人还在他面前攻击他的一位朋友，煞有其事地骂那人只专不红，否定党对科学的领导。沈善炯觉得那是指桑骂槐，真正骂的是自己。

10月2日晚上，沈善炯心情非常沉痛，觉得到处受人侮辱，不管怎么做，怎么说，都没有任何自尊。一个人飘零异域，分外凄凉，深感人生已无意义。这是他"文化大革命"以来第二次萌生厌世的念头。可转念一想，自己素志未遂，且家有老母、妻子和儿女，怎能撒手不管，还得忍痛活下去。那天晚上他在日记上写下一笔，"我提醒自己，还有许多事情要做，不可轻生！"幸而这天晚上戚德余来了，和他住在一室。沈善炯忍不住内心的积郁，向戚德余宣泄了一些情绪。戚德余却诚挚地对他说："你们这个代表团的组成，事前没有经过认真研究，如果没有你在许多场合顶住，那就真的要出洋相。"沈善炯有点困惑，他也不知道自己到底顶住了些什么？只是感觉考察团没能展示祖国在科学上的成就，相反的却受到别人的鄙视。

10月3日是考察团在英国逗留的最后一天。上午其他人都出去逛街采购，沈善炯一个人留在使馆宿舍，仔细检查他写的英国访问总结，虽然他征求过其他人的意见，但他还是害怕错误。下午大家一起去大使馆汇报。褚代表、吴参赞都到了，沈善炯代表全团向他们汇报这次考察的收获和体会——无非还是那些空洞无物的陈词滥调。吴参赞听了，对他们的汇报本身没有什么意见，大概他听惯了这一套，但却正色地说："希望中国科学院以后派人出来考察，要注意挑选对专业有专长和能讲英语的人，不要挑选一些只带了一张嘴来的人。你们这次来英国考察，老沈费力很多，回去该好好地向有关方面报告一下。"这个突如其来的讲话令沈善炯十分尴尬，他想他还要和这些人在国外一起待另一半时间,后者听了吴参赞的话,以后不知又要怎样对待自己了。他立刻站了起来,说自己是很不称职的,专业和英语都差,这次访问依靠的是大家,特别是科学院外事局的周越群同志,他出了很大的力。

戚德余很关心沈善炯。在考察组即将离开英国时。他特意向沈善炯提建议,要他一到法国,就向来接他们的驻法使馆的秘书(作为团长,沈善炯有单独与他同坐一辆车的时机)提出要求,希望使馆派一位秘书参加代表团的出访。他还说他已就此事向驻巴黎的中国大使馆打了电话,但沈善炯自己也必须表态。戚德余的意见后来确实帮了沈善炯的大忙,使他的法国之行比英国之行要轻松许多,尤其是在心理感觉上,他的压力减轻了不少。

10月4日晨,考察组离开伦敦飞往法国巴黎。英国皇家学会的普里高洛斯基(Prigorowsky)女士与德弗雷尔先生到机场送行。上午10时左右抵达巴黎机场。中国驻法大使馆已派人在等候他们。在驶往巴黎市的车子里,沈善炯按照戚德余的建议,向坐在身旁的使馆二等秘书汪嘉禾提出要求,希望使馆能派一位秘书参加代表团赴各地访问,汪嘉禾表示没问题,使馆会同意。

当天他们住在巴黎凡新(Vancean)旅馆。下午由法国国家科研中心(CNRS)派车将他们送到国家科研中心办公大楼约里奥－居里(Joliot-Curie)厅,由负责科研事务的伯克洛夫(Berkalof)教授和巴斯德研究所的考列斯基(Kourisky)教授向他们介绍法国的科研组织情况:它们大致分为国家医药卫生研究院、国家科研中心、国家农业研究院、巴斯德研究所(半官方性质的)、海外领域科研以及全国海洋开发研究中心等几个部门,而联系这些研究机构的组织是科技总代表处(DGRST)。伯克洛夫说:"法国在分子生物学方面的研究是有基础的,你们在参观过程中将看到法国的人才,一支精锐的研究力量。"他为他的国家而自豪。法国人民的民族自尊心给沈善炯留下深刻的印象。

10月5日起考察组开始访问。先去离巴黎约40公里的基夫－苏－约梯(Gif-sue-Yuette),国家科研中心在那里。他们访问了酶学研究室。室主任是苏尔玛杰脱（J. Szulmajter），他的前任是科恩（Cohen）教授，主要研究酶蛋白的物理化学，还从事免疫、激素以及酵母代谢等工作，工作面较广。在讨论工作时，他对沈善炯说："我看你熟悉酶学，你不仅是一位遗传学家。"自"文化大革命"以来，"革命群众"一直在讥骂沈善炯为"不学无术的流氓和骗子"。多年之后他再次听到这样的评价，内心不免得到一丝安慰，觉得自己还是一个学者。但他立刻纠正自己："我必须承认，我确实落后于时代了。许多现代生物学的知识我已不了解，还是老老实实地夹着尾巴吧！"

这样参观了两天后，10月7日巴黎罢工。上午组里的人都出去逛街了，沈善炯一个人留在旅馆里写日记。下午继续参观巴黎第七大学，在勃纳第（Bernardi）的实验室里，沈善炯遇到一位来自瑞士的女科学家海因（Hein）博士，她是研究植物RNA病毒的，曾在美国洛克菲勒大学李普曼（Lipman）实验室工作过。沈善炯第一次听到几乎所有的植物RNA病毒在3'末端都接有氨基酸的事实，非常感兴趣。她不知怎的知道沈善炯于40年代末期曾在加州理工学院学习，激动地说："在那个年代，在那个地方，生物科学发生变化，产生了分子生物学。你当时能在那里真是件幸福的事，你一定知道很多有趣的故事，可惜今天时间有限，不然我真想听听你的回忆。"最后她要了沈善炯在中国的地址，这时沈善炯也顾不得团里其他人的意见了，把自己在上海的工作地址写给她。过了若干年，周廷冲访问法国时也遇到了海因，她还问起沈善炯为什么不给她回信，可是沈善炯已不记得曾经接到过她的信了。

考察组参观了巴黎的发现宫（Palais De La Deeduverte）、卢浮宫（Palais De Jouvae）以及离巴黎约40公里的凡尔赛宫。游览时他们遇到一个从国内来的考察团，一律西服，面上均无表情。他乡遇同胞，不免要打个招呼。沈善炯问他们是什么代表团？从中国什么地方来？但反应却是冷冰冰的，都说"不便奉告"。"文化大革命"使得每一个中国人，不论是在国内还是在国外，都尽量避免与别人谈话或接触。祸从口出嘛！偶尔说错了一句话，被人揭发，后果将是不堪想象的。我们民族相亲相爱的优良传统，同胞间的热情此时都已荡然无存了，沈善炯深感悲哀。

10月11—12日考察组参观了巴斯德研究所这个令人向往的地方。在那里沈善炯遇到了他在加州理工学院时认识的沃尔曼（E.Wollman）教授，那时沈善炯在比德尔实验室里做研究生，而他在德尔布吕克实验室当访问学者。27年过去了，此时此地两人重逢，实在难得。他紧握着沈善炯的手，还一

图8-8　1976年访问法国巴斯德研究所与该所副所长沃尔曼合影

起照了相。巴斯德研究所原所长莫诺不久前去世，人们敬仰他对科学的贡献，推举他的学生格罗斯（F.Gros）继任所长。莫诺和雅各布曾以大肠杆菌为材料研究基因的调节，提出乳糖操纵子（Lac Operon）的学说。这是建立基因表达模式的一般基础，由此他们获得了1968年的诺贝尔生理学或医学奖。

13日早晨，考察组中有人忽然拿出一张巴黎的日报，指着上面的一幅漫画来问沈善炯，要沈善炯解释给他们听。沈善炯学过一点法文，但那还是在加州理工学院读学位的时候，现在已经差不多全忘了，不过由于法文有些单词和英文相似，还是可以猜测其大概意思。他一看，大吃一惊，漫画上分明画着华国锋两手各拿一把扫帚，左手的扫帚将"四人帮"扫出去，而右手的扫帚正在将邓小平扫走。沈善炯想，"他是有意来看我有什么反应的"，就抑制住自己内心的惊讶，说："我看不懂，你们去买张英文报看看吧！"这一天，考察组继续参观法国国家科研中心的斯罗涅姆斯基（Slonimsky）实验室，但沈善炯心中一直惦记着报上看到的那张漫画，暗暗希望张春桥那帮祸国殃民的人真的倒台了。晚上9时，使馆的汪嘉禾和张玉林特地来告诉沈善炯，"国内已经出事了，江青、张春桥、王洪文、姚文元已被抓起来了"。他们说，只通知沈善炯和外事局的翻译周越群，

第八章　风雨长夜　**161**

其他的人暂时不让他们知道。

当时沈善炯又惊又喜，立刻想起自己的家人，现在曙光已露，他们不知该怎样地兴奋啊！在沈善炯出国之前，沈聿常常夜里从朋友家回来，告诉他一些张春桥等出逃而被捕的传闻。那是人民的幻想，现在终于成了事实。想到中国有望走上坦途，自己前途也将重获希望，沈善炯的心情变得轻松起来。当晚使馆的汪嘉禾陪同考察组搭火车去马赛，次日早晨8时抵达。大家住在格兰德（Grande）旅馆，面临地中海，风景迷人。出国这么多天，沈善炯第一次有了欣赏异国风光的心情。汪嘉禾一定要把原订给他的417号房间让给沈善炯住，从这间房远眺可以饱览海湾景色，海上布满游艇，附近还有大仲马的小说《基督山伯爵》中的基督山。老汪对沈善炯说："老沈，你辛苦了，还是你住在这里吧！"沈善炯接受了他的这番盛意。那天晚上，他格外思念老母、盛华和孩子，辗转反侧，未能成眠。

考察组在马赛参观了法国国家科研中心的细菌化学研究室及分子生物学研究室，由分子生物学研究室主任罗塞特（Rosset）教授介绍他关于细菌核糖体的工作。但从1969年开始，他们的工作逐渐转入以果蝇为材料研究发育和细胞分化等方面。后来罗塞特驾车送沈善炯登上海滨的一个山巅，俯瞰地中海，对面是阿尔及利亚。风景固然美丽，但沈善炯心头浮想的却一直是自己的国家。

17日考察组乘火车经里昂转车抵达斯特拉斯堡（Strasbourg），这是法德交界的一个古城。皮埃尔·查姆本（Pierre Chambon）和克里森（Qurisson）教授已在车站等候了。翌日晨9时他们步行去设在斯特拉斯堡医学院、属于国家科研中心的生物化学和分子生物学研究室。查姆本教授介绍他研究真核基因调控的工作。当时查姆本已发现真核基因的分裂现象。他坚持和忠实于自己的实践而不受外界的干扰，无疑是一位勇敢而诚实的科学家，令人敬仰。19日查姆本在莱茵河畔设午宴招待考察组。在席间沈善炯得以结识研究植物病毒的赫斯（Hirth）教授，他刚从苏联访问回来，告诉沈善炯不少关于苏联分子生物学的研究概况。在短暂的访问期间，沈善炯和查姆本竟结成很好的友谊，回国后沈善炯将中国科学院细胞生物学研究所的青年学者介绍给他，跟他学习。

至此考察组在法国的访问全部结束，晚上乘车返回巴黎。在法国的16天，白天沈善炯都打起精神听法国科学家的介绍，有些他只懂得一点皮毛，有些他完全不懂。对他感到有兴趣的工作，自知今后也不会去做。他一心只希望早些结束访问，看看"四人帮"倒台后的祖国，回家速与家人重聚。

10月21日早晨，考察组离开巴黎，飞往罗马尼亚首都布加勒斯特，中途在南斯拉夫首都贝尔格莱德机场稍停。从机场的厕所走出来时，沈善炯看到一位中国妇女好像在找人。她问沈善炯是否从巴黎来，叫什么名字。沈善炯回答她以后，她就自我介绍说是中国驻南斯拉夫使馆的工作人员，现在正陪同大使送一个朝鲜民主主义人民共和国的代表团回国。她要沈善炯去见大使，后来沈善炯见到当时中国驻南斯拉夫的张海峰大使。他对沈善炯说，在分子生物学考察组搭乘的飞机上有"四人帮"派出的教育代表团，原拟访问阿尔巴尼亚和罗马尼亚，现已访问了阿尔巴尼亚，不准备继续访问罗马尼亚了，而是要打道回国。这个代表团里有"梁效"[①]的人、清华大学教改的负责人、辽宁的"白卷英雄"张铁生，还有上海驻同济大学工宣团的团长等人。这个代表团的团长是教育部姓刘的副部长，他们出国之前张春桥还亲自到首都机场去送行。他又说，国内发生的事，这些人可能已听到一些风声——不然怎么不按计划在罗马尼亚访问呢？但具体情况他们是不会知道的，到了布加勒斯特他们就会知道了。他要沈善炯在上机前设法告诉考察组内的人，请他们注意。后来沈善炯把张大使的话告诉了周越群，由他去转告。

当沈善炯等到达布加勒斯特机场时，四周都是荷枪实弹的军人，好像在准备逮捕罪犯一样，气氛紧张。当晚他们住大使馆的宿舍，那个教育代表团和他们住在同一幢楼里。晚上大家都挤在一间大房间里看电视，果然电视上播出了"四人帮"被捕的消息。沈善炯注意到这个"四人帮"派出的代表团的成员，有些中途溜走了，有些却还和他在一起看电视，并没有

---

① 梁效，北京大学、清华大学"两校"的谐音，指直接受江青等人指挥的"北京大学清华大学大批判组"，在"文化大革命"后期影响很大。

第八章　风雨长夜

感觉出什么异样。

在布加勒斯特的那一夜,和沈善炯同住一个房间的那两个人又像在英国时那样对付他,威胁他说:"不要高兴,革委会副主任,逃得了吗?"他们不断地高声谈话,故意用力翻阅使馆为他们留下的报纸,令沈善炯一夜没有睡好。这正说明他们对国内发生的事情感到懊恼与不安。

翌日晨考察组即飞北京,中途抵德黑兰时已是深夜,在机场稍停。那个教育代表团的人,一个个都变得老实了,分散开坐在各处。沈善炯看到了大名鼎鼎的张铁生,一个体格魁梧的"英雄"。这是坐在沈善炯旁边的一位旅客告诉他的。

24日上午10时左右抵达北京,一出机场,教育代表团的人就都遭到逮捕。沈善炯因为坐在前排和这些人在一起,所以夹在他们中间走下机舱,空中小姐把沈善炯推开,叫他慢点走,对来捕人的警察说"这个不是",当时弄得沈善炯很突然。这天正是北京全市举行庆祝粉碎"四人帮"大游行的日子。考察组还是住到社会路的第七招待所,和沈善炯同住一室的是兰州近代物理研究所的一位党委书记,他显得非常高兴,从马路旁边的一个小店铺里买了一包羊头肉,一边喝酒,啃羊头肉,一边大骂"四人帮"。沈善炯因为每天上午按规定要去中国科学院,下午回来写总结报告,所以几乎每晚都要写到半夜。这位同室的党委书记笑着对沈善炯说:"你还不接受教训,这样干下去是没有好下场的!"真是沉痛的经验之谈啊!但沈善炯的确是个屡教不改的人,吃了那么多的苦,到头来还是认认真真,还是想多做些事,多搞些科学研究。

访问期间,沈善炯对不少学术上的问题不太明白,有些当时他根本就没听懂,为了写好总结,他几乎每天都要去中关村科学院的图书馆找那些英、法科学家发表的论文作为参考,然后花很多时间去拼凑。

在北京时,沈善炯抽时间匆匆赶到人民大学附中看望了他那患肝硬化已经腹水的胞妹三珠。他妹夫在鸣放时响应号召说了一些话,结果于1958年被划成右派,从小和他一起在苦难中长大的胞妹因此受到了株连。为了说明自己愿意彻底改造、和丈夫划清了界线,她几次下乡劳动,结果染上一身重病。在"四人帮"被打倒的时候见到哥哥,她显得非常高兴，还去学校的食堂买了一点菜请沈善炯吃饭，但一想到母亲，他俩又担忧起来。沈善炯不知道，这会是他和他三妹的最后一次见面。不久，她就去世了。

一天上午，沈善炯在社会路忽然遇见邹承鲁和他的夫人李林。他们骑自行车迎面而来，说是知道沈善炯回来了，约他去他们家吃晚饭。晚上沈善炯乘车到百万庄，先找到地质研究所的力学研究室，然后找到了邹承鲁家。邹承鲁于1970年从上海生化所调到位于北京的生物物理研究所，和妻子住在岳父李四光先生的故宅里。风雨之后遇故知，分外兴奋，但沈善炯还是心事重重。饭后，他将母亲病重，而一时无法回上海的事告诉了李林，她一听就为他打电话给科学院副秘书长秦力生，秦力生回话说，他曾看见沈善炯，但沈善炯并没有向他提起这件事，既然这样，请沈善炯明晨到他办公室去找他，可以让沈善炯立即回上海。沈善炯如释重负，回到七招，高兴而又焦急地坐待天明。

第二天一早，沈善炯就去找秦力生，可是他还没有来，他着急地找到另一位负责人刘华清（后来曾任中央军委副主席），告诉他，因为母亲病重，他希望赶回上海，但出国考察的总结还没写好。刘华清一听，便爽快地用一口湖北话对沈善炯说："那些人不懂业务，不能搞总结？那为什么要争着出国考察！老沈，你回去，让他们搞，他们必须搞出来！"沈善炯非常感激，一直到晚年还常常忆起刘华清给自己的同情和帮助。

既然得到了上级的同意，沈善炯就去找考察组的其他成员，告诉他们，自己要赶回上海，至于总结，他决定在一周内写好，然后寄给他们。当时他们感到很突然，反应冷漠。沈善炯再也顾不上他们的意见了，匆匆直奔火车站，买了一张去上海的卧铺票。

沈善炯的母亲沈贞是个慈祥、忠厚、众所周知的好人，她默默地做家务，一生只知道服待别人，从不知道要别人服待她。在"文化大革命"的漫漫长夜中，她痛苦，但她沉默寡言地坚持着，等待着黎明的到来。她常安慰沈善炯说："不要急，船到桥头自会直，到哪里就到哪里吧！"因为长年累月的磨难，她早已重病在身了，只是不说而已。在沈善炯离开上海之后，她的病情日趋严重。她撑着精神等沈善炯回来，不久即去世了。

第八章　风雨长夜　165

平反昭雪

1977年2月28日至3月8日，在中国科学院一局领导过兴先的主持下，中国科学院在北京召开了遗传工程研究会议。沈善炯来北京参加了这个会议——事实上，这个会议就是在分子生物学考察组访问英法的基础上召开的。沈善炯仍怕见原来那些组员。当时已改由方毅担任中国科学院的负责人，他看见沈善炯坐在最后一排，大声地叫他："沈善炯同志坐到前面来，怕什么！"沈善炯确实心有余悸，只盼望大家看不到自己，忘记他的存在。听到方毅亲切的呼唤后，他慢慢站了起来，热泪盈眶，走到方毅旁边找一个空位子坐下了。他感觉，遇上了一位能了解自己的好领导，十年冤情有望弄清楚，他又可以抬头做人了。这个会议制订了"遗传工程研究1977—1980年规划和1977年计划（草案）"。同年，国家又制订了《1978—1985年全国科学技术发展规划纲要》，"遗传工程"和"电子计算机"、"激光"等一样，被列为八个影响全局的综合性科学技术领域、重大新兴技术领域和带头学科之一，要求"集中力量"，"做出突出成绩"[1]。

1977年11月，中国科学院上海分院恢复，植生所重新收归中国科学院领导，再次更名为"中国科学院上海植物生理研究所"。在随后的大约一年时间内，研究所进行了大规模的调整：取消革命委员会，撤出军宣队和工宣队，派驻工作组，落实政策，平反冤假错案，对研究室（组）进行调整。经过这些拨乱反正的举措，逐步恢复研究所正常的管理和科研秩序。

1978年1月，沈善炯忽然接到通知，要他准备参加揭露批判"四人帮"的侨务会议。他有点莫名其妙，不知自己怎么也算是"归侨"。13日，他拿着准备好的、几经植生所党委审改的发言稿去开会了。他发言

---

[1] 一九七八—一九八五年全国科学技术发展规划纲要（草案）. http://www.93.gov.cn/zthg/kjxgzt/lsqk/lsqk4.htm.

的题目是：揭发"四人帮"破坏侨务政策，残暴迫害从国外回来的科学工作者。当时，中国科学院上海各所只有沈善炯一个"归侨"出席会议并作大会发言。轮到他时，他很谨慎，逐字逐句地往下念。但念到自己受迫害时，他再也忍不住了，放下稿子，含着眼泪倾吐受折磨的情节。会后，主持会议的上海市委书记王一平找沈善炯谈话，给他莫大的同情和勉励。他问沈善炯，是否还有问题没有解决，沈善炯说："我已没有什么问题有待解决了"。其实他当时还背有一个党内严重警告的处分。一星期后，王一平的秘书到植生所来找沈善炯，对他说："为什么没有将受到处分的事告诉王一平同志？现在市委已决定取消对你的处分了。"后来才知道上海市委将沈善炯受迫害的事情向国务院华侨事务委员会廖承志主任作了呈报。

1978年3月10日，沈善炯被正式平反，复查结论全文如下，从中可以看出当年给他"定性"时的主要"罪状"：

关于沈善炯同志问题的复查结论

沈善炯，男，一九一七年四月生，江苏吴江县人，家庭出身地主，本人成份职员，一九五一年参加工作，一九五八年入党，一九六〇年任中国科学院植物生理研究所副所长，三级研究员，现任上海市政协常委。

经复查：

关于沈善炯同志一九三八年一月参加国民党中央政治学校特别训练班受训（二至三个星期）的问题，与本人交代相符。一九五〇年九月由美国回国途中，在日本横滨被美国情报机关非法拘留期间，与美蒋特务作了坚决的斗争，表现是好的。

在四清运动中，关于工作作风上的缺点，经批评帮助，沈善炯同志作了检讨，"文化大革命"中又作为处分的依据是不当的。

一九六八年"四人帮"及其余党，把沈善炯同志列为"两线一会"假案中的"特嫌"，进行非法隔离，人身摧残，实属政治迫害。应予平反。

根据上述情况，沈善炯同志的政治历史是清楚的，一九五〇年响应党的号召，返回祖国参加社会主义建设，在党的领导下，政治上要求进步，积极从事科研工作，作风严谨，事业心强，在科研工作中作出了贡献。原作"留在党内，给予严重警告"处分的决定不当，应予撤销。

中共中科院上海植物生理研究所委员会（章）

一九七八年三月十日[①]

这是一个事出有因、处理过重，居高临下、给你平反式的结论，而不是向受害人诚挚道歉、给予赔偿、请求原谅，那些具体的迫害者没有得到应有的惩罚，发起政治运动、制定迫害政策的人仍然高高在上。对此，沈善炯是很不满的。但他无力改变。他想争分夺秒多做点事情，把损失掉的时间补回来，也无暇去深究了。最后，他只好在复查结论上签署"同意中共科学院上海植物生理研究所委员会关于我的复查结论。"

1983年6月7日，根据中共中央组织部（82）8号文件（"中央组织部关于转发《中南、华东地区加速做好落实干部政策工作座谈会纪要》的通知"）精神，植生所党委修改沈善炯的复查结论，去掉了一些"辫子"。新结论如下：

关于沈善炯同志的复查结论

沈善炯，男，一九一七年四月生，江苏吴江县人，家庭出身地主，本人成份职员，一九五一年参加工作，一九五八年入党，一九六〇年任中国科学院植物生理研究所副所长，三级研究员，现任上海市政协常委。

沈善炯同志在"文化大革命"中受到错误的"审查"，现经复查：

沈善炯同志的经历是清楚的。沈一九五〇年由美国回国途中，在日本横滨被美国情报机关非法拘留期间，与美蒋特务作了坚决的斗

[①] 中国科学院档案馆档案（D146-720）。

争，立场坚定，表现是好的。

在"四清"和"文化大革命"中将其工作作风上的缺点作为依据给予党纪处分是错误的，应予撤销。

一九六八年"四人帮"及其余党，把沈善炯同志列为"两线一会"假案中的"特嫌"，进行非法隔离，人身摧残，实属政治迫害。应予平反。

根据上述情况，沈善炯同志的政治历史是清楚的，一九五〇年响应党的号召，返回祖国参加社会主义建设，在党的领导下，政治上要求进步，积极从事科研工作，作风严谨，事业心强，在科研工作中作出了贡献。

中共中科院上海植物生理研究所委员会（章）
1978.3.10 [1]

1978年3月18—31日，全国科学大会在北京召开，科学被确定为生产力，科学家被列为工人阶级的一部分。沈善炯和与会的科学家，特别是和他一起在50年代初回国的科学家为之振奋。在一组报道中，《人民日报》特别提到了他：

> 深受"四人帮"残酷迫害的上海植物生理研究所研究员沈善炯，五十年代，在党的关怀下，回到祖国的怀抱，为发展分子生物学进行了艰苦的研究工作。可是，万恶的林彪、"四人帮"诬陷他是"特务"，把他关了起来。现在，他眼含热泪，幸福地聆听着邓副主席的讲话，心想，我为祖国填补遗传工程研究空白的志向，到了实现的时候了。[2]

沈善炯确实如报道中所描述的那样，如久旱而遇甘霖，但这则报道，跟前述审查结论一样，也有明显的局限性。沈善炯从1964年夏天起就开始

---

[1] 中国科学院档案馆档案（D146-720）。

[2] 新华社记者、人民日报记者：飞跃吧，伟大的祖国！《人民日报》，1978年3月25日。

第八章　风雨长夜

受到迫害。江青、张春桥、姚文元、王洪文等在当时都没有身居高位,林彪也没有插手地方的"四清"运动,对沈善炯等受迫害负领导责任的当然不应该是他们。就稍后的"文化大革命"而言,林彪、"四人帮"也不是首恶。

廖承志知道沈善炯在"文化大革命"中的遭遇,在会议期间特地派人来邀请沈善炯去谈话。沈善炯商诸于罗宗洛先生。鉴于廖承志公务很忙,沈善炯没有去,最后由《人民画报》的记者为他拍了张照片送给廖承志。

严寒已经过去,坚冰开始解冻,沈善炯拖着疲惫之躯,走向那荒芜已久的科学园地,又将开始第二次的耕耘。

图8-9 沈善炯(右)与罗宗洛(中)、殷宏章(左)(1978年3月摄于全国科学大会期间)

第九章
生物固氮研究

1973年，沈善炯受命组建新的研究组，开辟新的方向，从事生物固氮的研究。此时，虽然"文化大革命"已经进入第八个年头，许多人都对政治运动产生了厌倦情绪，不再如"文化大革命"初期那么狂热。可"最高指示"一旦传达了下来，他们还得宣传和照办。沈善炯等人的业务因此受到不小的影响。但是，在运动的间隙中，他们还是做了一些科研工作，并得以在"文化大革命"过后发表全国第一篇遗传学论文。"科学的春天"到来后，他们纷纷出国学习最新的科学知识和实验技术。经过几年的奋起直追，他们居然将自己的实验室变成了世界研究生物固氮的几个中心之一。

"文化大革命"后全国第一篇遗传学论文

受命从事生物固氮研究后，沈善炯遇到的第一个问题是究竟该从哪里入手。自20世纪50年代以来，遗传学在西方国家发展得非常之快。而沈善炯回国后一直脱离遗传学的主流研究。除了过去的一些基础知识，他变得和一个门外汉差不多，因此开始工作时真是困难重重，一切都要从零开始。他成天泡在图书馆里，找寻、阅读和抄录遗传学文献。他读到加州大学瓦伦泰（R.C.Valentine）和他的学生研究生物固氮的文章，深受启发，决心从生物固氮遗传开始，去迎头赶上当代的遗传学研究。生物固氮组内那些年轻的组员们以前在学校接受的主要是所谓"米丘林生物学"的教育，更加缺乏现代遗传学的知识，也缺乏做实验工作的经验。沈善炯向他们介绍遗传学的基本知识和研究方法，并利用非常简陋的设备——仅仅一个冰箱、几套培养皿和一些吸管——开始做一些简单的实验。年轻的组员被前沿的科学知识所吸引，如饥似渴地随着沈善炯学习和实验。

补了大约一年的课后，他们从1974年起正式开始生物固氮遗传的研究工作。他们选用肺炎克氏杆菌作为研究材料。一般的细菌培养时要加氮源，而这种菌，在厌氧条件下，不加氮源，可以自己合成氨。沈善炯等试图弄清楚其固氮功能是由哪些基因控制的，它们有何特点。尽管政治运动不断，"批林批孔"、"批宋江"、"批经验主义"、"反击右倾翻案风"、"批邓"等接踵而来，但由于大家辛苦努力，他们仍在短短的三年里，就取得了一些有价值的成绩。他们发现了新的固氮基因（加上国外许多同行发现的，一共有20多个），证明了固氮基因在他们用作典型材料的有固氮能力的肺炎克氏杆菌染色体上呈一簇排列，否定了国外科学家认为基因间有"静止区"存在的观点。沈善炯写好论文稿（英文稿），寄往《中国科学》编辑部，特别写明要求尽快送人评审，如能接受发表的话，希望立刻发表。1977年12月，他们的论文："Genetic Analysis of the Nitrogen Fixation System in Klebsiella pneumoniae"（《克氏肺炎杆菌固氮系统的遗传学分析》）终于如愿发表了。国际上很快对这项工作作出了回应，不少论文引用了它。令沈善炯尤其欣慰的是，研究固氮基因的权威学者、威斯康星大学的布里尔（Winston Brill）教授对这项工作给予很高的评价，认为它是1977年国际上有关生物固氮的最重要的论文之一。沈善炯不无骄傲地认为，这篇论文不仅是他和同事们于"文化大革命"后在我国发表的第一篇遗传学论文，还标志着遗传学在中国学术界的复苏。

1978年，植物生理所对研究室（组）的设置进行了调整。将研究生物固氮遗传的八人小组从生物固氮组中独立出来，加上从其他研究室（主要是微生物室）先后抽调的10来个科研人员，组成分子遗传研究室，由副所长沈善炯兼研究室主任。研究室有研究员一人、副研究员一人、助理研究员一人、研究实习员13人和技术员两人。

此时，中国科学院已经恢复研究生制度。作为中国科学院最早的导师之一，到1979年时，沈善炯共招收了三名研究生。他们一来，沈善炯就发出警告：我和你们之间将没什么师生关系，只有利益关系。我给你们介绍我的知识，完成上面交给我的任务；你们拿你们的学位，享受你们应有的待遇。沈善炯是在吸取"文化大革命"中的教训。要知道，"文化大革命"中整人整得最厉害的往往都是些自己最器重的学生，他实在是被整得寒了心。要不然，凭他自己的求学经历，他的恩师对他的培养和爱护，他又怎么会愿意出此下策，这样去对待自己的学生呢？

图9-1　1979年分子遗传研究室全体工作人员

第九章　生物固氮研究

国际交流

整个"文化大革命"期间,中国科技人员的出国机会非常之少。这种情况直到 1978 年 6 月 23 日邓小平作出"我赞成留学生的数量增大"[1] 的重要指示、1978 年 12 月"对外开放"在十一届三中全会上被确定基本国策之后,才有重大改变。沈善炯不但是"文化大革命"期间派出的最后一批科技人员之一,也是"文化大革命"结束后派出的最早一批科技人员之一。

1978 年 3 月,在赴北京参加全国科学大会前夕,沈善炯接到他的老师、时任加州理工学院生物系主任的霍罗威茨教授的来信,邀请他参加摩尔根创立生物学系 50 周年纪念会。信件中译本如下:

亲爱的善炯:

今年标志着由摩尔根 T. H 于加州理工学院创建生物系的 50 周年纪念,我们正在计划于 1978 年 11 月 1 日至 11 月 3 日在加州理工学院举办一次"基因、细胞和行为"的论文报告会以庆祝这个诞生日,我们计划约有 15 位演讲者,他们都是校友或者是过去系内的教员,这一次会议的目的是自 1928 年我系创建 50 年后的今天,对生物学方面的展望。

我愿意邀请您作为这次报告会的一位演讲者,我们希望您,用 45—50 分钟的时间介绍您的研究近况。我们将为您支付从上海到 Pasadena 来回的航空费用,我们也将支付您在 Pasadena 的住宿费用。

我们也希望谈家桢作为我们尊敬的客人来参加聚会,Bonner 教授正在写信给他。其他邀请者包括:R. Sinsheimer, W. Wood, R.Dulbecco, B. Ames, D. Hogness, E. Furshpan, D. Kaiser, G. Sato, M.

---

[1] 田正平主编:《中外教育交流史》。广州:广东教育出版社,2004 年,第 1017-1018 页。

Meselson, H. Temin, D. Shreffler, J. Levy and G. Stent, George Beadle 教授也将参加。

我希望您能到 Pasadena 来,协助我们庆祝在加州理工学院生物学的金色佳节,我想这将是一次令人愉快的和有科学兴趣的聚会。

致以最好的问候

您诚挚的

N. H. Horowitz

系主任[①]

为了学习最新的科学技术知识和实验手段,提高研究室的研究水平,沈善炯想派遣科研人员去加州理工学院生物系进修一年。对方同意了这个建议,但要求学习期间费用自理(一年最低生活补贴为 10500 美元)。1978 年 9 月 4 日,中国科学院和外交部、教育部联合向国务院提交了《关于金润之同志随谈家桢、沈善炯同志赴美进修的请示》,华国锋、邓小平、李先念、方毅、纪登奎、耿飚、余秋里、谷牧、陈慕华等在京的国务院领导圈阅批准了这个报告。

1978 年 6 月,沈善炯又被选派加入中国代表团,参加在美国举行的国际固氮会议。团员还有蔡启瑞等人,团长是中国科学院福建物质结构研究所所长卢嘉锡教授。卢嘉锡在英国伦敦大学获得博士学位后,于 1939—1944 年到加州理工学院化学系,随鲍林工作五年有余。在"文化大革命"后期,他提出固氮酶活性中心网兜模型,为化学模拟生物固氮研究做出了重要贡献。1981—1987 年,他担任中国科学院院长。

6 月 6 日,全团七人从北京出发,在巴黎停留五小时后飞往美国,到达华盛顿时为 7 日上午。当时中美尚未建交,接待他们的是中国驻美联络处副主任韩叙。韩叙平易近人,毫无官架子,主动帮他们搬行李,这给沈善炯留下了深刻的印象。当晚沈善炯就打电话给在加州的霍罗威茨教授,告诉老师,他将在 10 月再来美国参加纪念摩尔根建立生物系 50 周年的学

---

① 中国科学院档案馆档案(D146-402)。

图 9-2 1978 年 6 月参加国际生物固氮会议的中国代表团成员（左二为团长卢嘉锡，左三为沈善炯）

术会议。这是他们师生阔别 28 年后第一次听到彼此的声音。

6 月 12 日，国际固氮会议在位于威斯康星州麦迪逊市的威斯康星大学正式开幕。这是个系列的会议，从 1974 年起，每两年召开一次，现为第三届。共有 27 个国家的 400 多位科学家参加，以大会报告、圆桌会议和墙报答辩三种方式展示成果，进行讨论。卢嘉锡在会上作了题为《中华人民共和国固氮研究概况》的报告，受到与会代表的热烈欢迎。沈善炯提交的论文和其他 150 篇与会代表提交的论文一样，以墙报答辩的方式进行交流。会议主持人、威斯康星大学细菌系教授布里尔（W. J. Brill）在作大会报告时，一开始就提到沈善炯等人在 1977 年发表的那篇文章，认为它解决了有关肺炎克氏杆菌固氮基因精细结构的著名纷争，是那年最好的论文之一。面对这突如其来的赞誉，沈善炯既激动又高兴，他想到了自己的国家以及国内与他一起艰难创业的同事们。

为期五天的会议结束后，代表团继续留在威斯康星大学四天，参观了与固氮研究有关的生化系、细菌系和化学系。6 月 21 日，他们到达俄亥俄州，访问了克德林（Kettering）研究所。该所是克德林基金的附属机构，约有 80 人，专门研究光合作用和固氮研究。代表团在此参观、访问了四天，比较深入地参观了这个研究所的主要研究实验室，与该所的科学家交流了研究经验。

6 月 25 日，他们开始到加利福尼亚州参观访问。在加州大学伯克利分校参观了化学系、生物系，并从该校植物生理研究室了解了一些与固氮遗传、根瘤菌自生固氮和红萍在稻田应用相关的情况。在斯坦福大学参观了化学系和几个研究机构。此外，沈善炯和卢嘉锡还受邀到南加州大学访问，并匆匆浏览了加州理工学院。7 月 2 日，代表团从旧金山出发，经日本东京，7 月 4 日晚抵达北京。

通过为期四周的访问，沈善炯和多个国家的科学家交流了生物固氮存在的问题和困难——譬如与固氮相关的基因数目很多，DNA 链很长，分别属于不同的转录单元，不容易转录成功，更不容易表达出来——以及解决问题的可能途径。他报告了自己的工作，结交了不少朋友，看到了自己的实验室与国际先进水平的差距，认清了实验室的发展方向，在学术上很有收获[①]。

图 9-3　1981 年沈善炯与布里尔（W.Brill）在威斯康星大学

图 9-4　1978 年在美国东部冷泉港时沈善炯与诺贝尔奖得主麦克琳托克（B. McClintock）合影

① 中国科学院档案馆档案（D146-379）。

第九章　生物固氮研究

1978年10月下旬，沈善炯再次起程赴美。上次赴美之前，中国科学院外事局替他置办了两套毛料服装，访问结束后收回。这次他再次出国，外事局却再也找不到以前那两套衣服了，植物生理所只好报请上海分院紧急给他做了一中一西两套新装。经历了这么多年的磨难，终于又回到母校，见到时常想念的师长和同学了，沈善炯感到非常激动。

在"基因、细胞和行为"论文报告会上，沈善炯作了题为《细菌的固氮基因》的报告。其他作报告的校友都是当时世界第一流的科学家，还有诺贝尔奖获得者，如比德尔、德尔布吕克、杜尔贝科（R. Dulbecco）和特明（H.Temin）[①]。沈善炯知道自己的工作已经落后他们许多了，所以在报告时特别谦虚，是带着向他们请教的态度来发言的。而校友们感兴趣的则是从一个遥远封闭的国度来的学者的声音，并不在乎他的工作水平。鉴于沈善炯几经沧桑后还能回到学术研究上来，霍罗威茨教授感到分外高兴。弗琳早已退休多年，可她还是驾车特意从北加州来参加这个会议，沈善炯知道她来此主要是为了看望自

图9-5 1978年10月与老师诺曼·霍罗威茨

图9-6 1978年10月与老师德尔布吕克

① 杜尔贝科（1914—），意大利裔美国病毒学家；特明（1934-1994），美国生化学家。因发现病毒在机体内的致癌机理，他们和巴尔的摩（D. Baltimore）一起分享1975年诺贝尔生理学或医学奖。

己，参加一次有老师、她和沈善炯的重聚。28年一次的重聚，人生难得几回啊！上次见面时还非常年轻，现在已经60岁出头，两鬓苍苍了。他们非常激动，絮絮叨叨，讲了许多30年前的琐碎往事以及今后的打算。对于"四清"和"文化大革命"中的遭遇，沈善炯不提，他们也不问。

在会议期间，霍罗威茨教授建议沈善炯重返加州理工学院工作一年。他说学校将以高斯尼（Gosney）基金聘请沈善炯为访问研究员。加州理工学院是世界遗传学中心之一，如能返校工作一年对沈善炯及国内的遗传学工作无疑是有帮助的。但当时他没有表示意见。

1979年7月，第11届国际生物化学大会在加拿大多伦多举行，沈善炯作为中国代表团的成员参加这次会议。在会议期间，他遇见他在加州理工学院念书时的另一位老师、后来的诺贝尔奖得主、遗传学家刘易斯教授。他再次要沈善炯考虑访问加州理工学院的问题。沈善炯说，他必须征求国内的意见，然后才能决定。会议结束后，中国代表团应纽约州立大学阿尔勃尼（Albany）分校金祖贻教授的邀请，访问该校。而此前沈善炯还得到水牛城-洛斯威尔（Buffalo Roswell Park）研究院分子生物学系主任丕根教授的邀请。所以沈善炯决定顺道去水牛城。丕根是沈善炯在美国留学时代的好朋友。30年后重聚，大家都很高兴。听说加州理工学院拟邀请沈善炯去访问后，他建议沈善炯先在洛斯威尔研究院访问半年，然后去加州理工学院。他说：加州理工学院仍是当前生物科学的世界中心之一，工作紧张。现在我们年纪老了，应该有个适应过程。而水牛城就是先适应一下的地方，先学习一些在最近几年来发展的分子遗传学技术然后回加州较好。沈善炯同意他的看法，答应他回国后再决定。后来沈善炯将此事告知代表团团长王应睐。王应睐个人表示支持这个意见。回国后不久，沈善炯接到丕根发来的正式的邀请信，邀请沈善炯作为访问教授在洛斯威尔研究院分子生物学系工作半年。后来经植生所党委和殷宏章所长同意，沈善炯向科学院提交了出国访问申请。

1979年12月15日，沈善炯离开了北京。16日绕道巴黎抵美国纽约。19日到达水牛城。到机场来接沈善炯的，除丕根外，还有沈善炯的好友王通裕和他的夫人、沈善炯在联大念书时的同班同学谢广美。洛斯威尔研究院院长墨菲（Gerald P.Murphy）博士隆重地接见了沈善炯，说他是该院成立以来第一个来访的人民中国的学者。

沈善炯在洛斯威尔研究院主要研究基因的表达。他第一次用老鼠为材料作试验，观察性激素对基因表达的组织专一性现象。和他一起工作的有薛中天和广州的叶玉坤。沈善炯的同行和旧时的同学知道他已来美国，纷纷写信给沈善炯或丕根，要他去作学术报告，因此沈善炯曾在康奈尔大学、哈佛大学医学院、芝加哥大学以及威斯康星大学等处作了多场学术报告。他报告的内容局限于近几年来才开展的固氮基因研究。他觉得，与其说是那是学术报告还不如说是一种宣传——他想告诉世人，在那荒芜已久的遗传学领域，我国已开始重建基础，着手工作了。

1980年8月，沈善炯离开水牛城，以高斯尼访问研究员的身份去加州理工学院生物系工作，薛中天作为助手与他同行。昔日的老师和同学都知道沈善炯是为中国开展现代遗传学研究而来补课的，沈善炯有"笑我重来已白头"之感。在那里，沈善炯主要研究固氮基因的结构。那时DNA序列分析刚才开始，他们把大多数时间都花在学习和分析他们在中国发现的固氮基因J的核苷酸序列上。最令沈善炯受益的是，在每天的咖啡或午餐时间，他有机会听一些有成就的科学家闲谈，那些"奇谈怪论"其实是科学家面对现实的挑战。这使他重温加州理工学院的学风——坚持科学研究处于世界前沿（Keep Leading Edge）。就像30多年前做研究生时一样，沈善炯得到了鼓励和勇气，他依然想学好本领，赶快回国，为祖国的科学尽一份力量。

图9-7 1980年8月沈善炯作为高斯尼访问研究员在加州理工学院工作时摄影

1981年3月，沈善炯应邀参加南加州中国工程师和科学家协会的年会，接受了该协会第19届科学成就奖。这是个由美籍华裔科学家和工程师组织的在全美有影响的协会，每年给有成就的科学家2—3人授奖。杨振宁、李政道、李卓皓等都接受过这个奖。1986年，钱学森也被推选为获奖者，但他并没有去美国接受这个奖。这次和沈善炯一起受奖的还有高锟（Challes Kuen Kao，1934—），他是光学纤维通讯的创始人，2009年获得诺贝尔物理学奖。会议组织者告诉沈善炯，他是第一个来自大陆的中国人到此受奖的。推荐沈善炯的主要理由是，尽管在回国30年中经历数次政治运动，沈善炯仍在中国开拓了微生物生理和生化遗传的研究，而且在抗生素的生物合成、葡萄糖降解新途径、细菌固氮遗传学等领域取得了重要成绩。当时冯德培先生正在加州大学洛杉矶分校访问，他亦应邀参加这次会议。关于参加受奖，事前沈善炯和冯先生讨论过几次。那时冯先生已是中国科学院副院长，他认为沈善炯应该接受这个奖。这样沈善炯才决定出席授奖典礼。接受奖状后，沈善炯作了约10分钟的答词。他感谢协会对他的奖励，提起许多和他一起工作过的同事，特别是已故的学生王

图9-8　1981年3月，沈善炯参加南加州中国工程师和科学家协会第19届年会颁奖典礼（右起：沈善炯、高锟、陈香梅）

第九章　生物固氮研究

图9-9 沈善炯的获奖说明书

> Achievement Award
>
> for
>
> CONTRIBUTION IN BIOCHEMICAL GENETICS
>
> DR. SAN-CHIUN SHEN
>
> Dr. Shen was born in Kiangsu, China in 1917. He received his BS (1942) from the National Southwestern Associated University in Kuming, China and his Ph.D (1951) from the California Institute of Technology. His doctoral thesis, entitled "Genetics and Biochemistry of Methionine Synthesis in Neurospora" is among the early works in biochemical genetics. Dr. Shen has continued to work in this field since his return to China in 1951. His notable contribution included the biosynthesis of antibiotics, the discovery of new pathway of glucose degradation in enteric bacteria, and the genetics of bacteria nitrogen fixation. Despite of the difficulties he encountered in research facilities in China and of the political disruptions to his career, Dr. Shen has published more than twenty papers in various scientific journals. Dr. Shen, as the deputy director, Institute of Plant Physiology of the Chinese Academy of Sciences, has been providing direction and impetus in establishing research on the microbial physiology and molecular genetics in China. Presently he is spending a year at Cal Tech as the Gosney Visiting Associate working on the nucleotide sequence of a nitrogen fixation gene which he and his colleagues discovered in China. Dr. Shen is one of the editor of Scientia Sinica and he is also the vice-chairman of the Chinese Society of Genetics.

图9-10 1986年，沈善炯被美国波士顿生物医学研究所授予杰出访问科学家称号

孙仑。他说，"我们经过了一个坎坷的道路，但现在严寒已经过去，春天在望，祖国的科学大地已大放光芒，需要我们耕耘、播种。我就要回去，为祖国的重建而努力。"他的发言受到与会者的热烈掌声。陈香梅女士[①]站起来与他握手祝贺。

1981年3月末沈善炯离开加州，薛中天仍留在学校继续工作。由于纽约大学医学院微生物学系马斯（W.K.Maas）教授的热忱邀请，沈善炯到纽约在他的实验室访问两个月。马斯是沈善炯当年在加州理工学院的好朋友。沈善炯当研究生时，他是博士后研究员，两人当时都在霍罗威茨教授的指导下工作。沈善炯学习他们研究细菌毒素分子遗传学的一个技术——DNA异源双线基因定位。6月初，沈善炯回国。

---

① 陈香梅（1925—），著名社会活动家，"飞虎队"（即美国志愿飞行团）队长陈纳德将军的夫人，美国政府对中国政策的资深顾问。

在这次为期一年的进修之后，沈善炯还多次应邀出国开会或讲学。其中，与生物固氮方面的活动最多。譬如，1982年4月，作为中国代表团团长，沈善炯率队到美国威斯康星大学参加了中、美双边固氮学术会议。会后，他们还参观访问了有代表性的固氮研究的实验室、基因工程公司等近20个单位，对近年来美国在固氮方面的研究作了比较全面的了解[1]。除此之外，他还多次作遗传学方面的报告。譬如，1983年12月，他应邀去印度首都新德里参加第十五届国际遗传学大会，并作大会报告。这是一个有51个国家、约2500名代表（其中印度之外约800名）参加的盛会。中国科学技术协会组织了以中国遗传学会理事长、复旦大学生物系教授谈家桢为团长，由36位科学家组成的代表团。中国的会议组织机构一度想指派他人代表中国去作大会报告，但这届国际大会的组织者坚持指定沈善炯[2]。这次，谈家桢和中国科学院遗传研究所所长胡含也应邀作了大会报告。会后，代表团又去加尔各答参加了国际遗传学大会的卫星会议（主题为"染色体研究——现代的趋向与观点"），并参观了印度农科院、全印医学科学研究所、尼赫鲁大学、德里大学、加尔各答大学等学术机构[3]。

图9-11　1983年沈善炯在第十五届国际遗传学会议期间与鲍文奎合影

沈善炯对1988年的第十六届国际遗传学会议的印象尤其深刻。那一次，他又被邀请在大会上作学术专题报告。但不知何故，会议组委会发出的邀请函被错送到日本去了。当沈善炯接到信封上盖有"missent to Japan"

---

[1] 纪再：中、美科学院双边固氮学术会议在美召开.《植物生理学通讯》，1982年第4期，第6页。

[2] 中国科学院档案馆档案（D146-606）。

[3] 杜若甫：第十五届国际遗传学大会侧记.《遗传》，1984年第4期，第45-47页。

（错送至日本）字样的信时，要求他回信的期限早已过了，于是他只好回信说不去了。这一年5月，他还应邀去墨西哥参加微生物-植物相互作用的分子遗传学国际会议。在会议期间，他巧遇第十六届国际遗传学会议的组委会主任魏尔玛（D.P.S.Verma），魏尔玛坚持要他参加。于是他又匆匆赶往美国的波士顿，准备报告材料。当时，他应美国波士顿生物医学研究所所长保罗斯（Henry Pauls）之邀，正在该所总结植生所和该所前面一年的合作经验，并就根瘤菌基因作用的特性开展合作研究。

当沈善炯于8月到达加拿大多伦多市时，他才得知，这次会议的规模比上一次还要大，共有3160位代表参加，其中中国代表64人。而应邀在第十六届国际遗传学会议中作大会学术报告的与会中国科学家，只有他一人。他想，在这个盛会上，我国总该有人报告自己的研究工作，很庆幸自己还能赶上这个会。他在会上报告的题目为：根瘤菌在发育过程中结瘤和固氮基因的顺序性表达。后来，这篇文章被刊登在《基因组》杂志上[genome 31：354—360（1989）]。

与会者中有沈善炯以前的一个研究生、正在美国罗彻斯特大学攻读分子生物学博士学位的熊跃。他为人爽直，一见到沈善炯就问："沈老师，您要回答我两个问题。第一，

图9-12 1988年第十六届国际遗传学会议期间，沈善炯遇到同学、英国剑桥大学教授弗尔庆（John Finchum）

图9-13 在第十六届国际遗传学会议上沈善炯与学生熊跃合影

我是不是您的学生？第二，您是不是在研究工作上不服气、不甘心落后于人？"沈善炯不假思索地答道："你是我的学生。我自知我的工作落后于时代，但确实不甘心，我要努力赶上去。"他一听这话，高兴得跳了起来，连连说："好！好！那我要请你去中国街吃饭。"熊跃想问的其实主要是第一个问题。这是因为沈善炯当年曾对熊跃等人说过，他和他们不是师生关系，而只是利益关系。事过多年，政治运动给沈善炯带来的心灵伤害终于调整过来了。熊跃后来在美国北卡罗来纳大学生物化学与生物物理系工作，取得了很好的成绩，2005年被授予克朗（William R. Kenan）教授称号。

除自己经常应邀出国交流外，沈善炯还常常派分子遗传室的科研人员出国进修。从1979年开始，在短短的几年中，他先后派出了近10位科研人员，到美国、法国、日本等国家的著名实验室进行1—3年的进修。他们学成之后基本都回来，成为研究室的研究骨干。其中，朱家璧是出去得最早的。研究所本来安排金润之于1978年10月与沈善炯一道去美国，然后留在加州理工学院进修一年，但后来美方和金润之本人均认为他的英语会话能力欠佳，于是，经协商，决定改派英语水平较高、时任分子遗传研究室副主任的助理研究员朱家璧去进修。而进修的地点，也改为了威斯康星大学布里尔教授的实验室——那里是全球生物固氮研究的中心之一，在专业方面更为对口。自1978年6月在第三届国际固氮会议上与沈善炯结识以来，布里尔教授一直与沈善炯保持有工作上的联系。他很欣赏沈善炯的工作，对他派出的学生，或者他介绍的从中国各地过去的年轻学生，都热情地接待和指导。他对朱家璧印象特别好，在写给沈善炯的信中，称赞她的勤奋和智慧为"Representative of China"（中国的代表），沈善炯读后非常高兴。在布里尔

图9-14　1980年沈善炯在威斯康星大学与布里尔（W.Brill）和朱家璧合影

第九章　生物固氮研究

教授的悉心指导下，朱家璧学到了很多分子遗传学方面的知识和技术，同时也在那里做出了贡献。回国之后，她成了分子遗传研究室的主要的学术带头人之一。

在派遣科研人员到国外进修的同时，沈善炯也在自己的实验室接纳从国外来的合作或进修人员。1981年，美国哈佛大学林继俭（Ed CC Lin）教授带了一位年轻科学工作者来研究室工作，帮助建立了用LacZ基因融合的方法研究固氮基因的表达，使基因表达和调控的研究很快赶上国际前沿。1982年，沈善炯接到美国哈佛大学的华裔学者欧永祥（David Ow）的来信，说他希望在完成博士论文后到沈善炯的实验室工作1—2年。沈善炯在中国科学院生物学部的常委会上提出此事，时任中国科学院副院长兼生物学部主任的冯德培在看了欧永祥的学历和工作情况后，极力主张同意他过来作博士后研究，而且学部愿意承担他在中国工作和生活的费用。冯德培的这个意见在常委会上得到了通过。哪知这件事却在植生所引起了争端。在一次学术委员会会议上，出现了反对意见，说我们花这么多钱，为什么不去邀请一个著名的科学家来，而让一个刚刚获得博士学位的人来工作。这些意见弄得沈善炯很为难。他深知欧永祥的为人和学问——欧永祥在固氮基因研究方面作出过出色的成绩，他的到来对分子遗传室有利，因为目前还不是请著名科学家来"纸上谈兵"的时候，研究室急需的是科学实践，以及建立起一个现代化实验室的基础。因此沈善炯最后只好将冯德培先生的意见以及生物学部委员会的决定告诉大家，即欧永祥来此的一切经费都由学部负责，不花植生所一分钱，这场风波才总算平息下来。1983—1984年，欧永祥到沈善炯的实验室来访问了一年。事实证明，他对研究室起了重要的作用，他的工作成果发表后受到国际上的广泛重视。

自 生 固 氮

从1979年开始，在"文化大革命"中被"砸烂"的中国科学院学部开始恢复和重建。1980 年年底，学部委员们经过无记名投票民主选举新的学部委员，沈善炯和邹承鲁、曹天钦、施履吉、鲍文奎等一共 283 名科学家当选为新的学部委员。在 1981 年 5 月举行的中国科学院第四届学部大会上，他又进一步当选为生物学部常委。当时学部不仅是全国科研工作的咨询机构，还是权力机构，负责全国科研重要项目和成果的审查与奖励，甚至科学院各所高研职称的评定都要经过学部常委会的讨论，所以工作相当繁忙。沈善炯几乎每隔三个月就要去北京开一次常委会。

作为国内分子遗传学的主要学科带头人，沈善炯获得生物学部的支持，从那得到一架工作急需的超速离心机。这事曾引起了植生所一位研究人员的强烈不满，他认为这是沈善炯凭私人关系从上面弄来的，生物学部有偏心。沈善炯不愿意在"文化大革命"刚过，大家的好日子还没过上几天的时候，就闹得心情不愉快，所以采取了息事宁人的态度，一面劝研究室的工作人员使用时不要大模大样，避避风头，一面又照会植生所的其他各研究组，如果需要，也可以协商择时使用。大家谁不想工作条件好一点，能多做点事呢？只要是为了科学研究，沈善炯觉得自己没有什么不能忍让的。不管是他个人，还是别人，甚至与他有怨恨的人，只要能做出成果，他都会很高兴。他愿意为他们做一些自己力所能及的事。他认为，在科学面前，不应涉及个人的恩怨。

由于工作得到支持和重视，实验条件越来越好、掌握了最新科技知识的研究人员越来越多，分子遗传研究室做出了不少成果。其中，沈善炯亲自领导的固氮基因的表达和遗传操纵课题组进展尤其迅速，在 1982 年的中美科学院关于生物固氮的双边会议上，就被认为已接近世界水平。

他们主要以克氏肺炎杆菌（*Klebsiella pneumoniae*）为材料，研究固氮基因的结构、表达和调节。起初，他们"以 hisD 变种 CH80 作为受体，不同的 nif 变种作为供体，应用噬菌体 P1 转导和三点交叉试验的方法，测定得到两个突变基因之间的最大距离是 1—2Kb。说明固氮基因与 hisD 是联锁的，它们在克氏肺炎杆菌的染色体上呈一簇排列，否定了国外科学家认为基因间有'静止区'存在的观点。"① 这个成果于1977年发表在《中国科学》杂志上。

然后,他们通过构建含有 K. pneumoniae PRD1 his⁻ nif⁺ 质粒的大肠杆菌(E. coli)recA 突变种与各个染色体 nif⁻ 突变种进行互补,证实 K. pneumoniae 中有17个固氮基因。他们还发现,有一个变种C1005,它位于 nifH 和 nifJ 基因之间,可以互补实验室中所有已知的 nif 变种。他们由此推测这可能是一个新的基因 nifC。后来,通过与布里尔教授实验室合作,他们证实了 nifC1005 定位于 nifJ 基因中,它的蛋白质产物是由两个分子量相同的亚单位组成的二聚体。它可以和 nifJ 突变种互补,是由于发生了基因内的互补。细菌中基因内的互补现象是很少见的。

他们还运用 DNA 克隆技术,将 K. pneumoniae 各个 nif 基因的克隆片段作为探针去测定其他固氮细菌中的固氮基因,证明在包括根瘤菌在内的不同的固氮菌中,主要的固氮基因都存在高度的同源性。他们还成功地向肺炎克氏杆菌和阴沟肠道杆菌中引入多拷贝重组 nifA 质粒,从而打破了对 nif 基因表达的阻抑,实现了在有铵的情况下,固氮微生物也能固氮的设想。这一试验的成功,不但在理论上有助于阐明基因调控的机理,而且给发挥禾本科根际固氮的效能指出了光明的前景。

克氏肺炎杆菌是研究固氮基因表达与调节的一个模式菌。沈善炯于1978年提出了其固氮基因的双层次调节假说:"克氏肺炎杆菌固氮基因的表达、调节存在有两个层次。第一层次是固氮专一性的,通过 nifAL 操纵子的 nifA 和 nifL 基因进行调节其他固氮基因的活性。nifA 的产物 NifA 可以激活所有 nif 基因的转录,这是正调节作用。nifL 的产物 NifL 在有氧或铵的条件下抑制 NifA 的活性,因此这是固氮基因的负调节作用。第二层次是非固氮专一性的,nifLA 操纵子的转录受氮同化系统(ntr)中的 ntrA 和 ntrC 基因的产物所调节,进而对其他固氮基因进行调节。"② 继沈善炯用实验对此作了证明之后,1995年,国内外几个实验室对固氮基因的双层次调节模式作了进一步的证明。此后,沈善炯等"在研究 nifLA 启动子结

---

① 朱家璧等:中国科学院上海植物生理研究所分子遗传学研究(待刊)。

② 同上。

图 9-15 2007 年沈善炯（中）与俞冠翘（左）、朱家璧（右）在厦门

构时发现，有 1 个类似厌氧盒的保守序列存在，在无氧条件下，1 个反式作用因子与厌氧盒结合，推动 nifLA 的转录。同时还通过酵母双组份杂交系统，证明在有氧条件下 NifL 对 NifA 的抑制作用。这些工作进一步证明氧对固氮基因的调节确实是在两个层次即 nifLA 的转录水平和 NifA 活性水平进行的。"[1]

沈善炯等还对 nif 基因的启动子的结构和调节进行了研究。他们发现，启动子的保守性序列的变化，可以改变其对 nifA 产物的依赖。沈善炯在 1985 年的第六届国际固氮会议的大会上报告了这项工作，得到高度赞誉——这项工作被认为是近几年中最出色的成就之一。而沈善炯领导的研究室，则被认为是国际上生物固氮研究中心之一。

国内也对沈善炯等人在自生固氮细菌固氮基因结构和调节方面的工作做出了奖励。1978 年，他们获得全国科学大会奖；1979 年，获得中国科学院自然科学一等奖。1988 年，他们获得国家自然科学二等奖——中国科

---

[1] 朱家璧等：中国科学院上海植物生理研究所分子遗传学研究（待刊）。

第九章 生物固氮研究

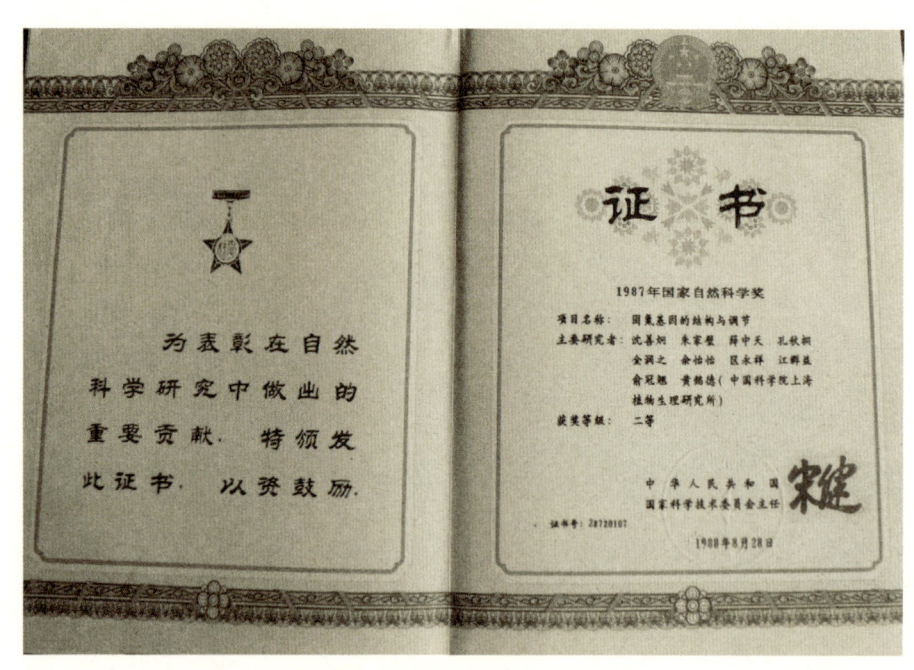

图 9-16 1988 年，沈善炯等获得国家自然科学二等奖

学院的档案显示，一些评委建议授予他们一等奖。据朱家璧回忆，为求平衡，在最后一刻，一等奖变成了二等奖。对此，沈善炯很不满意，连二等奖的证书都不愿意带回家。

共 生 固 氮

相比最简单的自生固氮细菌而言，大豆、紫云英等通过根瘤共生固氮的生物更有经济价值。1981 年，沈善炯和他的助手薛中天从美国加州理工学院访问归国后，决定拓展研究范围，在分子遗传研究室内建立一个新的课题组，以大豆为材料，开始植物分子遗传学的研究。这是植生所植物分子遗传研究的起始。薛中天、沈善炯等首先从分离与转译大豆（*Glycine max*）贮藏蛋白信使核糖核酸入手，进而将贮藏蛋白的两种编码顺序克隆，并通过分子杂交和体外翻译研究了它们的性质。他们还从分子遗传学上提出栽培大豆（*Glycine max*）起源于野生大豆（*Glycine soja*）的分子证据。这些工作发表在国内外刊物上，是我国植物分子遗传研究的最早的报道之一。

后来，沈善炯和朱家璧、俞冠翘、金润之、黄懿德、沈柄福、周宗汉、江群益等分别对苜蓿根瘤菌结瘤及其固氮基因，紫云英根瘤菌结瘤及其固氮基因，水稻根际固氮细菌展开了研究。俞冠翘研究员曾谈起过他们的研究思路和研究成果：

图9-17　2004年沈善炯与薛中天

  生物固氮的分子遗传学研究是从简单的自生固氮菌——克氏肺炎杆菌开始的。当时想弄清楚克氏肺炎杆菌为什么能固氮，这项生理功能是由多少个基因控制的，这些基因各起什么作用、怎么工作的，它们的工作受那些因素制约，如何能提高它们的工作效率，为改造生物提供依据。

  1985年以后改为主要搞共生固氮。共生固氮要两方面，一是豆科植物，一是根瘤菌，首先，两者通过相互作用形成根瘤，根瘤菌进入根瘤细胞，发育成类菌体，然后将分子氮转变成氨。我们主要研究根瘤菌究竟由哪些基因参与这一过程。它们是怎么工作的。根据国外的研究，自生固氮菌和共生固氮菌有很多共性，如固氮基因 *nifA*，*nifHDK*，都是一样的，自生固氮的肺炎克氏杆菌里有，根瘤菌里也有。*nifHDK* 是固氮酶基因，*nifA* 是调节基因。后来又发现了 fixABC 等，这些是共生固氮菌特有的，缺了它也就不能固氮。

  我们也搞了应用研究。因为自生固氮菌和根瘤菌 *nifA* 同源性很高，功能相同，自生固氮菌的 *nifA* 也可以激活共生固氮菌的固氮基因。我们后来把自生固氮菌的克氏肺炎杆菌 nifA 转到大豆的根瘤菌里去，提高了大豆的产量……应用接受了克氏肺炎杆菌 nifA 的大豆根瘤菌感染大豆后，大豆产量可提高 10%，用这个菌和原先的大豆根瘤菌比较，可提高 5% 的产量。这一技术目前还没有投入产业化。它是"863"项目支持的，后来"863"没继续支持，就停止了。要产业化，还需做一些深入的研究，如共生固氮菌怎么发酵，菌肥怎么使用等。现在外地有一些企业对相关研究有兴趣，有的希望跟我们合作搞研究，有的想购买菌种。豆科植物可以有共生固氮，也可以没有。它是否固氮要看土壤的肥沃程度，如果土壤很肥沃就不会固氮，因为固氮要消耗很多能量。而在贫瘠的土壤里它就会选择固氮。我们这个共生菌如果用到新疆那种地方，固氮效果会非常明显。[①]

"文化大革命"时，在"中央文革小组"的鼓动下，中国城市中的各个机构，几乎都在分成两派进行文斗或武斗，有的还激烈到了你死我活的程度。这种人和人之间关系的极大破坏一直延续到"文化大革命"结束之后。植物生理所于 1978 年建立分子遗传研究室，这本是个好事。但仍有人到中国科学院生物学部去告状，说遗传学与植物生理无关，不应该在植物生理所建立分子遗传研究室。植生所的业务方向不应该由沈善炯和殷宏章操纵。

因为这个争议，一直到 1984 年，植生所才决定申请成立植物分子遗传国家重点实验室。这个申请于 1986 年获得国家科委的批准。1988 年，这个实验室依托植物生理研究所建成。薛中天组转到植物分子遗传国家重点实验室。原分子遗传研究室分成两个组，即分子遗传组和毒素基因结构与功能组。不久，毒素基因结构与功能组的负责人陈俊标偕夫人顾德安出国，分子遗传室精简为分子遗传组，由朱家璧任组长，金润之任副组长。

1988 年时，有不少人争着要进植物分子遗传国家重点实验室，包括不久前还在反对植生所搞遗传学研究的人。但沈善炯没有加入这个实验室。他的朋友李竞雄和郑国锠等都来问他为什么不加入，沈善炯告诉他

---

① 根据笔者对俞冠翘教授的访谈（2008 年 7 月 30 日于上海植物生理生态研究所）。

们："细菌不是植物"，我们搞的是"细菌分子遗传学"。沈善炯、朱家璧、俞冠翘等并不因为没能参加这个国家重点实验室就在一旁嫉妒，说风凉话；相反，他们心里还是很高兴的。遗传学研究终于在植生所这个一直"以阶级斗争为纲"的地方确立了，遗传学研究终于在中国重建起来了，这是作为遗传学家的沈善炯多年以来的愿望。

图 9-18　分子遗传室所在的科研大楼（熊卫民 2008 年 7 月 30 日摄）

晚 霞 夕 照

20 世纪 90 年代中期，分子遗传研究组的研究范围又有了进一步的发展，研究方向从共生固氮分子机理的研究扩大为微生物和植物相互作用的分子机理研究。研究课题增加了宿主植物苜蓿与共生固氮相关的基因组学研究。虽然此时沈善炯已是七八十岁的老人，他仍坚持去办公室，跟大家讨论工作。朱家璧和俞冠翘等深入研究基因的结构、表达和功能，涉及 DNA 与蛋白质，蛋白质与蛋白质间的相互作用，以及环境因子作为信号分子，通过传递诱发这些高分子间的相互作用而使基因表达或阻遏。这些工作在遗传学上有普遍意义，吸引了沈善炯的兴趣。

20 世纪 90 年代后期，因为对科学发展的杰出贡献，他先后荣获美国加州理工学院杰出校友奖（1996 年）、陈嘉庚生命科学奖（1998 年）、何梁何利科学与技术进步奖（1999 年）。2000 年时，他又应香港科技大学之邀，将 1974 年至 1995 年期间自己在生物固氮领域所做的研究写了一个概

第九章　生物固氮研究　　**193**

括的综述发表在世界科学出版公司出版的 Discoveries in Plant Biology（《在植物生物学中的发现》）一书中。

图 9-19　1996 年 5 月授予沈善炯加州理工学院杰出校友奖时，校长夫妇欢迎沈善炯和夫人卢盛华及陪同的子女沈韦、沈聿

图 9-20　1998 年 4 月，沈善炯与夫人卢盛华（左三、四）在新加坡与授陈嘉庚生命科学奖的新加坡总统王鼎昌（左五）合影

1997年，沈善炯进入80高龄。虽然他的头脑还十分清晰，但视力、听力、精力都已明显衰减，不得不逐渐淡出心爱的科研舞台。他厌恶苟活，仍想发挥余热，遂反思自己人生的经历，撰写了一些回忆文章。他想，说真话，把自己的经验和教训留下来，供有关部门和平民参考，将是自己为祖国和人民所做的最后贡献。

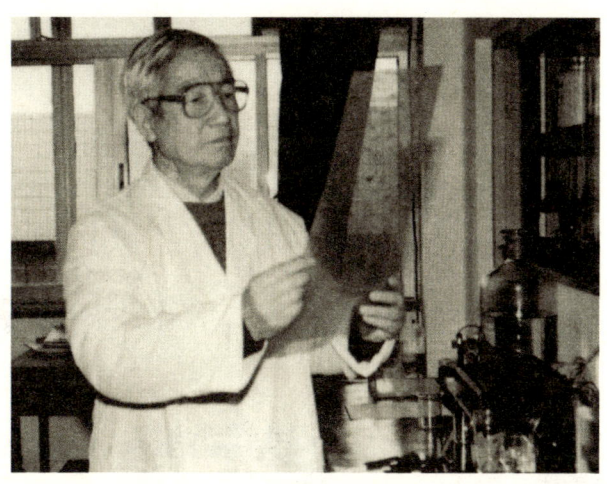

图 9-21　沈善炯在实验室检查实验结果（1999年）

从1998年起，他先后发表了《纪念罗宗洛老师》、《记我师殷宏章先生二三事》、《忆王仲良》、《机遇》、《竞争与合作：揭示DNA奥秘的动力》等文章，并出版了《我的科学生涯》、《沈善炯自述》两书。此外，他还撰写了一些不打算在生前发表的文章。从内容上看，这些作品所讲述的主要是他的经验和他的教训。在外敌入侵、战火纷飞、颠沛流离的情况下，作为一个处于社会底层的农家子，他能接受良好的教育，成长为科学家，并在以后主持国家的科研项目，解决科学理论和国计民生方面的重大问题，这一切不能不说是人生中难得的机遇。而正当壮年、科研事业如日中天时，他被列为政治运动的靶子，遭到诬陷、批斗、刑讯逼供等残酷迫害，遍体鳞伤、余恨绵绵，时间长达十几年之久，这一切又不能不说是惨痛之际遇。尤其讽刺的是，给他带来好运、令他意气风发的，与给他带来厄运，令他壮志未酬的，居然在相当大的程度上是同一批人。

1998年，朱家璧退休，分子遗传组改由俞冠翘任组长。2005年，俞冠翘也退休。但他们俩并没有中断研究工作。在经历了三年比较困难的时期后，2008年，俞冠翘的学生罗利从美国纽约城市大学完成博士后研究工作归来，负责分子遗传组的工作。他和组内的其他年轻人继承沈善炯开创的

图 9-22 沈善炯与研究生在一起（2001 年）

传统，对分子遗传组的发展进行了新的规划：以根瘤菌－豆科植物共生体系为主要研究模型，结合植物分子免疫学的新理论，化学生物学、进化生物学和功能基因组学的新技术，通过揭示植物与微生物相互作用的共同规律，提高豆科植物的固氮效率，扩大根瘤菌的宿主范围，为我国农业的持续发展作贡献，并争取 5—10 年，使研究组重新成为国内最好的、国际知名的共生固氮研究单元。这群年轻人坚信沈善炯先生开创的事业在他们手上会走向新的辉煌。

年近 90 岁时沈善炯还偶尔会去实验室看看。他已经很老，难以再从事学术研究了，但看到年轻人在旁边成长，观察到新的现象，不论是证实还是否定前人的研究结果，他都像在茫茫沙漠中的行人发现了水源那么快乐。他喜欢朱自清先生的诗句："但得夕阳无限好，何须惆怅近黄昏"，有时几乎忘了自己的年纪。

结　语
机遇虽难得　壮志终未酬

2006年11月20日，温家宝总理在国务院主持召开"主要围绕高等教育展开的第四次会议"。他对六位并肩而坐的大学校长和教育专家说：

> 去年看望钱学森时，他提出现在中国没有完全发展起来，一个重要原因是没有一所大学能够按照培养科学技术发明创造人才的模式去办学，没有自己独特的创新的东西，老是"冒"不出杰出人才。我理解，钱老说的杰出人才，绝不是一般人才，而是大师级人才。学生在增多，学校规模也在扩大，但是如何培养更多的杰出人才？这是我非常焦虑的一个问题。①

不久，媒体把钱学森已经给出答案、由温总理再次提炼出来的问题——"为什么中国的学校总是培养不出杰出人才？"——作为"钱学森之问"加以报道。这个"天问"持续多年成为教育界的热点，引出了众多的解答。而中国科学技术协会从2010年起开展"老科学家学术成长资料采集工程"，在一定意义上讲也是为了解答它。笔者不揣浅陋，在介绍了

---

① 李斌：温家宝希望高等教育能培养出大师级人才。http://news.eastday.com/eastday/node81741/node81762/node174071/u1a2472380.html。

沈善炯的经历和思考之后，也对这个问题稍作分析。

沈善炯本是偏僻乡村一农家子弟，家境贫寒，备受冷落，处于社会之底层。日寇入侵时，更进一步沦为难民。在颠沛流离的情况下，他能完成大学学业，除自身努力外，更主要是因为师友的襄助、政府的支持：①他天赋过人，个性倔强，一心向学，非常努力。②这样的个性使他得到了众多老师、同学的同情和青睐，他们雪中送炭，给予他非常热情的关心和帮助。③尽管战争急需经费，当时的国民政府仍给贫寒学生提供实际上不求偿还的贷金，终于助他度过难关，完成了大学学业。④在张景钺老师、胡适校长等的帮助下，工作不久的他于1947年又获得了极其难得的去美国名校加州理工学院留学的机会，恰逢比德尔、德尔布吕克等名师在那里任教，分子生物学在那儿诞生，并得到霍罗威茨等老师和朋友给予的特别关照。这些都是难得的机遇，可谓非常的幸运。

吴江中学使他重拾尊严，教育他超脱小我，关心人民和祖国；西南联合大学使他打下扎实的基础，教育他如何做人，如何从事科学研究；加州理工学院使他重视创新，忘我地投身于科学，站到学科的最前沿。主持这些学校的是真正的教育家。他们把教育当福泽万民的公益事业来做，而不是将其作为赚钱或洗脑的手段，是按培养现代公民和科技人才的规律来办学的。他入大学后，遇到的老师，不但很有学问，对学生亦富有爱心，视他如子侄、朋友，而不是某种产品或工具。政府对学校的行政干预甚少，学校施行教授治校，自由和民主的风气浓郁，老师和老师、学生和学生之间，在合作的基础上竞争，以救助国家、推进学术、改善人类之生活为己任。在这种情况下，沈善炯和其他许多同学一样，潜能得到拓展，才华得以比较充分地发挥。

如果换成歪风邪气盛行、公平公正匮乏、平民子弟上升渠道狭窄的社会环境，为了在长大后找到一份不错的工作，他也从小学起即开始激烈的竞争，接受应试教育，应对各种题海，考取各种证件，恐怕大学尚未毕业，即已疲惫不堪、忧心忡忡，失去求知的欲望、想象的能力。就算有心向学、有财上学，在实施官僚统治、行政化极其严重的大学，从那些浮躁、腐败，缺乏个性、气节、学问和创造力的老师那里，也未必能学到多少有价值的东西。即使以后得到了出国留学的机会，潜力早已提前消耗的他，恐怕也不大可能成长为具有杰出创新能力的人才——甚至连成为心态悠闲、健康快乐的普通人的机会也不多。

据统计，在20世纪50年代，从海外留学归来的莘莘学子共有2000多人。笔者曾有幸访谈过其中几位，譬如邹承鲁院士、施履吉院士、郭可信院士和郑哲敏院士等。这些难得的"科学技术发明创造人才"，与沈善炯一样，在晚年时，也都有浓重的壮志未酬之叹。为什么他们不能人尽其才、取得与留在海外的同学类似的科学技术成就呢？在这里，我也不妨以沈善炯为例，作一点简单的分析。

因为在日本和美蒋特务作过坚决斗争，沈善炯回国之初，政治上比较受信赖，并于20世纪50年代被接纳为中共党员。在业务方面，他也因敏锐、勤奋、能力突出而得到重用，并在抗生素和微生物生化领域接连做出重要成绩，还当上了研究所的负责人。直到1964年之前，他可谓意气风发、一帆风顺。但幸运之神不会总是眷顾他。1964年后，随着李亚农、王仲良等慧眼识人、敢于担当的伯乐型领导或去世或调走或自身难保，这位"反胡风"、反右派斗争中的漏网之鱼，终于没能逃脱"四清"和"文化大革命"的劫难。不仅在正当壮年、事业如日中天时失去了十来年的科研机会，还遭到非人的肉体和精神折磨，变得遍体鳞伤，有如行尸走肉一般。

一个专心于业务工作，成就斐然，基本不过问政治，从来没有在公开场合对党的方针、政策表示过不同意见，也没有批判过他人，对国家和人民可谓有百利而无一害的科学家，仍然逃不脱政治运动的残酷迫害，甚至在解放数年之后还有浓重的受虐感，差点为此而自杀。这样的惨痛故事真是发人深省。其原因也可从个性因素、社会因素和政策因素三个方面来考虑。沈善炯一心为国家、为科学做贡献，为人正直，不搞歪门邪道，从来没有仗势欺人的地方。但他也有心胸不够开阔、性格急躁、心直口快的特点。由于不太注意察言观色、言辞表达未必恰如其分，有时候甚至在表扬人时还得罪了人。这种个性，有时会损害同事间、师生间的人际关系。如果是处在一个正常的环境中，这并无大碍。问题是，他所处的是政治运动频发的时代。于是，尽管他躲过了几次危险，最终却难免为流矢所伤。而在法律形同虚设的年代，一旦成为了政治运动的靶子，就必然是百口难辩。

在沈善炯看来，"不论是害人的还是被害的，其实都是这些政治运动的受害者。"他含泪撰写回忆录，回顾锥心刺骨的往事，目的不是清算那些加害过他的人，而是希望帮助国家吸取那些用血换来的教训："权力趋向腐败，绝对权力绝对腐败"。不受或很少受到监督的权力，不管是被交给什么样的政党，不管是被交给最高领袖还是普通狱卒，都可能导致骇人听闻的罪行。包括各级权力机构在内的一切社会关系的参加者都必须严格而平等地遵守和执行法律，依法办事。

但愿沈善炯先生的愿望能得以实现。但愿多灾多难的中国能够多出人才、人尽其才。

附录一　沈善炯年表

1917 年
4 月 13 日，生于江苏省吴江县屯村乡澄墟村，为家中长子。父亲沈国范（1896—1975），从吴江乡村师范讲习班毕业后回乡教书。母亲沈贞（1897—1976）。

1923 年
在家中延请塾师开始读书，性贪玩，不好学。

1924 年
9 月，江浙战争爆发，吴江受到严重骚扰。家中遭盗匪抢劫，为免遭绑架，由祖母带着迁到附近的同里镇，寄居于伯父家。后来父母也迁居该镇一小庙边。

1925 年
到同里镇上的泰来桥初级小学插班上二年级。

1928 年

以优秀成绩从初小毕业，升入同里高等小学上五年级。

1929 年

在同里高等小学六年级"智"组念书，在开学第一天就因家境贫寒而遭同学哄笑。

1930 年

因家贫和遭同学及老师羞辱而自暴自弃、无心学习、经常逃课，连考试都不想参加，最终未能从小学按时毕业。

1931 年

以同等学力考入吴江中学，上初中一年级，受教于杨雪门、王恕安等爱国教师。

9月28日，和吴江中学全校师生跟从杨雪门校长，去县城参加抗日救国民众大会。大家冒雨游行，振臂高呼抗日救国口号。

1932 年

1月28日，日寇进攻上海，第十九路军奋勇抵抗。

5月28日，和同学徒步20余公里，到苏州王废基公园参加淞沪抗日阵亡将士追悼大会。

1933 年

11月20日，"福建事变"爆发，李济深、陈铭枢、蒋光鼐、蔡廷锴等以第十九路军为主力，在福州建立抗日反蒋的"中华共和国人民革命政府"。不久，沈善炯与几个同学计划去福建参加第十九路军，遭家长和学校阻止。1934年1月，"福建事变"失败，第十九路军番号被取消。

1934 年

夏天，以第三名的成绩从吴江中学毕业，考入位于苏州的江苏省立农业学校。

1937 年

7 月，从江苏省立农业学校毕业。

8 月，到南京参加金陵大学农学院农业专修科的入学考试（后被录取）。旋即爆发八一三事变，日寇进攻上海。

10 月，离家前往安徽和县乌江镇，到迁到该地的农业专修科报到。

11 月，乘船随农业专修科西迁武昌。

12 月，离开金陵大学农学院农业专修科，到在武汉大学的同学钱其相处借住，申请去广西大学农学院借读。

1938 年

1 月下旬，为逃难所苦，想起父亲临别时"必要时可以从军抗日"的叮嘱，决定从军。和同学钱其相一道考入了中央政治学校特别训练班，因不适应那里的环境，未满一月即逃离。受训期间见过蒋介石，并曾听过陈立夫、周恩来等军政大员演讲。

3 月，离开武汉到广西贺县初中，寄居同乡马应朋处。

7 月，离开贺县到柳州沙塘，帮广西省农事试验场的苗圃工作，寄居于此。

9 月，到广西大学农学院借读，受教于张肇骞教授、于景让教授等，并得他们鼎力资助。

1939 年

7 月，听从张肇骞教授的建议，离开广西大学农学院去昆明。先在云南大学暂住，后参加西南联合大学的转学考试被录取。

9 月，转到西南联合大学生物系上学，受教于张景钺教授、殷宏章教授、杨石先教授、朱自清教授、吴晗教授等。

1942 年

1月6日，西南联合大学学生发动"打倒孔祥熙"的游行。

7月，在戴芳澜教授的指导下以昆明地区的水生真菌为题完成毕业论文，从西南联合大学毕业，获生物学学士学位。

8月，到清华大学农业研究所担任研究助教，随戴芳澜教授工作，主要研究古瓶菌的形态和生活史。

1944 年

3月，离开位于昆明大普吉的清华大学农业研究所，赴大理喜州到华中大学生物系任讲师。

4月，第一篇学术论文（A Form of *Sporophylyctis rostrata* With Spores）刊于《美国植物学杂志》。这篇论文是在戴芳澜教授指导下完成的，英文稿也基本上是戴芳澜写的，但戴芳澜没有在论文上署名。

6月23日，与毕业于西南联合大学经济系的同学卢盛华结婚。

1945 年

7月，应中央研究院植物研究所罗宗洛所长之邀，离开华中大学生物系，赴重庆到该所任助理研究员。

8月15日，日寇无条件投降。10月2日，离家8年以来第一次收到家书，获悉老家的房子已被日寇烧光；伯父于1942年被日军砍死；祖母因悲伤过度，于1943年8月4日病逝。

1946 年

7月，听从张景钺教授的安排，离开中央研究院植物研究所，到北京大学生物系任研究助教。

1947 年

上半年，经张景钺教授推荐，获得美国加州理工学院的奖学金。

8月，离开北平回南方办理护照和签证等，准备出国。先后得北京大学胡适校长、台湾大学于景让教授资助。

年终，到美国加州理工学院生物系留学。主修遗传学，导师霍罗威茨教授；副修有机化学，导师泽迈斯特教授；并受教于比德尔教授、德尔布吕克教授、刘易斯教授等名师。此时正值加州理工学院生物系全盛时期，分子遗传学正在这里诞生。

1949 年

秋天，因学习极为勤奋，处于过度的紧张和劳累之中，患上了肺结核，一度咯血。所幸病情还算轻微，经保障睡眠、充分休息，数月之后得以痊愈。

1950 年

2月，因参议员麦卡锡煽动，美国出现反共"十字军运动"，对许多无辜的美国人和在美国的外国人展开调查和迫害。

6月25日，通过博士论文答辩，论文题目为《关于链孢霉菌中酪氨酸、半胱氨酸关系的遗传学和生物化学》。后来，霍罗威茨教授以此为基础深入研究酶的结构和诱导问题，丰富了基因和酶的学说。

7月，经屈列尔推荐，去加州大学洛杉矶分校生化系的邓教授处以研究员的名义作氨基酸的分析研究，并参加戴维斯教授举办的学习班，学习他首创的青霉素选择大肠杆菌营养突变型的方法，得到了一些突变菌株。不久，受钱学森的影响，毅然改变计划，购买了归国的船票。

8月31日，和赵忠尧、罗时钧等乘威尔逊总统号轮船离开美国。

9月12日，轮船行至横滨时，和赵忠尧、罗时钧被美国中央情报局驻横滨办事处扣留，随即三人被关押到日本的巢鸭监狱。美方称，怀疑他们托运的行李中有关系国防机密的材料。

9月20日，威尔逊号上的111位其他留美学生抵达广州，发布告同胞书，称："我全体同学对这次美国陆军部借武力非法扣押我国学者和归国同学的行动，极为愤怒。我们除将上述情况报告我中央人民政府外，并向美国国务院提出严重抗议。"

10月31日，从巢鸭监狱获释，被移交给国民党"驻日代表团"。不久，接到台湾大学傅斯年校长的邀请电报，和赵忠尧、罗时钧坚决拒绝赴该校任教授。

11月15日，终获行动自由。16日，和赵忠尧、罗时钧到东京大学，访问著名理论物理学家汤川秀树的实验室，惜未遇其人，随即访问该校农业化学实验室。

11月17日，乘船离开横滨，20日抵达香港，21日回到祖国，受到广东省人民政府文教厅、广州市人民政府文教局及各文教机关团体代表的热烈欢迎。

12月，和赵忠尧等20位从美国、英国、加拿大归国的学者一道致电毛泽东，向他致敬，表示"热诚拥护抗美援朝运动"，"将各守岗位为革命建国伟业而努力"。12月9日，《人民日报》在头版登出了他们的电文。

1951年

1月，经谈家桢教授和丁振麟教授介绍，到浙江大学医学院生化科工作，任副教授，主教大学二年级的生物化学课。除医学院的两个班外，他还同时在理学院药学系带了一个班。

11月，中央教育部召开全国工学院院长会议，开始参照苏联的高等教育制度进行院系调整。按照规划，浙江大学将被拆散，只剩下工科。浙大医学院将归并到浙江医学院。

1952年

2月，经张景钺教授推荐，离开浙江大学医学院，到中国科学院上海实验生物研究所工作；应殷宏章教授之邀，任该所植物生理研究室副研究员。次年1月，植物生理室独立为植物生理研究所，由罗宗洛任所长，殷宏章任副所长。

4月，中国科学院沪区各单位开展知识分子思想改造运动，重点批判崇美思想，理论脱离实际和宗派主义，三个月后才基本结束。参加运动的人员被分为五类，罗宗洛属第四类，因为所谓的"政治问题"、"宗派思想"、"耍手腕"、"崇日思想"等而遭到批判；沈善炯被列为第二类人员，比较受信任。

知识分子思想改造运动结束后，应国家医药工业的急需，决定改行研究抗生素的生产。11月，创建微生物生理组。

11月20—24日，参加由中国科学院、中央轻工业部、中央卫生部联合召开的抗生素座谈会。

本年，加入九三学社。后曾担任该社中央委员会委员。

1954 年

5月，上海抗生素工作委员会成立，有中国科学院有机化学所、植物生理所、药物研究所、轻工业部上海实验所、上海第三制药厂等多家单位参加。同时成立了四个研究小组，即链霉素菌种与发酵组、链霉素化学组、青霉素调查组和金霉素研究工作组。沈善炯领导的微生物生理组主要研究金霉素的生产，包括菌种的选育和金霉素的发酵等。在不到3年时间内，取得优秀成绩，并培养出了一支科研队伍。

本年，配合上海工业试验所、上海第三制药厂开展金霉素扩大生产试验工作，帮助解决了不少生产中的实际问题。

1955 年

2月18日，中国科学院副院长竺可桢与中国科学院顾问柯夫达教授等谈起中国的抗生素研究。他认为，"对于汪猷、沈善炯[的]工作应表扬，并将成绩报告国务院。"

5月6日，北京抗生素研究工作委员会成立。

6月1—10日，因成绩突出，应邀到北京参加中国科学院学部成立大会，并在大会上宣读论文。在此期间，一度被怀疑为"胡风分子"，经中科院上海办事处党委书记王仲良力保方得以幸免。

8月1—6日，第三届国际生物化学会议在比利时首都布鲁塞尔召开。中国派出了由中国科学院有机化学研究所副所长汪猷、中国科学院生理生化研究所副所长王应睐、北京医学院副院长薛公绰组成的新中国第一个科学代表团参会。汪猷在会议期间重点介绍了他和沈善炯等人的金霉素研究。

10月25日，全国抗生素研究工作委员会成立，由中国科学院、轻工业部、卫生部、高等教育部、解放军总后勤部卫生部等单位的12名科学家或部门负责人组成，由中国科学院副院长吴有训任主任委员。

12月1—6日，来北京参加中国科学院1955年抗生素学术会议。会议不但有国内36个单位的150余名代表参加，还邀请了苏联、波兰、罗马尼亚、保加利亚、蒙古、越南、日本、缅甸、印度尼西亚、朝鲜、丹麦等11个国家的12名科学家，实际是中华人民共和国成立后召开的第一次国际性的科学会议。

12月2日，《人民日报》发表社论，总结中国近几年的抗生素工作，用不少篇幅表扬了沈善炯、汪猷等人的金霉素研究。

1956年

春天，作为中国科学院首批招收研究生的60名导师之一，一次招收2名副博士研究生——金以丰和洪孟民。整个中国科学院这次只招收了72名研究生。

4月，因为对金霉素的突出研究，所领导的抗生素研究组获中国科学院植物生理研究所集体一等奖。

6月10日，《人民日报》发布"从美英回国的留学生在科学研究和教学上的成就"一文，表扬了沈善炯、吴自良、曹天钦、朱城、严灏景五人。

8月，参加青岛遗传学会议，并在会上作了三次发言。认为"摩尔根学派对一些遗传现象的观察和分析有他一定的根据，如基因的确定也不是像一般所说明的，随便添加的。因此，染色体学说是可以用实验去证明的。在米丘林遗传学方面，因为是一门比较新颖的学说，实验的数据就比较少。"关于RNA和DNA的关系，前者对生物遗传所起作用，也根据金霉素组的实验工作而提出了自己的疑问。

本年下半年，升为研究员。和殷宏章一道，被拍入由上海电影制片厂制作、以表现知识分子的友谊为主题的电影纪录片《情长谊深》。

1957 年

5 月中旬，参加上海市委组织的宣传工作会议，因病没有参加"鸣放"，一些在会上"鸣放"的人在随后的反右派斗争中被打为右派。

5 月 31 日—6 月 7 日，作为中国代表团团长，到莫斯科参加第二次国际抗生素学术会议，在大会上报告了金霉素生物合成的工作，受到与会者的好评，苏联科学院生物学部秘书长恩格尔赫特院士还热忱地邀请他到苏联科学院作访问研究。

8 月，植物生理研究所学术委员会在青岛举行会议，特意就微生物生理研究组成立研究室的问题进行讨论，决议成立专门委员会，请殷宏章、王应睐、沈善炯等七人为委员，负责考虑和推动建室工作。

本年，金霉素在上海第三制药厂正式投产，其发酵单位、产品质量都接近世界先进水平。我国成为世界上第四个能够生产金霉素的国家。

1958 年

2 月 20 日，与王应睐、朱冼等 16 位中国科学院在上海的自然科学研究机构的科学家联名，向中国科学院全体高级知识分子提出倡议：下决心做左派，争取在五年内成为又红又专、更红更专的科学工作者。该倡议被《解放日报》、《人民日报》先后报道后，在全国知识分子中掀起了订红专规划的热潮。

4 月 28 日，加入中国共产党，介绍人为陈广澧。

10 月，作为访问科学家，到苏联医学科学院生物化学研究所工作，与苏联科学院院士布劳斯坦进行合作研究。

12 月 3 日，戴芳澜领导的应用真菌研究所和方心芳领导的北京微生物研究室合并成立中国科学院微生物研究所。

1959 年

4 月 1 日，在责成微生物生理组的党员讨论分析之后，中共植生所支部向上海分院党委提交了将该组发展成独立的微生物生理研究室（所）的初步意见。

6月，从莫斯科回国，参加由中国科学院副院长裴丽生主持的微生物学座谈会，认为要重视基础研究，开展微生物生化的工作。随后负责筹备上海微生物研究所。

10月，正在筹备的上海微生物研究所迁入零陵路345号新建的科研大楼。

1960年

年初，和研究生王孙仑发现己糖分解经甲基1，2醛－乳酸的支路代谢途径。这一成果发表在1964年的《中国科学》上。

2月4日，植物生理研究所向中国科学院提交《微生物生理生化研究所（1960年筹备成立）三年八年发展规划（草案）》。

和洪孟民等研究枯草杆菌中抗青霉素遗传性状的转变因子，认为它不是DNA，而是RNA。3月，找到第一个确证案例。5月，集中核酸组和部分外组的人力，进行核糖核酸工作的"大兵团作战"，找到第二个确证案例。8月28日，研究结果发表在《科学通报》上。12月22日，上海市科学技术委员会副主任舒文在《人民日报》发表文章，在正文和注解两次提到这个成果，将它作为1960年上海地区在基础理论研究取得的最重要的成果之一。

5月24日，中国科学院第四次院务常务会议同意在上海设立一个研究微生物生理和微生物化学的研究所，并认为其名称可叫"中国科学院上海微生物研究所"。

6月16日，国家科委（60）科五武字第409号复文批准建立中国科学院上海微生物研究所。

6月23日，中国科学院下发了（60）院字第119号文件，通告成立中国科学院上海微生物研究所。沈善炯任该所研究员，负责代谢和遗传两个组的工作。

8月14日，中共中央发布"关于开展以保粮、保钢为中心的增产节约运动的指示"，要求"各级党委第一书记挂帅，亲自动手，全面安排，立即展开一个轰轰烈烈的、以保粮、保钢为中心的增产节约的群众运动"。很快，上海微生物所成立"粮代队"，收缩别的工作，大力开展代食品，尤其是"人造肉"的研究。

年底，上海微生物所共有员工 76 人，其中研究技术人员 52 人，研究生 4 人，行政人员 19 人，工人 1 人。

1961 年

2 月 21 日，上海分院党委发文，决定成立中共上海微生物研究所支部，由杨坚、沈善炯、陈广澧组成支委会，由杨坚任支部书记。

5 月 12 日，经中共上海市委批复同意，中共中国科学院上海分院委员会正式发文提任沈善炯为"中国科学院微生物研究所上海分所副所长"。

7 月，中国科学院党组召开整编精简会议，决定将上海微生物研究所并入植物生理研究所。

8 月 7 日—19 日，加入由王应睐任团长的中国代表团，到莫斯科参加第五届国际生物化学会议。

10 月 19 日，上海分院党委发文，决定成立合并后的植物生理研究所党总支，由沈善炯、沈允钢等八人组成，赵毅任总支书记，杨坚任专职副书记。

1962 年

2 月 16 日—3 月 12 日，参加在广州举行的全国科学技术工作会议。听了周恩来总理论知识分子问题的报告，尤其陈毅副总理关于给知识分子"脱帽加冕"的报告后，受到极大振奋。

5 月，到北京参与制订《1963—1972 年科学技术发展规划》，和谈家桢、殷宏章等明确反对将所谓米丘林遗传学列入国家规划。后来，在谈家桢、祖德明的分别主持下，摩尔根派和米丘林派各自制订了一个本派的遗传学十年规划。

6 月 25 日，中国科学院下发（62）院计字第 403 号文件，正式通告上海微生物研究所并入植物生理所。沈善炯改任植物生理所副所长、党总支委员兼微生物研究室主任。

1963 年

和研究生王孙仑发现己糖分解经甲基 1，2 醛－乳酸的支路代谢途径，成果发表在 1963 年的《中国科学》上。

在分析链霉菌细胞分解木糖的酶系时，和他的研究生徐子渊发现了能将 D- 木糖转变为木糖酮的木糖异构酶。正式论文于 1964 年发表。

1964 年

2 月，为学习大庆经验，植物生理研究所党总支决定开展"摆成绩、摆进步、摆经验"（简称"三摆"）活动。因"代谢和遗传生化二组在沈善炯副所长的直接指导下干部成长较快"等原因，沈善炯受到微生物室党支部和植物生理研究所党总支的表扬，遗传生化组被评为先进集体。

7 月 19 日，微生物室支部书记陈某写了一份长达九页的专门针对沈善炯的报告——《室支部工作中的难题》，该报告辑录了沈善炯的很多"错误"言论（如"专就体现了红"；"要以专带红"；"党不应干涉业务"；"不能同意'做党的驯服工具'这句话，人应当有头脑"），被存入档案。

8 月，在社会主义教育运动中被诬为"叛国"、"反党"，不久后遭到围攻，因刺激过度，两眼水肿严重，右眼逐渐看不清东西。

1965 年

年初，在《中共中央关于农村社会主义教育运动中目前提出的一些问题》发布之后，处境一度有所好转，被人揭发的 128 项"罪行"也在一个晚上被推翻。但情况很快又发生变化。

5 月 24 日，因为"坚持资本主义办科学的观点和方法"，"在政治上把微生物室引向错误的方向"，被微生物室党支部处以"留党察看两年以观后效"的处分，后驻研究所的"四清"工作队将其改为"暂缓登记"。他的学生陈俊标因在支部会议上对此提出异议，也遭到围攻，并因为"在党内斗争中放弃党的原则，态度不鲜明，特别是在这次'四清'运动中态度很不老实"、"对个人历史上的问题还未彻底交代清楚，对党不忠诚不老实"等原因，遭到更严厉的"劝其退党"处分。

6月,被指定参加上海宝山县庙行公社"四清"工作队。晚上寄居于一陆姓农民家的灶头。

1966年

6月,奉命离开庙行公社,回植物生理所后,被"勒令"每天到零陵路微生物室接受批判和写"交代"。

8月,被贴出来一张以"揭开沈善炯的画皮,看黑货"为横幅的特大字报,多次在大会、小会上遭受批斗。

10月20日,在斗争大会上被定性为反党反社会主义、反毛泽东思想、结党营私走资本主义道路,被宣布清除出中国共产党,撤职,戴上右派分子帽子,将工资减低至生活费用标准,押送农场监督劳动。

11月1日起,到漕河泾农场劳动。

1968年

9月,工人和解放军毛泽东思想宣传队进驻中国科学院植物生理所,开始"清理阶级队伍"运动。

10月15日,被关入"抗大学习班"。白天坐在实验桌旁写交代材料,晚上睡在实验桌上面。

12月3日,作为"两线一会"假案、冤案中的"特嫌",被单独关到一间危险药物仓库,进行隔离审讯。

12月26日至次年1月4日,被连续十天十夜逼供,几次试图跳楼自杀,未遂。

1969年

1月8—10日,被植生所三连(光合作用组)的人带到人工气候室二楼的一间朝南的房间连续审问三天三夜。

1月,被单独禁闭到一间面积不到2平方米的小室内,差点被逼疯。

2月中旬,军宣队宣布沈善炯在新中国成立前参加过反动组织,沈善炯予以断然否认。

2月19日，去中山医院检查肿胀得厉害的脖子，因属"牛鬼蛇神"，被不施用麻醉做颈部手术。

5月16日，被通知释放回家，并到微生物室报到。

1970年

3月25日，植生所党核心小组、革委会和驻所"工宣队"和"军宣队"对沈由美国回国在日本被捕等问题，作了一般政历的结论，提出"给予解放，安排适当工作"。6月27日，沪革组（70）字第205号作"同意解放，劝退出党，用其一技之长"的批复。

7月21日，植物生理所成立党委。正式遭受"劝退"处分。

1972年

11月16日，经复查，植物生理所党委改为给予沈善炯留在党内给予严重警告的党纪处分，上海市委组织部于次年2月21日批复同意。

12月16—23日，到北京参加分子生物学专题座谈会。

1973年

年初，离开微生物室，负责组建一个由八人组成的生物固氮研究小组，开始生物固氮的遗传学研究。

8月，恢复党籍，但给予严重警告处分。

1974年

上半年，开始以克氏肺炎杆菌为材料研究固氮基因的精细结构和表达的调节。

秋天，被任命为植物生理所革命委员会副主任。

1975年

3—5月，去奉贤上海市直属"五七"干校学习三个月。

1976 年

9月7日—10月24日,率领代表团赴英国、法国考察分子遗传学。

1977 年

2月28日—3月8日,在北京参加由中国科学院主持召开的遗传工程研究会议。

12月,在《中国科学》发表了一篇题目为"Genetic Analysis of the Nitrogen Fixation System in Klebsiella Pneumoniae"的科学论文。证明固氮基因在自生固氮菌——肺炎克氏杆菌染色体上呈一簇排列,否定了国外科学家认为基因间有"静止区"存在的观点。它是"文化大革命"后我国发表的第一篇遗传学论文,标志着遗传学在中国学术界的复苏。

12月,固氮酶结构与功能的研究获上海市重大科学技术成果奖。

1978 年

1月13日,在上海市参加揭批"四人帮"的侨务会议。

3月10日,上海植物生理研究所党委复查了沈善炯的政治历史,认为他在"四清"、"文化大革命"中受到政治迫害,推翻了以前强加给他的不实结论。

3月18—31日,在北京出席全国科学大会。固氮酶结构与功能的研究获全国科学大会奖。

6月,和卢嘉锡等参加在美国威斯康星大学举行的第三届国际固氮讨论会,并作大会报告。讨论会的主持人布里尔教授在作大会报告时,一开始就提到沈善炯等人在1977年发表的那篇论文,认为它解决了有关肺炎克氏杆菌固氮基因精细结构的著名纷争,是那年最好的论文之一。会后,代表团参观了加州大学伯克利分校等多家相关机构。

10月6—12日,中国遗传学会成立大会暨学术报告会在南京举行。李汝祺当选为理事长,沈善炯、谈家桢等九人当选为副理事长。

10月下旬—11月上旬,经国务院批准,应邀参加摩尔根创立生物学系五十周年纪念会,并在"基因、细胞和行为"学术会议上作报告。获得由加州理工学院颁发的杰出成就奖，以奖励他在生物化学遗传方面的做出的贡献。

本年，兼任植物生理所新成立的分子遗传室的主任。

1979 年

7 月，与王应睐、邹承鲁等赴加拿大多伦多参加第 11 届国际生物化学大会。

10 月 28 日—11 月 1 日，参加在上海举行的中国 - 联邦德国核酸、蛋白质学术讨论会。

12 月起，作为访问教授在 Roswell Park 研究院分子生物学系工作半年。期间应邀到康奈尔大学、哈佛大学医学院、芝加哥大学以及威斯康星大学等处作了多场学术报告。

1980 年

5 月 12 日，克氏杆菌固氮基因的精细结构定位和特性研究获得中国科学院科技成果奖一等奖。

8 月起，作为 Gosney 访问研究员到美国加州理工学院访问半年。

11 月，当选为中国科学院学部委员（1994 年后改称为院士）。

1981 年

3 月，获美国南加州中国工程师和科学家协会颁发的杰出贡献奖，后去纽约大学医学院任访问教授，6 月回国。

5 月，当选为中国科学院生物学部常委。

本年，开始对大豆种子贮藏蛋白基因进行研究，这是中国最早的植物分子遗传学研究之一。

1982 年

4 月，作为中国代表团团长，率队到美国威斯康星大学参加中、美双边固氮学术会议。

12月7日，中国科学院上海分院批复同意沈善炯兼任上海交通大学分子遗传与生物工程研究室主任。

1983 年

5月22日，上海植物生理研究所批准沈善炯担任华东化工学院生化系顾问。

5月23—27日，参加在上海召开的第三次中澳生物固氮学术讨论会。

8月10—14日，中国科学院固氮研究协作领导小组扩大会议在北京召开。出席会议的有协作组领导小组成员和有关单位代表共40人。会议期间各单位汇报、交流了一年来的研究工作，并修订了1983—1987年研究规划。

12月，赴印度参加第十五届国际遗传学大会，作大会报告。

本年，接受美国哈佛大学的美籍华裔博士欧永祥来研究室做访问学者（博士后），成为国内最早指导博士后的导师之一。

1985 年

被美国哈佛大学医学院微生物和分子遗传学系聘为访问教授。

1986 年

获美国波士顿生物医学研究所授予杰出访问科学家称号。

主持建立上海交通大学生命科学与分子生物技术系，被聘为该校荣誉教授。

1988 年

5月上旬至7月底，应美国波士顿生物医学研究所所长 Henry Pauls 之邀到该所讲学。

5月中旬，参加在墨西哥举行的第四届国际植物—微生物相互作用的分子遗传学会议。

8月，应邀在加拿大举行的第十六届国际遗传学会议上作大会报告。

8月28日，固氮基因的结构与调节研究获国家自然科学二等奖。

1991 年

10月25日，与邹承鲁等14位学部委员，在《中国科学报》上发表"再论科学道德问题"一文，在社会上引发热议。

1996 年

5月，获美国加州理工学院杰出校友奖。

6月7日，当选为中国科学院学部主席团成员。

11月15日，在《中国科学报》发表《摩尔根和他的学生》一文，在回顾摩尔根的生平和贡献的同时，顺便指出他自1929年之后再也没有招收过研究生。

1998 年

4月21日，因为在研究固氮基因的分子生物学上的贡献，获1997年度陈嘉庚生命科学奖。

8月，在《植物生理学通讯》杂志发表《纪念罗宗洛老师》一文，回顾自己和罗先生的交往，深切缅怀这位"为我国科学事业而奉献一生"、"出言'逆耳'而切中时弊之人"。

10月，在中国科学院内部刊物《院史资料与研究》发表纪念前上海分院党委书记王仲良的文章《岁寒然后知松柏之不凋》。次年2月，该文被收录入由浙江省宁波市新四军研究会等编辑的《王仲良纪念文集》一书，由中共党史出版社正式出版。

1999 年

10月21日，获何梁何利科学与技术进步奖。

2000 年

应香港科技大学之邀，在世界科技图书出版公司出版的 Discoveries in Plant Biology（《在植物生物学中的发现》）一书中发表自己1974—1995年期间在生物固氮领域所作研究的综述。

2001 年

在中国书籍出版社出版回忆录《我的科学生涯》。

2002 年

10 月，在《植物生理学通讯》杂志发表《记我师殷宏章先生二三事》一文。

2003 年

8 月，在《资深院士回忆录（第一卷）》一书中发表经删节的回忆录——《机遇》。

2006 年

12 月，在《民主与科学》杂志上发表诗歌《哭祭挚友承鲁》，纪念最好的朋友、著名生物化学家邹承鲁。

2007 年

2 月，作为专家顾问，出席在厦门大学举行的国家重大基础研究"973"项目——高效生物固氮的分子机理研究的总结大会，并应邀作大会发言。

2008 年

5 月 10 日，获中国科学院研究生院杰出贡献教师奖。

2009 年

9 月，口述历史纪录片《我和我的祖国》第 17 集"归来"在中央电视台播出。沈善炯在其中介绍了 1950 年他和罗时钧等返回祖国的艰难历程。

在湖南教育出版社出版《沈善炯自述》一书。该书是"20 世纪中国科学口述史"第一辑的重要部分，该辑先后获得"第五届吴大猷科学普及著作奖"（创作类佳作奖）、"第三届中华优秀出版物奖"、"第二届中国政府出版奖"（图书提名奖）等奖励。

2012 年

1月，上海市副市长、九三学社上海市委主委赵雯一行来探望。

7月，吴江电视台之"吴江英才"频道以《一生求学 肝胆报国》为题播出了对沈善炯的报道。10月，又播出了题目相同而内容更为充实的报道。沈善炯犹能面对记者背诵80年前的抗战诗歌。

附录二 沈善炯主要论著目录

[1] San Chiun Shen（1944）A Form of *Sporophylyctis rostrata* With Spores. American Journal of Botany. 1：229-233.

[2] Horowitz, N. H. and Shen S. C.（1952）*Neurospora* Tyrosinase. The Journal of Bioiogical Chemistry 197：513-520.

[3] 沈善炯, 单慰曾, 洪孟民, 谢瑞宝, 陈俊标, 宋鸿遇, 殷宏章. 金霉菌的生理与金霉素的生产 I. 接种培养基对于金霉菌的代谢和抗生素产量的影响［J］. 实验生物学报, 1954, (1)：75-88.

[4] 沈善炯, 袁丽蓉. 铁离子抑制金霉素产量的原因和去除抑制的作用的研究［J］. 实验生物学报, (1956) 5 (2)：262-271.

[5] 沈善炯, 宋鸿遇, 陈俊标, 洪孟民, 殷宏章. 金霉菌的生理与金霉素的生产 III. 磷酸盐对于金霉菌的糖的利用和金霉素合成的影响［J］. 实验生物学报, (1956), 5 (2)：249-261.

[6] 沈善炯, 单慰曾. 金霉菌的生理与金霉素的生产 II. 金霉菌菌株间的混合培养和金霉素合成的研究［J］. 实验生物学报, (1957), 5 (3)：461-472.

[7] 沈善炯, 陈俊标, 洪孟民. 金霉菌的糖类代谢途径 I. Embden-Meyerhof-Parnas 系统和磷酸己糖的分路代谢［J］. 生理学报,

(1957), 21 (3): 302-310.

[8] 李君瓔, 刘志俊, 吴玉梅, 沈善炯. 沙门氏菌过滤型的研究 [J]. 实验生物学报, (1957), 5 (3): 486-492.

[9] Shen, S. C., Chen, J. P. and Koo, T. A. Pentose Metabolism and the Influence of Orthophosphate on the Paths of Sugar Degradation of *Streptomyces aureofaciens* [J]. Scientia Sinica, (1958), 8: 733-745.

[10] Chen, J. P. and Shen, S. C. Mannose Isomerase of *Xanthomonas phaseaii* [J]. Acta Biochimica Sinica, (1958), 1: 173-179.

[11] Shen, S. C., Hong, M. M. and Braunstein, A. E. The Main Path of Nitrogen Assimilation in *Bacillus subtilis* [J]. Biochim. et Biophys. Acta, (1959), 36: 290-292.

[12] 沈善炯, 洪孟民, 蔡瑞珠, 陈惠珠. 大肠杆菌 *Escherichi coli* 抗链霉素特性转变因子的研究 [J]. 生化学报, (1960), 3 (1): 1-8.

[13] Shen, S. C. Chen, J. B. and Koo, T. A. Pentose Metabolism and the Influence of Orthophosphate on the Paths of Sugar Degradation in *Streptomyces aureofaciens* [J]. Biochemistry. The Soviet Academy of Sciences, (1960), 26 (3): 523-531.

[14] Shen, S. C., Chen, J. P., Hsu, M. L. and Wang, H. Evidence Regarding the Origin of Guanido-group of Streptidine During Streptomycin Synthesis [J]. Acta Biochemica et Biophysica Sinica, (1962), 2 (4): 253-259.

[15] Shen, S. C., Hong, M.M., Cai, R. C. Chen, W. C. and Chang, W. L. Ribonucleic Acid as a Transforming Principle in Bacteria [J]. Microbiology, (1962), 6 (2): 233-240.

[16] Shen, S. C., Hong, M. M. and Chen, W.C. Conversion of Alanine Dehydrogenase to Glutamic Dehydrogenase by Nitrous Acid Induced Mutation in *Bacillus subtilis*. I. Similarity in Certain Properties of the Two Enzymes. [J]. Acta Biochimica et Biophysica Sinica, (1963), 3 (2): 220-228.

[17] Hong, M. M., Chen, W.C. and Shen, S. C. Conversion of Alanine Dehydrogenase to Glutamic Dehydrogenase by Nitrous Acid Induced Mutation in *Bacillus subtilis*. II. The Induced Formation of Alanine Dehydrogenase in Glutamic Dehydrogenase Positive Mutant.[J]. ibid,（1963）, 3（3）: 271-277.

[18] 王孙仑，沈善炯. 链霉菌的烟酰胺核苷酸酶[J]. 生物化学和生物物理学报,（1963）, 3（3）: 384-394.

[19] Shen, S. C., Zhu, J. B. and Hong, M. M.Conversion of Alanine Dehydrogenase to Glutamic Dehydrogenase by Nitrous Acid Induced Mutation in *Bacillus subtilis*. III. Evidence on the Presence of a Protein Antigenically Related to GDH in Wild Type Strain.[J].Acta Biochimica et Biophysica Sinica,（1964）, 4（2）: 242-248.

[20] Hsu, T.Y.and Shen, S. C.Repression and Induction of the Enzymes System of Acetolactone Synthesis in *Bacillus polymyxa*.[J]. Acta Biochimica et Biophysica Sinica,（1964）, 4: 314-321.

[21] Hsu, T.Y. and Shen, S.C.D-xylose Isomerase of *Streptomyces griseus*.[J]. Acta Biochimica et Biophysica Sinica,（1964）, 4: 342-350.

[22] Wang, S.L., Chen, J. P. and Shen, S. C. NaD（P）Nudeosidase of *Streptomyces griseus*.[J].Scientia Sinica,（1964）, 13: 1221-1233.

[23] Wang, S. L., Chen, J. P. and Shen, S. C.The Enzymic Conversion of 3-Phospho- glyceraldehyde into Methylglyoxal.[J]. Scientia Sinica,（1964）, 13: 167-168.

[24] Hong, M. M., Chen, W. C. and Shen, S. C.Note on the Alanine Dehydrogenase and Glutamic Dehydrogenase of *Bacillus subtilis*.[J]. Scientia Sinica,（1965）, 14（12）: 1885.

[25] 沈善炯. 关于控制遗传性状的问题[J]. 遗传学通讯,（1974）, 1: 32-37.

[26] Hsuch, C.T., Chin, J. C., Yu, Y.Y., Chen, W. C., Li, W. C., Shen, M. C., Chiang, C.Y. and Shen, S.C.Genetic Analysis of the Nitrogen

Fixation System in *Klebsiella pneumoniae*. [J] .Scientia Sinica, (1977), 20: 807-817.

[27] 沈善炯. 细胞核和其他细胞器遗传系统间的关系 [J]. 科学通报, (1977), 22(1): 17-25.

[28] Shen, S. C. Genetics of Bacterial Nitrogen Fixation from 《Genes, cells and Behavior》50th Anniversary Symposium on the Founding of the Division of Biology CalTech, (1978), Edited by Norman Horowitz and Edward Hutchings Jr.93-95.

[29] Jin, R.Z., Huang, Y.C., Shen, M. C. and Shen, S. C.Complementation Analysis and Characterization of the Nitrogen Genes *nif*H, *nif*C and *nif*J in *Klebsiella pneumoniae*. [J] .Scientia Sinica, (1980), 23 (1): 108-118.

[30] Xue, Z. T., Jiang, Q. Y. and Shen, S. C. Mapping and Characterization of the *his*D-unlinked *nif* Mutants in *Klebsiella pneumoniae*. [J] .Scientia Sinica , (1980), 23: 261-267.

[31] Ye, Y. K., Xue, Z. T. and Shen S.C.Studies on a Cloned cDNA Complementary to mRNA Induced by Testosterone in Mouse Kidney Cells. [J] . Chinese Science Bulletin, (1982), 27 (1): 91-98.

[32] Stacey, G., Zhu, J. B., Shah, V. K., Shen, S. C. and Brill, W. J. Intragenic Complementation by the *nif*C-coded Protein of *Klebsiella pneumoniae*. [J] .Bacteriol, (1982), 150: 293-297.

[33] Kong, Q. T., Wu, Q. L. Syvaneu, M., Lin, E. C. C. and Shen, S.C. Effect of *nif*A Gene Product on Expression of *lac*Z under *nif*H Promoter in *Escherichia coli*. [J] .Scientia Sinica , 1982, 25 (10): 1061-1070.

[34] Shen, S. C., Xue, Z. T. Kong, Q. T. and Wu, Q. L. An Open Reading Frame Upstream from the *nif*H Gene of *Klebsiella pneumoniae*. [J] . Nucleic Acid Researches , (1983), 11: 4241-4250.

[35] Zhu, J. B., Yu, G.Q., Wang, L .W., Shen, S. S. and Shen, S. C.

Effect of *nif*A Product on Suppression of Nif — Phenotype of *Gln* Mutation and Constitutive Synthesis of Nitrogenase in *Klebsiella pneumoniae*. [J]. Scientia Sinica, (1983), 26 (12): 1258-1268.

[36] Zhu, J. B., Yu, G. Q., Wang, L. W., Shen, S. S. and Shen, S. C. Effect of *nif*A Product on Derepression of the nif genes in *Klebsiella pneumoniae*. [M]. Advances in Nitrogen Fixation Research, (1984), 752.

[37] 沈善炯. 分子遗传学研究中的一些重要进展 [J]. 细胞生物学, (1984), 6 (2): 52-55.

[38] Ow, D. W., Gu, Q., Xiong, Y. and Shen, S. C. Mutational Analysis of the *Klebsiella pneumoniae* Nitrogenase Promoter: Sequences Essential for Positive Control by *nif*A and *ntr*C (*gln*G) Products. [J]. Bacteriol. (1985), 161: 868-874.

[39] Ow, D. Gu, Q., Xiong, Y., Zhu, J. B. and Shen, S.C. (1985) Regulation of *Klebsiella pneumoniae* Nitrogen Fixation Gene Promoters by Regulatory Proteins *ntr*C, *nif*A and *nif*L. Nitrogen Fixation Research Progress [M] .461-467.

[40] Kong, Q. T., Wu, Q. L., Ma, Z. F. and Shen, S. C. Oxygen Sensitivity of *nif*A Promoter of *Klebsiella pneumoniae*. [J]. Bacteriol. (1986), 166: 353-356.

[41] Zhu, J. B., Li, Z. G., Wang, L. W., Shen, S. S. and Shen, S. C. Temperature Sensitivity of *nif*A like Gene in *Enterobacter cloacae*. J. Bacteriol., (1986), 166: 357-359.

[42] Xue, Z. T., Xu, M. L., Zhuang, N. L., Shen, W. and Shen, S. C. Two Expressed Copies of Glycine *Gy*4 Gene Subfamily in Wild Soybean Glycine soya. [J]. Scientia Sinica, 1987, 30 (12): 1289-1297.

[43] Shen, S. C., Wang, S. P., Yu, G. Q. and Zhu, J. B. Expression of the Nodulation and Nitrogen Fixation Genes in *Rhizobium meliloti* During Development. [J]. Genome, (1989), 31: 354-360.

[44] 周宗汉，江群益，金润之，沈善炯. 紫云英根瘤菌基因文库的构建和结瘤基因片段的分离[J]. 科学通报，(1989)，34（4）：305-308.

[45] 江群益，周宗汉，沈思师，金润之，黄懿德，沈善炯. 具有广泛寄主范围转移特性的 Tn5-nifA 重组质粒的构建[J]. 科学通报，(1990)，35（4）：30

[46] Wang, S. P., Zhu, J. B., Yu, G. Q., Wu, Y. F. and Shen, S. C. Studies on the Heterogus Expression of *R. meliloti nif*A Gene and Oxygen Sensitivity of Its Product. [J].Science in China (Series B), (1991), 34: 71-77.

[47] Xue, Z. T., Hus, M. L, Shen, W., Zhuang, N. L and Shen, S. C. Characterization of *Gy4 Glycinin* Gene from Soybean Glycine maxCV Forrest. [J].Plant Mol. Biol. (1992), 18: 897-908.

[48] 金润之，江群益，沈思师，朱劲松，沈善炯. 紫云英根瘤菌 *nif* DNA 的分子克隆[J]. 科学通报，(1992)，37（17）：1603-1606.

[49] 金润之，朱劲松，江群益，沈思师，沈善炯. 紫云英根瘤菌 Ral59 的巨大质粒上存在有 nod 和 nif 基因的证明[J]. 微生物学报，(1993)，33（3）：170-176.

[50] 金润之，朱劲松，沈思师，崔涵涛，胡惠庆，沈善炯. 紫云英根瘤菌 *nif*H 基因的结构及其上游区重复顺序的存在[J]. 科学通报，(1993)，38（21）：1990-1994.

[51] Yu, G.Q., Zhu, J.B., Gu, J., Deng, X. B. and Shen, S.C. Evidence that Nodulation Regulatory Gene *nod*D3 of *Rhizobium meliloti* is Transcribed from Two Separate Promoters. [J].Science in China (Series B), (1993), 36(2): 225-236.

[52] Yu, G. Q., Zhu, J. B., Gao, Y. F. and Shen, S. C. Further Studies on Structure of *nod*D3Gene in *Rhizobium meliloti*—Analysis of 5' non-coding Region of *nod*D3 and its Evolutionary Implications. [J].Science in China (Series B), (1994), 37（8）：975-983.

[53] Deng, X., Shen, S. C. Structure and Oxygen Sensitivity of *nifLA* Promoter of *Enterobacter cloacae*.[J].Science in China (Series B), (1995), 38 (1): 60-66.

[54] Wu, T. Zhu, J. B., Yu, G. Q. and Shen, S. C.Inhibition of Nodule Development by Multicopy Promoters of *Rhizobium meliloti nif/fix* Genes.[J].Science in China (Series B), (1995), 38 (9): 1108-1116.

[55] 朱劲松,金润之,沈善炯. 紫云英根瘤菌基因组组中存在有类似IS 因子的 DNA 重复顺序[J]. 微生物学报,(1997),37 (3): 171-178.

[56] Gao, Y.F.; Wu, T.; Zhu, J.B.; Yu, G.Q. and Shen, S.C. The Characterization of *nif*HDK P1 Downstream of *R*.[J]. *meliloti*. Science in China (C), (1996), 26: 100-106.

[57] Gu, J.Y., Yu, G.Q., Zhu, J.B. and Shen, S.C.The N-terminal Domain of NifA Determines the Temperature Sensitivity of NifA in *Klebsiella pneumoniae* and *Enterobacter cloacae*.[J].Science in China (C), 2000, 43(1): 8-15.

[58] Zhu, B., Zhu, J.B., Yu, G.Q. and Shen, S.C.Regulatory Role of the Sequences Downstream from *nod*D3 P1 Promoter of *Rhizobium meliloti*. [J].Chinese Science Bulletin, 2000, 45 (1): 60-64.

[59] Zhu, B., Yu, G.Q., Zhu, J.B. and Shen, S.C.Cloning and Characterization of the Glutamate Dehydrogenase Gene in *Bacillus licheniformis*.[J].Science in China (C), 2000, 43(3): 254-264.

附录三 《沈善炯自述》序

我出生在离开上海不远的一个偏僻的江南水乡。当时国难深重，农村凋敝，苦难的童年生活使我知道，要重振家园，报效村间父老对我的期望，必须刻苦学习，做一个有用之人。

1938年抗日战争期间，我流亡到云南昆明入西南联大念书，有幸受到恩师张景钺先生的教诲。1947年他推荐我去美国加州理工学院学习，临行时老师叮嘱我："我等待着你，望你学成回来！""学成回来"这四个字，千钧之重，我无时无刻不记在心里。在加州理工学院时，我遇到了我的第二位恩师，诺曼·霍罗威茨（Norman Horowitz）教授。在留学异国的年代里，他常常提醒我："沈，中国需要你！"1996年我去加州理工学院领取杰出校友奖时，提起50年前的往事，他又一次对我说："中国现在仍需要你！"我感谢他把对我的希望和我的祖国联系在一起。童年时的梦，老师的教诲，使我明白一句名言"科学无国界，但科学家有其祖国"的真谛。这是我努力求知，希望能报效国家的志向的源泉。

20世纪50年代初我终于踏上了归途。美国政府奉行的那臭名昭著的麦卡锡主义给我的压力是：返回美国或转往台湾，不然则囚禁在日本监

---

* 本序原载于《沈善炯自述》。湖南教育出版社，2009年，第1-2页。

狱。我和我的同行者毅然选择了后者。盖任何胁迫和利诱，不能改变我们返回祖国、愿为新中国的建设而效力之志。我归国后，放弃了自己的专长，服从国家的需要而转行，我感到欣慰而从无异言。我的工作曾得到人民和国家的奖励。但我的科学之路并非一马平川。那史无前例的"社会主义教育"运动以及随之而来的"文化大革命"是我国历史上一个扭曲的时代，每个人都经受着严峻的考验，记取相关教训对个人和组织都是必要的。

  1978年3月，全国科学大会召开，我有幸得以回到我毕生求索的遗传学研究中来。从此我躬耕在这荒芜已久的园地，获得了一些成果。

  我要感激与我风雨同舟六十余年的妻子——我昔时西南联大的同学卢盛华，在那苦难时期对我的支持和鼓励。她要我相信真理，等待黎明。在我们的晚年终于盼到我们国家的富强了，为世界和平、人类幸福作出了贡献，这是最大的欣慰。

附录四　周元聪访谈录

受访人： 中国科学院上海生命科学研究院 周元聪研究员
访谈、整理人： 中国科学院自然科学史研究所 熊卫民
访谈时间： 2008-7-29
访谈地点： 上海市钦州路500弄周元聪研究员家

熊： 听说您是沈善炯先生的好朋友，我想请您介绍一下您对他的认识。

周： 我和沈先生相识于1965年秋，那时我还是中国科学院上海生物化学研究所的一名研究生，我们同时参加了上海市宝山县的农村社会主义教育运动，并被分到同一个社教工作组。由于沈先生是我同学的导师，我对他除了尊敬之外，当然也知道他在植生所"四清"运动中所受到的冲击，因此对沈先生还有一点敬畏。

有一天，我跟他谈一个事情，偶然提了"109"这个数字。他说：小周，我对这个数字很敏感，我在日本坐牢时，我的号码就是"109"。接着，他跟我谈起了他从美国回来在日本被扣之事。美国中央情报局一直追他到日本，要求他去美国或台湾，他不肯，结果在日本坐了三个月的牢，在国内外朋友的帮助下才出监狱。原来老科学家如此爱国！我变得更为敬重他。从那之后，我跟他的关系就更好了。

在半年多的相处中，我发觉沈先生是一位平易而又随和的人，他是抱着诚心的态度到农村接受贫下中农再教育的，和农民同吃、同住、同劳动，丝毫没有什么架子和怨言，更没有叫过苦。他很受当地农民的好评，至今和当时的房东还时有电话联系，春节期间还用电话相互拜年。与此同时，他还是在社教工作组内唯一能和大家相处得很融洽的一位高级人员。

"文化大革命"开始之后，他很快就被召回植物生理所参加运动，而我们生化所的这十多个年轻人还留在宝山继续搞"四清"。听说他回来后马上遭批判，被斗得很厉害。又过了半年我们才回来。回来之后，植物生理所派人来找我们，向我们调查沈先生在农村的表现。我们如实反映情况，没有一个人说他不好，反而对再次冲击他表示了不可理解：在"小四清"时，沈先生就已经挨过批斗了，怎么现在又揪他？！

"文化大革命"当中，他是植物生理所被整得最厉害的。当时他的宿舍就在我们岳阳路320号大院内（现在用围墙把宿舍和研究所隔开了），有一次我遇到他，他对我说，自己真的不想活了。尽管饱受迫害，但他从来没有咬过别人。这是他给我留下的第二个深刻印象。植物生理所当时咬人成风，今天还是专案组成员，明年被别人咬了就成了特务。但他不知道就不知道，从来不乱说。

他后来写了一本书，把自己在"四清"和"文化大革命"中的这段历史记录了下来。关于"文化大革命"中知识分子受迫害的书，这是继季羡林教授《牛棚杂忆》之后的第二本。曾经联系了好几个出版社，开始都比较感兴趣，但拿到书稿之后又都不敢出。后来他的老朋友，南开大学的申泮文院士，拿到南开大学出版社去，由他自费印了50本，没有书号的。再后来，不知通过什么关系，中国书籍出版社终于接受他的稿子，正式印了一次。他让我给他的自传写序，我却之不恭，写了一篇短文。看完之后，他就哭了。他很脆弱的，在八九十岁后，提起一些伤心事，还在我面前哭过几次。

他这个人为人比较正直，对工作要求严格，敢于说话，所以容易引嫉恨。他之所以遭遇厄运，跟这个性格不无关系。

熊：原来您还是60年代的研究生，我正在研究中国科学院教育史，也想请您介绍一下相关情况。

周：我 1962 年从南京大学生物系生物化学专业毕业，然后考上了生化所戚正武先生的研究生，四年制，可在 1966 年遭遇"文化大革命"，一直到 1968 年时才算毕业，"文化大革命"过后（1983 年）才由院部发了一个正式的毕业证书。毕业证书上的毕业时间仍为 1966 年 9 月。

1962 年生化所总共招了 10 个研究生。在这之前是直接由大学分配学生来做研究生。像我们生化所，还有个规定，分配来的研究生在所内还要参加一次考试，考试合格当研究生，不合格就做工作人员——研究实习员。我们这一年是第一次全国统一招考研究生，在我们快毕业时，高教部忽然下达一个文件，决定从 1962 年起在全国统一招考研究生，希望大家报名。从动员到考试，也就两三个星期，大家都没做什么准备。

熊：在哪里考试，试卷是全国统一出的吗？

周：在学校考，专业考卷是由生化所出的。考前填报志愿。南京大学自己也招研究生，但当年不招生化专业的研究生，我记得那年北京大学招。大学办生化专业，第一个是北京大学，第二个是南京大学，第三是复旦大学。只准报一个志愿，我直接报考了生化所戚正武先生的研究生。他从苏联获得副博士学位后归国后就升了副研，具备了带研究生的资格。

我们到所之后很快就进实验室，同时还去听一些课。当时全国生化课程的内容大多是从生化所出去的（南京大学的生化教材是由郑集先生编的）。生化所办了几期全国性的高级生化训练班，培训了很多教师，现在很多高校 70 岁以上的生化教师大多在生化所受过训练。1958 年，上海分院办了上海科技大学，生物物理化学系的主任是我们所的沈昭文先生，生化课程全是生化所的老先生们去上的。我们这 10 个研究生就跟着老师坐班车去上海科技大学听课。

熊：上海科技大学当时还没有毕业生吧？

周：是的，它当时是五年制。我们跟着高年级本科生一起听课。1958 年建校时，上海科技大学由上海分院和上海市教育局双重领导，"文化大革命"之后完全脱离了分院，现在它被并入上海大学。我们在那儿去听了大约 1 年的课。我们还需要上外语课和政治课。外语课由我们各个所自己开，请的外面的老师，学生除我们研究生外，还有工作人员（如研究实习员）。

在分院集中上的，只有政治课。那时候研究生很少，记得在上海分院集中上政治课的不足100人（当时上海有十几个研究所，我们所招生数量是较多的）。具体管这个事情的是分院教育处。后来有一些变化，1965年招进来的研究生要集中到北京的科学院研究生院去上课。我们所有很多人去了，1966年"文化大革命"开始后，又全部回到所里来参加"文化大革命"。现在上海分院有研究生教育基地（岳阳路319号院），不去北京听课了。

熊：当时研究生的待遇如何？

周：上海地区，研究生的待遇为：科学院系统四年制研究生，上学时44元／月，试用期66元／月，转正后72.5元／月；高等院校三年制研究生，上学时多少钱一月我忘记了，试用期60元／月，转正后65元／月。1968年下半年，没有经过答辩，我们这些1962级的研究生都算毕业了（因为研究生制度已经砸烂了），拿科学院四年制研究生转正后的工资，72.5元／月。1963年来的也算毕业了，拿高等院校三年制研究生毕业的工资。1964及1965年来的研究生不算毕业，拿研究实习员的工资，每月60元。

熊：您是哪一年转正的？

周：我在1967年后即拿试用期工资，1968年下半年转正。至于职称则长期未定，1962年大学本科毕业后未定职称，以后一直如此，到1978年时才评为助理研究员。"文化大革命"期间职称制度遭到否定，全国都未升。

熊：当时研究实习员是什么待遇？

周：上海地区试用期48元／月，转正后是60元／月。研究实习员是从大学分配来的。如果不适合做研究，我们生化所的规矩是3年卷铺盖。在三年之内，研究实习员必须出成绩（在专业期刊上发表论文，当时全国的生化杂志只有我们所办的《生物化学与生物物理学报》，在那儿发文章还是有难度的），做不出成绩来就卷铺盖。我们所的好处是还有一个东风生化试剂厂，他们可以去那里。我们所有个别研究实习员后来到东风厂搞生产去了。

熊：毕业之后你们的去向如何？

周：算我们毕业后，1968年8月，整个华东分院（管辖上海、江苏、江西、山东、福建、安徽等省市科学院的研究所）1961—1965年入学的研究生，以及 1968 年初分配到各所的大学生（均为 1966 届的大学毕业生），全部集中到天津小站的部队农场去劳动。西北分院、新疆分院、东北分院的研究生和新分去的大学生和我们在一个连队劳动，一起种小站稻。

熊：为什么要去天津劳动？

周："文化大革命"的时候，研究生制度被认为是封、资、修的产物，属于要砸烂的对象，至于我们这批受了研究生教育的人，则要去部队接受思想教育和劳动改造。在这种大背景下，科学院就去联系了天津小站的部队农场。当时科学院在天津有三个连队，除我们所在的那个连队外，北京地区、中南分院、西南分院的研究生和新分去的工作人员也编了一个连队，以北京的研究生为主。此外，中科院所有的女研究生和新来的女大学生编在一起组成了女生连。一个连队大概有 120 人。除科学院的人外，在那劳动的还有文艺系统的——北京舞蹈学院、戏剧学院、音乐学院、芭蕾舞学校、第二外国语学院许多还没毕业的大学生也在那劳动。他们比我们更苦。我们耽误几年之后还能做点研究，而他们吃的是青春饭，天天下地劳动而不练功，手指、脚尖就不可能保持灵活了。

我们在那儿待了一年半，到 1970 年 1 月份才回来。期间，由部队的一个师长陪着，一个工人造反派头头代表院革命委员会到连队去看望我们。我们吵着要回去，1966 级的毕业生火气尤其大，当面骂人，"你们管不管我们"，"把我们就扔到这儿了"……还骂了很多难听的话，气得那人话都说不出来。又过了半年，我们就回来了。

熊：华东分院的研究生还有没有去别的地方的？我记得有机所陈海宝教授跟我谈过，他们当时去了安徽的丹阳湖农场，1968 年 9 月去，1970 年 2 月回。他也是 1962 年入学的研究生。

周：有机所、硅酸盐所、冶金所等新技术局系统的研究所在当时归入了国防建制，不属科学院管了。这几个所，"文化大革命"时门口是有解放军战士站岗的。

熊：当时对研究生制度批判得很厉害吗？

周：是的，"文化大革命"时研究生制度被认为是封、资、修的产物，我们研究生是抬不起头来的。

熊：怎么批，谁批？

周：主要是通过大字报来批，我不记得报纸、刊物上是否发表过正式的批判文章。批判者有外面的，也有研究生自己。在当时那种形势下，研究生自己批自己挺多的。

熊：1970年回所之后您回实验室了吗？

周：回来之后，由所革委会主任宣布，谁谁谁到什么组。我被分配到高山生化组。在上海、西藏做实验，去西藏待了半年。这个工作没有最后结题。因为高山生理的基础还没有确立，而这方面的情况都还没搞清楚，搞高山生化的难度实在太大，所以后来生化所向院部提出下马这个项目。

然后我又回到戚先生这个组，搞蛋白酶抑制剂的结构、功能研究。

熊：他当时已经"解放"了？

周：他解放得比较早。相对而言，我们所的"文化大革命"还是比较温和的，不像植物生理所。

熊：您是何时从"四清"工作队回所的？

周：我1965年就受命参加"四清"工作队，先下乡在农村搞，然后回到城市在工厂搞，1966年8月时，工作队在工厂待不下去了，队长被造反派硬逼得下跪，整个工作队都被工人轰走。然后，经上级同意，我们回到各自单位。

熊：此时生化所已经有一些人倒下了吧。

周：生化所最先受到冲击的是党委副书记王芷涯，副所长、党委委员曹天钦。他们和前任党委书记有矛盾，前任党委书记当时调到分院去了，任分院"文化大革命"领导小组成员。新来的党委书记是从部队下来的，上面怎么说他就怎么做。结果党委书记、副书记之间的私人矛盾被上纲为"两条路线的斗争"，王芷涯、曹天钦被指控组建了"王、曹反党集团"，曹先生以前的学生，包括我的老师戚正武在内都成了反党集团的"爪牙"、"爬虫"。

熊：牵连到您头上没有？

周：我们当时还只是学生，牵涉不深，没弄到我们头上来。"王、曹集团"是我们所第一批受冲击的，1966年8月我回来时他们就已经倒下。然后，一些同情"王、曹集团"的年轻人起来造反，现任党委书记以及分院的领导均受冲击。我们所的"文化大革命",先是党委批判"王、曹",然后"王、曹"手下的"小爬虫"起来造反,把党委书记等反下来。后来我去了天津农场,有一段就不熟悉了。

熊:具体是哪些人造反?

周:起来造反的主要是技术员、研究实习员,还有工厂的工人。新来的居多,年轻人居多。

熊:听说钮经义在"文化大革命"初期就受到冲击,是什么原因?

周:老专家先是靠边站,然后也受批斗。钮先生嘛,主要是因为他有时候发点牢骚,在"文化大革命"的时候,这些话被披露出来,并被歪曲成"要枪毙共产党"什么的。于是他被揪了出来。他受不了批斗,还逃跑过一次。但那个时候的中国哪有可以逃避的地方,他很快被抓回来。过320院大门时,我刚好看到,我们所看管门房的人出去就给了他一拳。那人是1949年解放过来的国民党兵,转业后先在我们所的总务部门工作,大家对他不满意,后来将他安排到320号大院看门。这种人现在还是离休干部。

熊:王所长受到的冲击大不大?

周:王应睐所长为人宽厚,善于搞平衡,与大家关系处理得好,基本没有受冲击,全所都保护他。不但党委当权时保护他,后来造反派当权时也保护他。大约1967年时,上海戏剧学院、复旦大学的红卫兵提出了"老朽滚蛋"的口号,大肆揪斗老专家们。有一天,他们把生理所的冯德培所长、实验生物所的庄孝僡所长等都揪到320号大礼堂中去批判,接着又要来揪我们所的王应睐。当时我们所正在金工厂的楼上开会,他们到那个楼下叫:"王应睐下来!""邹承鲁下来!"……老先生不敢下去,我们开会的人就一起陪他们下去。红卫兵要把他们揪走,我们不让,说我们也在开会批斗他们。其实我们并没有批他们,但通过这种方式把他们保护了下来。那一次,我们所的高级人员都没有去挨斗,全被保护了下来。我亲眼看到,他们"啪"、"啪"猛抽冯德培先生的耳光,把庄孝僡先生弄院子里在地上拖,把裤带都弄断了。

熊:您刚才说的是不是"生物学风暴"?

周:对。我不知道这个口号是上海戏剧学院的红卫兵先提,还是复旦大学的红卫兵先提。这个活动没持续多久，到我们科学院来就斗过那一次。

熊：造反之后，生化所由谁掌权？

周：由造反派联合掌权。当时每个室都有一两个"战斗队"，我属于蛋白室，该室当时有两个战斗队，一个叫"红旗野战军"（成员多为在"文化大革命"初受批判比较重、被称为"王、曹""爪牙"、"爬虫"的，他们受的委屈多，怨气比较大），另一个叫"换新天"（成员多为早期没有受到什么冲击的）。这些"战斗队"都叫造反派，没有明显的"造反"、"保皇"之分。在"文化大革命"当中，我们所的派战不算厉害，最厉害的是植物生理所。当时分院系统有个流行的说法：植物生理所出经验多，生物化学所出成果多。

熊：这是褒扬生化所，还是贬低植生所？

周：主要表示大家对植物生理所有看法。

熊：刚成立所革命委员会时，主任为谁？

周：我们所革命委员会的主任是一个转业过来的国民党起义兵，以后担任过解放军营长或营教导员，转业到我们蛋白室当党支部书记。他是我们所第一个被解放的行政干部。

熊：他实际掌权吗？

周：刚解放的行政干部，胆战心惊的，不可能有很大的魄力。很多事情都会与革命委员会的委员们商量的。

熊：我还以为胡世全是主任呢？

周：胡世全不是造反派头头。他是被推到风口浪尖上去的。胰岛素合成出来了，要体现党的领导，里面唯一的一个党员就是他，就这样他被推了上去，成了"九大"代表。其实，1969年之前，他在所里并不突出。开完"九大"，从北京回来后，他做了上海市革命委员会的委员。成了头头之后，在处理事情的过程中，他难免有得罪人之处。但他这个人其实还是比较厚道的。"文化大革命"结束后，我们所来了一个工作组审查有关事宜。那年正好加工资，工作组就不给他加。当时他们胰岛素组的人还联名写信，说那样做对他不公平。他也有怨气，后来到美国去了。

附录五　俞冠翘访谈录

受访人：中国科学院植物生理研究所 俞冠翘研究员
访谈人：中国科学院自然科学史研究所 熊卫民
整理人：隋淑光（上海教育出版社）、熊卫民
访谈时间：2008年7月30日
访谈地点：中国科学院上海生命科学研究院植物生理生态研究所

附录图1　俞冠翘研究员（熊卫民2008年7月30日摄）

熊卫民（以下简称"熊"）：请介绍一下您的经历以及您所了解的沈善炯先生。

俞冠翘研究员（以下简称"俞"）：我生于1940年，1962年毕业于南京大学化学系，与你昨天刚见过的周元聪同届，他在南京大学上的是生物

系，生物化学专业，我上的是化学系，化学专业。

熊：毕业后您就被分配到中国科学院植物生理所来工作？

俞：是的。1962年毕业后就被分配到中国科学院植物生理研究所沈先生的实验室。当时上海微生物所已经并入植物生理所，成为其中一个研究室。我来后第一年，主要是学生物学方面基础知识，如生物化学。有时沈先生介绍我看理论生物学杂志中的一些文章。他的意思是希望我把我所学到物理化学知识与遗传学结合。可没来得及做什么事情就开始了"四清"运动——植生所被作为这个运动的试点。

熊：那是1964年8月以后的事情，在那之前，您还是进行了一两年的工作。

俞：刚进来时我主要以学习为主，补补生物学方面的课。第一年几乎没做什么，就是有时参与一下实验，学习一些技术。

熊：那时您在哪里上课？

俞：并不上课，就是自学。沈先生介绍我看一本生物化学书，空闲的时候跟室内老师们去做一些实验，学习一些实验操作。

熊：跟谁学呢？

俞：我被分在遗传组，这个组由洪[孟民]先生负责。组里有个工作人员叫陈慧珠，我具体跟她学习实验操作。到1964年下半年，开始搞运动，我还没有参与什么题目呢。所里的"四清"试点工作搞完以后，很多人又到乡下去搞。

熊：运动开始后，沈先生很快就挨批判了，是吧？

俞：是的，很快就被批判了。

熊：你还记得他的"罪状"吗，印象深刻的有哪些？

俞：我印象最深的就是他好像是工作作风方面的一些问题，其他的我不清楚。

熊：除了工作作风，还有别的方面的问题吗？沈先生在他写的《我的科学生涯》中说，有人给他提了128条罪状。我猜想，这里面恐怕也并非完全是子虚乌有的，也会有确有其事的，或被夸大了的。确有其事的有两种类型，一种不符合当时的标准，可按照现在的标准看，很正确。还有一些问题，就是按现在的衡量标准，也有值得改正的地方。

俞：128条罪状可能是党员大会或部分群众参与的党员大会上提出的，怎么产生的、具体有哪些我印象不深。我的性格比较内向，同时我遵循一个在当时看来似乎是正确的原则——"该让我知道的自然会让我知道，不该我知道的也不要去打听"，因此，在运动中我不是主动关心。可参加可不参加的会议，我都不参加。

熊：到工厂搞什么协作呢？

俞：搞肌苷酸。

熊：哦，这个事情我了解一点，是去到天厨味精厂搞协作吧？植生所也参加啦？我知道上海生化所参与了。

俞：生化所有人参加，我们也参加。上海地区，还有工业微生物所和复旦大学参与。

熊：从那时起您开始做研究？

俞：对。1965年所里的"四清"运动结束后，一部分同志下乡，我没去。我留在所里做的第一个工作是发酵法生产肌苷酸的工作。以后再做有关耐药性的工作，然后做微生物选矿。做肌苷酸，大概是1966年开始。我与几个同事，在实验室做了差不多一年，先筛选菌株，筛选到了以后到工厂里去，搞扩大试验，做到1972年以后工作就结束了。

熊：您一直在工厂里做？那里距你们研究所远不远？

俞：工厂最早在武夷路有个车间，后来搬到北新泾，搞发酵罐生产，距离我们研究所就比较远了。

熊：肌苷酸的工作比较早就做了吧？1962年生化所就做了。

俞：生化所做得比较早，我们是1966年开始用发酵法生产肌苷酸。

熊："四清"时您不是审查对象也做不了工作？

俞：做不了，业务工作都停顿下来了，全部搞"四清"。天天集合，搞运动什么的。"四清"告一段落后才恢复了研究工作。

熊：耐药性是什么性质的工作？

俞：就是研究微生物的抗药机理。

熊：这个工作由谁指导？

俞：沈先生的学生洪孟民。我在他那个组嘛。做完以后做微生物的富集矿，这个工作做的时间很短，大概是在1972年或1973年。"四清"运动批判理论研究工作，沈先生他们就重新考虑选题。他们以前研究微生物遗传，耐药性研究与之比较接近，又联系实际，就选了这个题目。后来没得到什么结果就不做了，改做微生物选矿。这个工作很难，做的时间不长。

熊：肌苷酸研究的结果如何？

俞：这个工作有比较好的结果。先在实验室干，然后用发酵罐生产，把产品做了出来。但现在是不是还在用这个成果，我不清楚了。

熊：你们为工厂研究肌苷酸，工厂出的经费多吗？

俞：工厂没有出很多钱，只是提供发酵罐等设备，配制发酵液的材料，像玉米浆什么的，以及实验用一般试剂。做完肌苷酸以后，我就回到所里来。70年代，沈先生成立生物固氮实验室，那时我没过来。到了80年代初期，实验室扩大，我就进来了，朱（家璧）老师也进来了。

熊：没在一起工作的那些年，您和沈先生的接触多不多？

俞：不多。那时我在天厨味精厂工作所以不太碰到沈先生。我跟他接触得多是80年代做固氮研究以后。

熊：我想为沈先生写传记，需要把沈先生的精神风貌写出来。您和他一起工作这么多年，对他是什么样的印象？

俞：他对工作要求很严格，这是我最深的印象。第二，他的创新意识很强，在工作追求新奇的东西。再就是，他的思维非常活跃。

熊：您能举些具体例子吗？譬如，他是怎样对工作严格要求的？

俞：我们每做一篇论文，他要仔细检查，追问对照是不是充分了、足够了，实验重复性怎样，结论是否合理。如果有一点点疑问，就不肯拿出去发表。

熊：是不是他吸取了教训？他曾告诉过我，60年代在研究枯草杆菌时他曾得出RNA也是遗传物质的结论，那有失轻率。他和您讲过这个事情吗？

俞：讲过的。我理解他的意思是，当时做这项工作时思路还不够开阔，没有进一步深入考虑，否则可能会取得很大成果。只要他能够想到的地方，他就一定要求严格。

熊：那个结论也未必完全错误。有一些病毒的遗传物质确实是RNA，且mRNA和蛋白质的合成有密切关系。我觉得他们当时获得的可能是mRNA，但没有意识到，错过了发现mRNA的机会。

俞：对，当时拿到的是mRNA，如果继续深入下去……

熊：我在院部看过档案，60年代科学院对沈先生的这项工作很重视，评价很高。这个工作可能导致mRNA的发现，意义也很大。这么重要的工作，为什么又停下来了呢？

俞：具体我不清楚，大概有些工作很难重复，就没继续。

熊：当时参与这个工作的还有哪些人？

俞：当时我还没来。参加这个工作的据说有好几个人，如蔡瑞珠、陈慧珠等，他们当时是研究实习员。

熊：您是沈先生生物固氮研究的主要合作者之一。对于这项研究，您能详细地介绍一下吗？

俞：这个工作于70年代立项，那时我还没参加——我是1980年年底或1981年年初进入这个实验室。沈先生说他当时有两个考虑：第一，要搞遗传，第二，要比较联系实际，于是就做了生物固氮——这个工作既有理论意义，又有应用价值。最初用的材料是肺炎克氏杆菌。一般的细菌培养时要加氮源，而这种菌，在厌氧条件下，不加氮源，自身可以合成氨。因为它有这个特点，沈先生他们就想看看其固氮作用是由哪些基因控制的。当时国外也刚刚起步做生物固氮的分子遗传学研究。沈先生等先做基因，筛选出来一些基因，发现了很多特点。他们在70年代就取得了很好的成绩。

熊：确定了固氮基因？

俞：确定了。固氮作用是由多基因控制的，共有二十来个基因。沈先生这里发现了一些基因，国外也发现了一些，合起来共有二十几个。确定了固氮基因后，他们转而主要搞基因表达的调节，发现了nifA调节模式。比如说氨的调节、氧的调节，都是通过控制nifA去调节的，那些调节建立在nifA活性的基础上。当时国际上对他们的这项研究评价很高。1988年，这项工作获得国家自然科学二等奖。

熊：这项研究有应用价值吗？

俞：生物固氮的分子遗传学研究是从简单的自生固氮菌——克氏肺炎杆菌开始的。当时想弄清楚克氏肺炎杆菌为什么能固氮，这项生理功能是由多少个基因控制的，这些基因各起什么作用、怎么工作的，它们的工作受哪些因素制约，如何能提高它们的工作效率。为改造生物提供依据。

1985年以后改为主要搞共生固氮。共生固氮要两方面，一是豆科植物，一是根瘤菌，首先，两者通过相互作用形成根瘤，根瘤菌进入根瘤细胞，发育成类菌体，然后将分子氮转变成氨。我们主要研究根瘤菌究竟由哪些基因参与这一过程。它们是怎么工作的。根据国外的研究，自生固氮菌和共生固氮菌有很多共性，如固氮基因 nifA，nifHDK，都是一样的，自生固氮的肺炎克氏杆菌里有，根瘤菌里也有。nifHDK 是固氮酶基因，nifA 是调节基因。后来又发现了 fixABC 等，这些是共生固氮菌特有的，缺了它也就不能固氮。

我们也搞了应用研究。因为自生固氮菌和根瘤菌 nifA 同源性很高，功能相同，自生固氮菌的 nifA 也可以激活共生固氮菌的固氮基因。我们后来把自生固氮菌的克氏肺炎杆菌 nifA 转到大豆的根瘤菌里去，提高了大豆的产量。

熊：提高的幅度有多大？

俞：应用接受了克氏肺炎杆菌 nifA 的大豆根瘤菌感染大豆后，大豆产量可提高10%，用这个菌和原先的大豆根瘤菌比较，可提高5%的产量。这一技术目前还没有投入产业化。它是"863"项目支持的，后来"863"没继续支持，就停止了。要产业化，还需做一些深入的研究，如共生固氮菌怎么发酵，菌肥怎么使用等。现在外地有一些企业对相关研究有兴趣，有的希望跟我们合作搞研究，有的想购买菌种。豆科植物可以有共生固氮，也可以没有。它是否固氮要看土壤的肥沃程度，如果土壤很肥沃就不会固氮，因为固氮要消耗很多能量。而在贫瘠的土壤里它就会选择固氮。我们这个共生菌如果用到新疆那种地方，固氮效果会非常明显。

熊：您听说过牛满江吗？

俞：听说过。

熊：他宣称把大豆的 mRNA 注射到水稻里去，可以令其产生大豆的蛋白。这可行吗？

俞：转一个基因本身未必很难，但达到既定的目标，如味道好、产量高等，很难。

熊：您说沈先生还很追求创新，也请举几个例子。

俞：沈先生一直讲，要特别注意新的东西，奇怪的现象一定要特别注意，不要放弃。

熊：他自己也是这样做的吧。你们有什么大的发现吗？

俞：作出大的发现是比较困难的。他要求要注意一些奇怪的现象，也许能从中作出不同寻常的发现。

熊：沈先生在实验室里对大家要求严不严？你们是不是很忙、很累？

俞：以前我没来的时候，沈先生抓工作非常紧。80年代后，我和沈先生一起工作，觉得没他们说的那么紧张。大概沈先生受"四清"、"文化大革命"的冲击比较厉害，之后就作了一些改变。但是总的来说，他对工作抓得是很紧的。

熊："四清"、"文化大革命"时他的处境怎么样？您当时还见得到他吗？

俞：能见到。他从办公室被赶出来了，就在楼梯口放个小桌子，坐在那里。大家进进出出，都要路过他坐的地方。这是在"文化大革命"中的事，是对他的惩罚和羞辱，很不公正。

参考文献

一、传主的回忆录、访谈录

[1] 沈善炯. 摩尔根和他的学生. 中国科学报.1996-11-15.

[2] 沈善炯. 纪念罗宗洛老师. 植物生理学通讯. 1998（4）：314-315.

[3] 沈善炯. 岁寒然后知松柏之不凋. 见：浙江省宁波市新四军研究会等编. 王仲良纪念文集. 北京：中共党史出版社，1999，180-183.

[4] 沈善炯. 我的科学生涯. 北京：中国书籍出版社，2001.

[5] 沈善炯. 记我师殷宏章先生二三事. 植物生理学通讯. 2002（5）：521-522.

[6] 沈善炯. 机遇. 见：韩存志主编. 中国科学院资深院士回忆录. 上海科技教育出版社. 2003.

[7] 熊卫民. "很多好的东西不容易移植到中国来"——沈善炯院士访谈. 南方周末. 2009-04-15.

[8] 沈善炯，熊卫民. 沈善炯院士访谈录——《我的科学生涯》补遗. 见：华东师范大学中国当代史研究中心编. 中国当代史研究. 北京：九州出版社，2009，311-322.

[9] 沈善炯述，熊卫民整理. 沈善炯自述. 长沙：湖南教育出版社，2009.

二、其他相关论文、报道

[10] 新华社. 美政府阻挠我留美教授学生归国 钱学森等被非法扣留 归国学生发表声明抗议美帝暴行. 人民日报. 1950-09-23.

[11] 新华社. 美帝非法拘捕我科学家钱学森等 中华全国自然科学专门学会发表宣言提出严重抗议. 人民日报. 1950-09-26.

[12] 美政府无理扣押钱学森赵忠尧两教授 首都科学家和教授联名抗议 并向全世界科学家控诉战争贩子. 人民日报. 1950-09-30.

[13] 新华社. 武汉广州成都等地科学工作者 抗议美国无理扣留我科学家. 人民日报. 1950-10-15.

[14] 新华社. 上海、天津科学工作者 抗议美国拘留我科学家. 人民日报. 1950-10-28.

[15] 新华社. 原子物理学家赵忠尧教授返广州 对美帝无理迫害表示万分愤慨. 人民日报. 1950-12-01.

[16] 新华社. 新近返国的留美英加同学 赵忠尧等电毛主席拥护抗美援朝运动. 人民日报. 1950-12-09.

[17] 柏生. 访问赵忠尧教授. 人民日报. 1951-01-20.

[18] 汪猷, 童村, 金培松. 抗生素座谈会总结, 科学通报, 1953 (4): 59-62.

[19] 汪猷, 童村, 金培松. 上海抗生素研究工作委员会1953的工作, 科学通报, 1954 (11): 35-37.

[20] 全国抗生素研究工作委员会成立. 人民日报. 1955-10-31.

[21] 加强抗生素的研究工作. 人民日报. 1955-12-02.

[22] 王朝祯等. 抗生素的研究和制造. 1956-02-05.

[23] 新华社. 从美英回国的留学生在科学研究和教学上的成就. 人民日报. 1956-06-10.

[24] 邹承鲁倡导科学家治院. 文汇报. 1957-05-16.

[25] 舒偶. 七年来从无到有从小到大奠定了大发展的基础 化学工业生产总值增加约十七倍. 人民日报. 1957-08-12.

[26] 张为申. 苏联的抗生素研究工作——参加全苏第二次抗生素会议纪要. 科学通报, 1957 (17): 542-543.

［27］舒文．在科学技术工作中贯彻群众路线的一些问题．人民日报．1960-12-22．

［28］周培源．对综合性大学理科教育革命的一些看法．光明日报．1972-10-06．

［29］新华社记者、人民日报记者．飞跃吧，伟大的祖国！．人民日报．1978-03-25．

［30］魏荣瑄．中国遗传学会成立纪事．遗传．1979（1）：46-47．

［31］中国科学院植物生理研究所．科研工作经不起折腾．自然辩证法通讯．1980（6）：13-18．

［32］纪再．中、美科学院双边固氮学术会议在美召开．植物生理学通讯．1982（4）：6．

［33］回顾和展望——殷宏章所长在上海植生所建所三十周年学术报告会上的讲话．植物生理学通讯．1983（3）：1-6．

［34］杜若甫．第十五届国际遗传学大会侧记．遗传．1984（4）：45-47．

［35］费孝通．江村五十年．社会．1986（6）：3-9，23．

［36］阎万英．抗日战争时期的清华大学农研所．中国科技史料．1987（4）：15-21．

［37］邹承鲁，沈善炯等．再论科学道德问题．中国科学报．1991-10-25．

［38］江世亮．铮铮肺腑言 浓浓报国情——访我们尊敬的沈善炯教授．世界科学．1996（3）：2-4．

［39］上海植物生理所．微生物生化和分子遗传学家沈善炯．科协论坛．1998（12）：22．

［40］贾植芳．八十漫议学做人．青年思想家．2000（5）：94-99．

［41］李扬．五十年代的院系调整与社会变迁——院系调整研究之一．开放时代．2004（5）．

［42］罗登，熊卫民．五六十年代的科研管理干部与科学家．中国科技史杂志，2005（3）：257-265．

［43］邹承鲁．建议重建西南联大．科学时报．2006-02-16．

［44］熊卫民．追忆广州会议——薛攀皋先生访谈录．科技中国 2006（11）：8-13．

［45］熊卫民．广州会议对科技大跃进的反思．炎黄春秋．2009（8）：51-56．

［46］钱学森的最后一次系统谈话：忧虑大学缺乏创新精神．人民日报．2009-11-5．

［47］程光胜．创新者的多味人生——评沈善炯自述．书屋．2010（5）：70．

［48］牛亚华．20世纪40年代我国的青霉素研制工作．中华医史杂志．2010（3）：57-61．

[49] 牛亚华. 20世纪50年代我国关于金霉素的研究及工业化生产. 中华医史杂志. 2010（6）：331-336.

[50] 陈默语. 陈立夫与助学金. 2011-05-13.

三、相关著作

[51] 新华通讯社国内资料组编. 中华人民共和国大事记（1949-1980）. 北京：新华出版社，1982.

[52] 费孝通著，戴可景译. 江村经济：中国农民的生活. 南京：江苏人民出版社，1986.

[53] 李佩珊等编. 百家争鸣——发展科学的必由之路. 北京：商务印书馆，1986.

[54] 中国第二历史档案馆编. 中华民国史档案资料汇编（第三辑）. 南京：江苏古籍出版社，1991.

[55] 《科学家传记大辞典》编辑组编. 中国现代科学家传记. 北京：科学出版社，1991.

[56] 陈立夫. 成败之鉴——陈立夫回忆录. 台湾：正中书局. 1994.

[57] 何梁何利基金评选委员会. 何梁何利奖（1996）. 北京：科学出版社，1996.

[58] 樊洪业主编. 中国科学院编年史（1949-1999）. 上海科技教育出版社，1999.

[59] 何梁何利基金评选委员会. 何梁何利奖（1999）. 北京：中国科学技术出版社，2000.

[60] 王文华. 钱学森实录. 成都：四川文艺出版社，2001.

[61] 谈家桢，赵功民. 中国遗传学史. 上海：上海科技教育出版社，2002.

[62] 北京电视台"世纪之约"栏目组编.《世纪之约·科学人生》. 北京：中国青年出版社. 2003.

[63] 田正平主编. 中外教育交流史. 广州：广东教育出版社，2004.

[64] 竺可桢. 竺可桢全集（14）. 上海：上海科技教育出版社，2008.

[65] 张藜等. 中国科学院教育史. 北京：科学出版社，2009.

[66] 西南联大《除夕副刊》主编. 联大八年. 北京：新星出版社，2009.

[67] 王扬宗，曹效业编. 中国科学院院属单位简史. 北京：科学出版社，2010.

[68] 张纯如. 蚕丝——钱学森传. 北京：中信出版社，2011.

后 记

从《我的科学生涯》到《沈善炯自述》，再到本书，12年内，沈善炯院士已先后有了三本传记。而我所处的位置，则从热心的读者，到访谈、整理者，再到独立的研究和撰写者。之所以长年关注，并热心地向人们推介沈先生，主要是因为他们这批为国计民生做出了重大贡献的科学家值得被人们记住，而像他这种肯噙着热泪反思历史的，更是难能可贵。

作为当代中国科学史的研究者，我特别重视1950年前后从海外留学归国的这批科学家。他们的老师辈，虽然有科学造诣的人不少，其中一些还学贯中西，但由于战乱频纷、科研硬件太差，大多只能把精力投在科学教育和科学传播上，即使能因陋就简开展一些实验室工作，它们也只能是基础性的和地域性的。待到中华人民共和国成立，国家重视科学技术，对此增加了很多投入之后，他们的年岁已高，很难再亲自动手做实验了。而1950年前后归国的这批科学家则是中国自清末新政、全面引进科学以来各种积极因素培育出来的高峰：他们受过较好的基础教育（就科学素养而言，他们的老师比他们的老师的老师要强得多）；在海外求学期间，由于正逢世界科学技术革命，他们学到的是最新、最先进的东西。如果说他们的老师以及他们的老师的老师从西方引来了科学的种子，在中国的土壤上培育出一些科学的幼苗，甚至还使少量科学的植株开出了艳丽的花朵，那么，真正使科学在中国长大成林，并结出较多果实来的还是 1950 年前后归国的这批科学家。"两弹一星"的研制、多种疾病的控制、众多良种的培育、现代科学技术体系和工业体系的落成……众多关系国计民生的重大科学、技术、工程问题，主要是在他们的主持或参与下得到解决的。

虽然这批科学家才干突出，被赋予重任，但他们在国家的建设事业中并未居于主导地位，甚至连独立性也没能保持。作为团结或改造的对象，他们基本只被当工具使用，仅有建议之权利，论证之义务，并不参与决策。国家制度、政策的制订，即便是关于科学、技术的，他们也通常无权主动置喙。他们必须接受过去立过功劳、学历很低的老干部，以及后者提拔的、学历通常也不高的青年党团员的领导。在这样体制之下，政治压倒科学，科研的国家目标压倒学术目标。一个接一个的政治运动、一次又一次的瞎指挥，耗费了科学家大量的精力，史无前例的"文化大革命"，更是耽误了绝大多数科学英才 10 年以上的宝贵时间。在年富力强、经验丰富的时候未能尽展才华，甚至完全不能开展工作，使得他们尽管为国家的发展做出了突出贡献，却难以如他们留在西方的同学、同行一样，在登上科学高峰的同时，大力推动社会运动，既为科学发展又为世界和平做出重大贡献。

改革开放以来，中国的体制和目标发生变化，改以经济建设为中心，以实现现代化为目标。沈善炯及同辈的许多海归学者终于得到了国家的承认，有的还当上了学部委员，甚至成为了科学界的领导。可科学创新基本上是中青年的事业，而此时他们已经垂垂老矣。烈士暮年，壮心不已，他们开始把主要精力投到培养学生，尤其是研究生上。他们还和留在海外的同学李政道、吴瑞等人一道，推动国家建立更为开放的留学政策，大量派遣留学生，以重新追赶世界科学潮流。

自 1979 年开启留学大潮以来，中国向西方派出了越来越多的留学生。最近十多年，在国家先后出台的"百人计划"、"长江学者计划"、"千人计划"、"万人计划"等政策的吸引下，也有越来越多的优秀的海外留学人员归国。希望这些新一代的海归能继承前辈的愿望，大力促进科学、教育、经济和社会在中国的发展，推动中华民族的伟大复兴。